王晓春 著

学生个案诊疗
让教师更专业
Xuesheng Gean Zhenliao

大夏书系·教师专业发展

华东师范大学出版社

全国百佳图书出版单位

图书在版编目（CIP）数据

学生个案诊疗：让教师更专业 / 王晓春著. —上海：华东师范大学出版社，2017
ISBN 978-7-5675-6842-6

Ⅰ.①学… Ⅱ.①王… Ⅲ.①教师培训—研究 Ⅳ.① G451.2

中国版本图书馆 CIP 数据核字（2017）第 207831 号

大夏书系·教师专业发展

学生个案诊疗
——让教师更专业

著　者	王晓春
策划编辑	李永梅
审读编辑	卢风保
装帧设计	奇文云海·设计顾问

出版发行	华东师范大学出版社
社　　址	上海市中山北路 3663 号　邮编　200062
网　　址	www.ecnupress.com.cn
电　　话	021－60821666　行政传真　021－62572105
客服电话	021－62865537
邮购电话	021－62869887
地　　址	上海市中山北路 3663 号华东师范大学校内先锋路口
网　　店	http://hdsdcbs.tmall.com

印刷者	北京密兴印刷有限公司
开　本	700×1000　16 开
插　页	1
印　张	16.5
字　数	242 千字
版　次	2017 年 9 月第一版
印　次	2022 年 2 月第七次
印　数	18 101-20 100
书　号	ISBN 978－7－5675－6842－6/G·10583
定　价	49.80 元

出版人　王　焰

（如发现本版图书有印订质量问题，请寄回本社市场部调换或电话 021-62865537 联系）

目录

前　言　001

第一辑　教育与科学精神

三种思维方式　003
什么是科学的思维方式？　007
科学思维在教育中的体现　012
科学思维在个案诊疗中的体现　023

第二辑　个案诊疗课程概述

个案诊疗是怎样一门教师培训课程？　029
教师的主要精力应该放在哪里？　039
怎样讨论案例？　042
教育故事与教育案例的区别　044

第三辑　诊疗案例

新教育网校个案诊疗培训班　047
案例1　小李（初三）　049
案例2　小飞（初三）　109
案例3　小南（初三）　139
案例4　小东（小学五年级）　163
案例5　小智（小学三年级）　186
案例6　壮壮（小学三年级）　225

▲每个案例均附有：原始案例、问诊、诊疗报告、疗效反馈

前 言

多年来,我给很多教师培训班讲过课。我发现教师培训的内容往往是报告式的、拼盘式的、散装的,就是主办单位请来几位专家,各尽其能,各自讲他们拿手的东西。这种办法好操作,自有它的道理和好处,但显然随意性较大。常有人邀请我讲课,我问:什么题目?对方答:您看着办吧,只要是有关班主任工作的就行。对方的信任令人感动,但我觉得主持者对要解决什么问题,似乎心中无数。近几年我讲个案诊疗比较多,听过的人都能明白,此事绝不是听一两次课所能解决的,于是就有培训单位和教育部门建议我把它搞成一门课程,进行持续的教学,认为这样或可切实提高老师们的个案诊疗能力。既是课程,就可以避免那种报告式的、拼盘式的、散装的培训状态了。

我觉得这是个好主意,就开始构思,本书前两辑即概述了我的有关想法。

课程嘛,总要有个知识体系,分章分节地讲下去,环环相扣,学习者把这些都"掌握"了,功德就圆满了。可是个案诊疗并非一种知识,也没有什么体系,它要培养的,只是学员的一种能力——具体问题具体分析的能力。这个教材可怎么编呢?你当然可以搞一些案例分析编成一本书,但学员即使把它们完全背下来也没有用,因为这并不能保证他遇到一个新的鲜活案例就会分析了。你当然也可以告诉学员一些分析的思路,大致的程序,但这也不能保证他按这些路子就一定能分析得好。总之,真实的能力不是可以"掌握"的东西,甚至无法"传授",所以课本对于个案诊疗简直没什么用处,真正有用的是讨论,学员的能力是在案例讨论中互相启发得到提高的(在做中学),不是从书本里背来的。

可是话又说回来,老师要学个案诊疗,总得有个抓手,起码也得知道个案诊疗是怎么回事，这种课怎么个上法，就是讨论，他也得见识见识讨论的情境。所以，有个教材，学员可以参考，总会有些启发，也能减少很多重复的解释。正好有了一个契机，新教育实验网络师范学院（以下简称"网师"）邀请我去开课，我就开了个案诊疗课，属于线上培训。第一期大约用了四个月，讨论了六个案例。（其实线下培训也和这差不多，只不过那是面对面讨论，节奏会快得多。）事后整理一下文字，能成一本书了。其中我的指导语和学员的讨论发言，均为情境实录，原汁原味，作为个案诊疗的入门教材，挺合适。这就是本书的由来。编辑时，对学员的发言，我作了一些不影响原意的精简和修改。本书可以说是教材，但更像一本参考资料，它的作用不是让学员领会和记住什么知识，而是帮助学员入门，找到提高自身诊疗能力的路径。

再有一个问题是指导教师问题。我的经验是，个案诊疗培训，必须真有本事的教师来指导，才能有较好的效果。个案诊疗课几乎全程都是讨论，教师想做个"知识搬运工"，讲完就走，那是不行的，单纯做讨论主持人也不行。讨论有个水准问题，如果全体学员都处于相似的水平，则不管讨论多么热闹，也还是在那个水平上折腾，只有来一位技高一筹、见解超出讨论者的人加以点拨，学员的思想才有希望提升到高一点的层次。个案诊疗的指导教师必须有这个本事。他更像一个武术教练，他必须比所有的徒弟都能打，徒弟与人较量若失败，他这个师父就得出手，绝不能只会"运筹帷幄"。可见，在个案诊疗课上做指导教师，想滥竽充数是肯定要出丑的，即使有人发你一个金光灿灿的资格证书也没用，真正能证明你资格的是这样的事实：学员都分析不下去了，你能开出新思路；学员似乎都把话说到头了，你还能说出点大家都没想到的看法，而且深入了一步，又言之成理。没有这个金刚钻，你还就别揽这个瓷器活。这样看来，能胜任个案诊疗培训工作的教师，委实不多，即使有一定的理论功底和思维能力，也还要有大量案例的实战经验才行。希望这种教师逐渐多起来。

读者拿到这本书，我建议这么读：您见到每一个原始案例，都先别看书中的诊疗报告，自己先试着诊疗一番，然后再看书中的一个个报告，与之相比较，琢磨自己的意见与它们有何异同。这样读，接近实战，效果会好一些。

本书能够成书，首先要感谢新教育实验的发起人朱永新老师，是他建议我在网师开课的，其后网师的李岫云老师和韩冰剑老师给了我一些技术支持。我当然也得感谢我班上的六位学员，还有我邀请来发言的几位嘉宾。

我真的希望有更多的老师学习个案诊疗课程，我认为这对教师、学生和家长都有好处，对中国教育有益。

王晓春

2017 年 5 月 15 日

教育与科学精神

（第一辑）

三种思维方式

我们先看点例子。

班里常丢东西，教师会怎么办？

第一位老师主要靠采取措施加强管理来应对。比如规定开门关门时间，安排专人在同学离开时看守教室，召开家长会要求家长教育孩子，对举报偷拿东西者给予奖励，对作案者给予处分等等。突出一个"管"字。

第二位老师则主要靠动之以情，晓之以理的办法来解决。他在班上说，拿别人东西是多么不道德，会给别人带来多大痛苦。他感化偷东西的学生道：你本来就是个好人，我知道你只是好奇才拿走的，并不想占有，只要你悄悄送回来，就全没事了。或者他会讲一个浪子回头的故事，或者他会组织一个有关爱心的主题班会。其想法是：只要学生互相有了爱心，有了良心，就不会干这种事了。一靠煽情，二靠道德说教，三靠集体舆论，他通过此种办法解决问题。

第三位老师的思路是，首先全力破案。他会仔细调查丢东西的时间规律和涉及人员的规律，明察暗访，抓住每一个线索，分析推理，缩小嫌疑人范围，拿到证据。破案之后，一方面评估此案对班集体有多大影响，据此决定是否进行普遍教育；另一方面，评估作案者的具体情况，搞清他的主要问题是品德问题还是心理问题或其他问题，严重程度如何，然后决定是否进行个案诊疗。如果不能破案，宁可暂时不提此事。

显然，这三位老师思路是不同的。第一位是行政思维，第二位是文学思维，第三位是科学思维。

再举一个更具体的例子。

有一个高一的男生，第一次开家长会，他母亲来了解情况，老师如实地说了他在学校的表现，没想到这个学生当着所有家长的面气势汹汹地冲到讲台上质问老师。当时老师都有点傻了，怎么会有这样的学生？后来老师跟学生的一个阿姨沟通，了解到他根本就不想来这里读书，想去学点技术，是他母亲强迫他来这里的。而且，他母亲身体状况不是很好。事后，学生也没向老师道歉，但老师看在他生病母亲的面子上原谅了他。后来，学生还是老样子，读书也不认真。老师说：师爱被他踩在脚底下。高二分班的时候他还是分在这位老师的班里，老师主动地和他交流，能表扬的时候表扬一下，但他一副冷漠的样子。有一次，他手上戴了一枚戒指。老师让摘下来，他不肯。老师说："你摘下来，周六拿回去。"他还是不理睬。老师又说了一遍，他竟然大声地喊起来了："我就不摘，怎么样？"老师气极了，叫他到外面去，并尝试去沟通，没用，只好交给政教处处理。后来政教处老师对他进行了教育，他也向老师道了歉。老师通知了他父母，一个阿姨过来把他接回了家。从那以后，情况稍有好转，但是他还是一副"死猪不怕开水烫"的架势。老师说：这样的学生，用爱心教育，真的很受伤。老师把这个问题放在了班主任例会上进行讨论，老师们意见纷纷。有个老师说到了《放牛班的春天》这部电影，里面就是用爱心教育才把难管的学生感化了，取得了教育的成功。但是也有老师提出来，那个优秀的老师后来被学校解雇了……这位老师问道：到底老师应该怎么做呢？爱心教育是否适用于每个学生？

　　显然，这位老师做班主任工作，主要的思维方式是文学思维，他想用爱来感化学生，一旦这条路走不通，他就备感挫折，无能为力了。另外，在教育这个学生的过程中，老师也运用了行政思维，向家长通报学生情况，把学生送到政教处，都是运用行政手段来"管"。这两样都不灵，就束手无策了。其实还有第三种思路可用，那就是对这个学生进行个案诊疗。从这个案例可以看出，不知个案诊疗，缺乏科学思维，是教师队伍专业素质的常态，多年来我们手中其实只有两种武器——行政的和文学的（道德的）。科学思维，科学精神，在中小学教育中很稀缺，当然，我们并不缺少科学口号的包装。

　　总的说来，三种思维方式的侧重点不同。行政思维是一种纵向思维，强调上级对下级的管理和下级对上级的服从。基本工作方式是制定各种规矩条文，然后督促检查评比奖优罚劣。这种思维方式的标志性口号是"没有规矩，不成方圆"。教育界的行政人员几乎都是主要靠这种思维方式思考和工作的，教师中也有很多人主要靠此种思维方式立足。结果是造就了大批的管理型教师，官员型教师，其中不凡名师。这种思维方式根深叶茂，有强大的文化背景支持（官本位），属于强势思维方式，是大部分教师的首选。教师们一般都是这样，上来就管，管不成了才想起了爱，爱也不成，就不知所措了，上面的例子就是如此。

第二种，文学思维，比行政思维时髦，它举着"人文关怀"的旗子，占领了道德制高点，义形于色，咄咄逼人，很厉害。你敢说你不爱学生吗？不敢，应该说"怎么爱都不嫌多"。文学思维与道德思维密不可分，我就把它们合在一起来说，统称文学思维。这种思维方式的主要特点是强调道德和情感，遇事先要分清是非，讲究谈感情。它的基本工作方式是动之以情，晓之以理，讲故事，搞活动，煽情，用教师的温情、同学之间的温情感化问题生，用集体舆论施加道德压力解决问题。这种思维方式的标志性口号是："没有爱就没有教育。"这种思维方式造就了很多母爱型的名师，他们的事迹让人感动得流下眼泪。

第三种，科学思维。这种思维方式不像行政思维方式那样注重纵向管理，不像行政思维和文学思维那样注重道德评价，注重人际关系。它是一种理性的、冷静的研究态度：搞清真实情况，逻辑推理，分析问题，解决问题，核查效果。这种思维方式的标志性口号是"没有调查就没有发言权"。这种思维方式会造就出研究型教师，不过这种教师现在很少。

教育工作追求真善美。但是你会发现，三种思维方式追求的重点并不一样。行政思维和文学思维更注重善和美，而科学思维更注重求真。行政思维和文学思维总是强调学生"应该"如何如何，而科学思维则强调学生"事实上如何"。所以行政思维和文学思维很容易使教育者从主观愿望出发考虑问题，对学生提要求（你们应该这样，应该那样），这就容易造成教师中心，搞一刀切也比较顺理成章。科学思维则不然，它从问题出发，从学生的实际情况出发。这种思维方式比较容易走向尊重学生的主体性和具体问题具体分析。

可见，科学思维恰好能弥补行政思维和文学思维的短板，三者可以互补。这里要强调一下，我没有否定行政思维和文学思维的意思。这两种思维方式不但是不可或缺的，而且有巨大的作用。但我认为光靠这两种思路是不够的，现代教育不能没有科学精神，这方面应该加强。大家都说教育是科学，但这个科学往往只停留在书本上和口头上，在实际工作中，能体现科学精神的事情很少。形势逼人，事实上我们常用的行政思维和文学思维已经经常失灵，尽显只有招架之功，捉襟见肘之态。当用行政思维和文学思维仍然解决不了问题的时候，科学思维往往能发挥作用，可惜校长和老师对这种思维方式太陌生了。我搞个案诊疗，就是想以此为突破口，发扬科学精神。

什么是科学的思维方式？

什么是科学？这是个很大很大的题目，以我的水平，拿不下来。我只能谈科学的几个突出特点，科学独有的特征。

> 有多少数学，就有多少科学。数学构成了科学的硬核。物理学是"硬科学"的典范……生理学和生物学仍然不像物理学那样硬。我们用同样的眼光看待社会科学，在社会科学里，经济学是最硬的科学，社会学之属努力把数学引入自身，但其"科学性"还远远不如经济学。
>
> （陈嘉映：《哲学科学常识》，东方出版社，2007年，第169页）
>
> 科学从"硬"到"软"大致是这样排列的：物理学、化学、生物学、经济学、心理学，然后或是政治学、社会学，或是社会学、政治学。所根据的标准有：1.高度发展的理论、高度编程化。2.量化。3.对理论、方法、问题的意义、个人成果的意义等具有高度共识。4.理论可作出预测。5.知识老化速度快，表明知识在积累。6.新知识增长快。（参见史蒂芬·科尔《科学的制造》）
>
> （同上书第169页注解⑥）

这个名单里连教育的影子都没有。我们按照上述标准衡量一下教育，会发现教育与"硬"科学确实相距甚远。

（1）高度发展的理论、高度编程化。教育理论谈不上高度发展，它连体系都不清楚，也缺乏一套自己的专用概念，无法编程。

（2）量化。教育能量化的部分比例很小，最常用的量化指标是考试分数，然而它却饱受质疑和攻击。

（3）对理论、方法、问题的意义、个人成果的意义等具有高度共识。正相反，人们对教育的理论、教育的方法、教育的问题和教育的个人研究成果共识很少，恐怕只能算具有"最低度"的共识。这个教育家的观点，那个教育家就不赞成。

（4）理论可作出预测。教育预测应该是对人的发展的预测，这是谁也不敢吹牛的事情。教育预测能力很低。

（5）知识老化速度快，表明知识在积累。教育知识老化速度很慢，所以，今日教师即使采用他的老师的老师的老师的教育方法，也能应付，甚至还能当优秀教师。最近还有人提出"像孔子那样当老师"，这等于说新教师可以与祖师爷共舞。

（6）新知识增长快。教育新知识增长很慢，即使有，也多半是从其他学科引进的。

所以，有人认定教育本不是科学，这有一定道理，教育这门学问，看起来确实不像科学。可是在教育界，公然否定教育是科学的人很少，也许因为科学在现代社会太强势了，谁都想沾点科学的光，也许人们真诚地希望教育更科学一些，也许教育确实有一定程度的科学性。我属于最后一类人。我认为教育可以算是科学，但是它应该处在科学最软的那一端。它没有数学的硬核，或者硬核极小。它的科学性，主要体现在科学精神和科学态度上。教育可以走向科学，可以增加其科学性，但教育不可能科学化。不过软不等于低级。软与软不同。稀泥是软的，橡胶也是软的，我觉得现在的教育就软得像稀泥，没有形状，而我们的任务是把它变成橡胶一样的东西，软还是软，但毕竟有模有样。

在科学上，没有一个理论能够说得到了完全的"证明"，当新事实或新的观察结果出现时，它必定有待于进一步检验和审视。正是科学这一不断地自我纠错的特性，使它成为人类理解自然机制最为严谨也最为有效的手段。这种批判性思维正是科学工作的关键要素。

科学家作为一个特殊群体，由于他们的方法论特征就是要寻找错误，进行批判性思考，因此他们可能比其他人更清楚地意识到，错误是多么容易发生！但科学家的精神气质是善于从前人的错误中吸取教训，甚至有时必须抛弃一度显得合乎逻辑，但后来被证明是错误的、误导的、过于局限的或无效的理论，致力于寻求正确或更合理的答案——这就是为什么他们会成为科学家的原因。

有人可能会认为，科学只是事实和统计数据乏味而又琐碎的堆砌，还有人认为，科学是诗、魔法和一切与人性有关的东西的对立面，这两种说法都有错误的地方——没有比科学更充满生机，更充满惊奇，或者更人性化的事物了。科学在不断变革，在不断对过去的事情进行重新认识，并从中获取新的见解。

……科学实际上是一种思维方法，一种生动的、不断变化的对世界的看法。它是发现世界背后机制的一种方式——一种非常特别的方式，用的是科学家设计的一系列有助于发现自己错误的规则。因为，人们用其他方法来看、听或感觉时，很容易产生错觉。

（雷·斯潘根贝格，戴安娜·莫泽：《科学的旅程》，北京大学出版社，2008年，序言）

在一般人的心目中，科学，那就是毋庸置疑的东西，什么东西只要挂上科学的招牌，人们就只好相信它。然而这恰好是一种宗教的或迷信的态度，科学的本质并非如此。宗教和成见都建立在"信"（相信）字上，科学却正相反，它的宗旨是"不信"（批判思维），或者说它是通过无穷无尽的"不信"（批判）来尽可能地接近真理，以"不信"来求"信"。我们信任科学成果，并不因为它是"终极真理"（这是迷信和宗教的态度），而因为它是"目前所能达到的最接近真理的"东西。科学是动态的，生机勃勃，永远前进，它的生命力在于不断否定自己，而且是有根有据地否定。它有一套自我更新的机制和检验标准，大家都要遵守，谁也不能忽悠。一种学问的精髓如果是"自己不断给自己挑毛病"，你想它能不伟大吗？科学正是这样，科学家正是这种人。所以，如果我们教育者不引导学生从小养成质疑的习惯，不了解科学特有的"发现错误的机制"，则他们长大后永远不会真正理解什么是科学，他们就只会享受科学研究的成果，或者不过记住了一些"科学知识"，而无法具备科学精神。他们将永远是科学的门外汉。这正是我国教育的突出缺点之一。

> ……这些希腊人，从泰勒斯到柏拉图到亚里士多德，都是哲学家，而非现代意义上的科学家。例如，任何人都有可能创造诸如有关宇宙的天性和结构的"思想"，许多次这些思想可能被如此协调和精心地组织起来，或者恰好如此显而易见，以至于让许多人信服。然而，一个有关宇宙的"科学"理论，却要求更多的东西，而不只是观察和类比，尽管这些观察和类比可以编制形成一套推理体系，其间还不乏严谨的结构，其登峰造极者就是亚里士多德的宇宙模型。但这种模型的底线就是，没有实验，也没有对理论的客观、严格的检验——这些概念希腊人是闻所未闻的——他们希望得到的顶多就是理论的内在协调、它能覆盖所有基础并满足推理的要求。
>
> （雷·斯潘根贝格，戴安娜·莫泽：《科学的旅程》，北京大学出版社，2008年，第9页）
>
> 德谟克利特（约前460——前370年）……推测世界及其万物，包括人类，都是由看不见的极其微小的粒子聚集而成，这些粒子是实心的而且不可分裂，他称之为原子。
>
> ……
>
> 就我们现在所知，这是一个好理论，但问题在于，像所有其他希

腊理论一样，它纯粹是思辨。所以，没有什么方法可以证明或者否定它，因此原子论并不比当时在希腊流行的其他理论更有说服力。

（同上书第 12 页）

你会发现，至今在中国大地上仍然流行着不少这类"没有什么方法可以证明或者否定它"的理论。你去随便看一个书摊，琳琅满目。最近的一个例子是，有一位散打选手约战一位太极拳师，结果仅用 20 秒，散打选手就把太极拳师打倒了。这件事引起了轩然大波，传媒上议论滔滔。此事有点复杂，很多议论都是借题发挥。我不想在这里议论此事，只想讨论事后那位打了败仗的太极拳师说的一句话。他说："我没有用内功，是因为怕出人命。"意思是，我若用了内功，完全可以打胜。这种话，就属于"没有什么方法可以证明或者否定"的话语。武侠小说里有很多关于内功的描写，神乎其神。有人相信，有人不信，信不信由你。这种话不是不可以说，他想说你也拦不住，这是人类语言的一个部分，过去有，现在有，今后也会有，但这不是科学语言，这与科学无关。科学不是人类知识的全部，科学只是人类知识的一部分，我们不能否认科学之外的人类知识，但是，凡不属于科学的东西，就不应该打着科学的旗号。现在最大的问题是这类东西在中国往往被硬说成是"科学"，这就有造假的嫌疑了。这也说明有关宣传者缺乏自信，总想加个"科学"的包装来壮胆，这是比较可悲的。

至此，对于什么是科学精神，我们总算知道一些了，虽然不敢说完整精确，起码知道了科学精神的几个基本点。可以看出，真正的科学精神与我们许多人通常理解的"科学""不科学"差别是很大的，如果没有批判思维，没有纠错机制，没有逻辑思维，没有验证意识，人们经常挂在嘴边的"科学"，往往只是招牌而已。科学是一种认识世界的特别的方式，真明白这一点的人，恐怕还不是很多。

科学思维在教育中的体现

所谓教育的"科学性"究竟体现在何处？我的初步看法是：

1. 要有一种实事求是的态度，求真的态度

教育界像其他很多行业一样，流行一种政绩文化，政绩文化也可以叫作宣传文化，其主要特点是多讲成绩，少谈问题。老师们每到期末写总结，都是这个路子，传播正能量，增强信心。这可以理解。这是一种"求善"的态度。但是，当我们对于教育进行专业研究的时候，就不能全按照这个行政的路子了，要用科学思维，要有一种"求真"的态度，要实话实说，不能只谈过五关斩六将，回避走麦城那一段。做典型发言时你是一个宣传者，参加业务探讨时你是一个研究者，这是两种不同的角色，不但思维方式有差别，就连语言也该有不同的色彩，此事不可不察。可是，时至今日，有相当多的教育行政人员和教师不明白这个道理，他们往往把二者混为一谈。最常见的情况是把行政人员的宣传语言都当成科研成果来理解。比如"没有教不好的学生，只有不会教的老师"，这是很典型的行政语言、宣传语言、文学语言，甚至可以说这是一句诗歌。它有激励作用和鼓舞作用，说一说未尝不可。但是当我们真的研究具体的教育问题，特别是问题生教育时，不可以拿这句话说事。抡起这个大棒给一线教师加压，完全不是科学态度。任何一个尊重事实的人都能看见，确实有教育不好的学生，如果一概说那是教师的问题，说不通。

美国有一位名师叫雷夫，他到中国来过，他的著作《第56号教室的奇迹：让孩子变成爱学习的天使》在中国也很有名。他在书中开头就说：

> 写这本书时我有种奇怪的感觉。我痛苦地认识到自己不是个超人。数以万计的老师都在另辟蹊径，我亦如此。像所有"真正的"老师一样，我经常失败。我睡眠不足。我在凌晨时分躺在床上睡不着，为一个我无力教育的孩子而感到极度痛苦。当一个老师，真的会很痛苦的。
>
> （雷夫：《第56号教室的奇迹：让孩子变成爱学习的天使》，中国城市出版社，2009年，第10页）

这样说话，太不振奋人心了，我们可能不大习惯。我们的优秀教师、名牌教师总是口吐莲花，即使谈到某些失败的情景，也是为后来的成功作铺垫的。我们这里缺乏宽容失败的氛围。我们的各种评比目的都是为了淘汰失败，筛出成功，谈论失败是人们忌讳的。我当过20多年中学教师，后来搞科研，又接触过成百上千的问题生案例，根据亲身体会，我相信雷夫老师的话是实话。应该老老实实地承认：教育本来就是"经常失败"的事业。雷夫老师是小学教师，如果他是中学教师，可能失败会更多。承认教育会经常失败，对教育者是一种解放。教育局长和校长认识到这一点，就可以减少很多对教师的无端压力；教师认识到这一点，有利于心理健康，而且可以少做很多无用功。

我们不必要求中国的名师也像雷夫老师这样直言不讳，毕竟我们有自己的文化和国情。我们的校长和名师们，在大面上说一些美丽的宣传语言（这类语言很多，比如"爱能点石成金""态度决定一切""细节决定一切""好孩子是夸出来的"等等）是完全可以理解的，我只希望一点：当坐下来真正进行专业讨论的时候，请把这些漂亮的说辞暂时封存，老老实实面对现实，有多大说多大，不夸张不缩小。这才是科学态度。做到这一点很困难吗？我看不难。这要求不算高。

2. 要有一种分析的态度，避免整体化

"分析"这个词，它的意思是把一个东西从整体分成几部分。汉字"分"字，下面是一把刀，把上面的东西分成了两半；"析"字，右边是一把斧子（"斤"是斧子），把左边的木头劈开。总之分析是要把一个东西破开。在我看来，"分析"这个词通常的含义有两个：一个是把整体拆开，这是横向的拆分；另一个是搞清楚后一个事物与前一个事物之间的关联（特别是因果关系），这是纵向的拆分。分析是思维的基本功，人类的一切知识和思想都来源于分析。你要思考任何问题，首先就要把它拆开。很多人说中华文化强调"合"，属于"整体思维"，但这"合"，这"整体思维"，也需以"分"为前提。比如所谓"阴阳"，所谓"五行"（金木水火土），所谓"仁义礼智信"，不都是"分"吗？没有"分"，哪来的"合"？我们认识一个人也是如此。你要全面了解一个人的人品，起码要从德和才两方面进行观察，这就已经是拆分了。要了解一个人的生理情况，更要从神经系统、消化系统、血循环系统等方面分别了解了之后，才能整体上有个认识。中医没有这些说法，但也有五脏六腑和经络穴位之说，也是"分"。任何一个东西，如果你不把它拆开，是无法深入认识的。小孩子都明白这个道理，所以他们见什么拆什么，想看看里面怎么回事。如果对事物不加分析，我们对它的认识固然可能比较"完整"，但肯定是笼统的，表面的，多是囫囵吞枣的印象。很多教师对教育问题的认识，对一个个学生的认识，正是如此。没有分析就没有思考，也就没有科学。我甚至觉得，近代西方科学的兴起，与他们的文化比我们的文化对"分"更加执著和狂热有关。在这一点上，西方人比我们更"儿童"，咱们的文化太老成持重了。好像有学者指出过中华文化是早熟的文化，我觉得有点道理。

回到教育，总体上说，中小学教师分析意识和分析习惯都不强，这就把科学精神釜底抽薪了。所以教师培训有个迫切的任务，即培养广大教师的分析习惯和分析能力。空说不行，结合具体案例来做效果较好。下面我们就举一个例

子：小学生的告状问题。

小孩子喜欢告状。小学生的告状几乎无穷无尽，你教师浑身是嘴，也未必应付得过来。人非圣贤，谁也有被弄烦了的时候，烦了就难免发脾气，发脾气就容易说错话做错事。勉强控制自己的情绪吧，时间长了会造成心理问题（焦虑），早晚出更大的事情。所以面对小孩子告状，教师不可陷入两个极端：一个是不理不睬，一个是事无巨细一律"解决他们的诉求"。前一种办法会造成师生隔阂，形成矛盾隐患；后一种办法会弄得老师心力交瘁，吃力不讨好。养成学生的依赖心理，对学生的成长不利，事无巨细地管，其实就是溺爱。

那怎么办呢？我想比较好的思路是"分"：对学生告状要区别情况，分类处理，目标则是逐渐减少告状的数量，提高其质量。

有些孩子社会化程度比较低，遇到很多同龄人可以处理的矛盾自己不会，于是求助于老师。这种情况老师当然要伸出援手，但这是不够的，最重要的任务是要具体地教他，以后遇到类似情况怎么样自己解决，单纯"主持公道"属于治标不治本。

有些孩子告状，其实是趁机会亲近老师，对于这种孩子，告状是一种"讨好老师"甚至"示爱"的方式。这种孩子，教师如果对他们的告状表示不耐烦，你会发现他们有一种特殊的委屈，有点像"失恋"的样子。教师如果平时注意对他们表达一些亲切的爱意，他们的告状就会减少。

有些孩子比较孤独，同学和老师都很少注意他们，他们自己又不甘心，于是就可能借告状的手段来"刷存在感"。这种孩子不难鉴别。只要老师多关注他们一点，或者鼓励同学关注他们，你就会发现他们很少再告状了。

还有些孩子表达欲特别强，上课总是争着发言，下课也是说个不停，找个茬就说，没话找话也要说。他们似乎不大在意别人的反应，只要能说话，就能得到满足。这种孩子的告状，恐怕多半就是把告状当成一种说话的机会了。教师如何对待这种孩子的告状呢？我想，一个是要告诉他们，告状是件严肃的事情，不可轻易为之；另一个是教他们学着控制自己的表达欲。

还有一种孩子要注意，他们告状并不是要解决自己的困难，而是要达到某种目的，比如让老师对某学生印象不好，或者通过告状借教师之手打击对手。他们的告状有时是诬告，但更多的时候确有其事，只不过是"选择性地向老师汇报"。对这种告状，教师当然也要秉公处理，但要警惕，别被利用，同时要教育这种孩子，别用告状去谋私。这属于德育工作。

以上几种学生，只要教师区别对待，告状的数量就可能逐渐减少，而质量却会慢慢提高，于是教师就可以"有钢使在刀刃上"了。教师还要注意经常告状与偶尔告状的区别。一般说来，偶尔告状要比经常告状的质量高，宜加注意。经常告状的学生如果态度不同往常，也要注意，那可能是真有点事了。完全没人告状未必是好事情。如果班风较好，还可以考虑设立"班级小法官"，同学之间一些小矛盾由他们处理（要自愿）。这样既可以减轻教师负担，又可以锻炼学生能力，增强其法律意识，是个好办法。

3. 要有一种讨论的态度、质疑的态度，且首先要自我质疑

> 人类容易轻信，并容易受到一系列心理偏见的左右，这就是为什么在科学研究中，我们设置了内在的自我纠错机制。科研需要严格的双盲设计，无论是实验对象还是实验者，都对数据收集期间的种种条件不得而知。与同事的合作也至关重要。研究结论要在科学会议和同行评议的期刊上经受检验；研究要在其他实验室里得到重复。对结论不利的证据，对数据的矛盾解释，都要在分析中有所涉及。毕竟，就算你不主动提出对你的理论不利的数据和论证，别人也会提出，他们通常还会兴高采烈地在公开场合向你发难。这就是为什么科学研究必须具备怀疑精神，有了它，我们才能避免大脑设下的陷阱，摆脱依赖信念的实在论。
>
> （迈克尔·舍默：《有偏见的大脑》，《环球科学》，2011年8期，第21页）

《现代汉语词典》对"信念"一词的解释是：自己认为可以确信的看法。也就是说，所谓信念，就是"反正我这么看"，并不涉及这种看法的正确性，信念可能是正确的，也可能是错误的。

如果从信念角度观察我们的教育界，你会发现，教育整个就是一个大筐，里面装得满满的都是各种各样的信念，教师的发言、文章，几乎全都是这种东西。你也不知道他的种种信念来自何方，反正他就信，然后就照着做。

有信念也未必一定是坏事，问题在于，这些信念有"内在的自我纠错机制"吗？没有。老师们写的总结和论文，领导（甚至一些"专家"）关于教育的讲话，一个基本特点就是回避不同意见，对自己的信念不利的证据和数据，一概不提，好像它们根本就不存在一样。所以我们的文章几乎都是"宣传性"的，而不是"研究性"的，我们从来不自己反驳自己，我们没有这种习惯。如果外部提出异议，我们就生气；要是我们的信念在实践中碰了钉子，我们就怨天尤人。

且举一个我刚刚看到的例子。文章登在某教育杂志上，作者是一位高中老师，李老师。李老师班上有个学生，一个月之内就把班规犯了个遍。李老师决定用"记账"的办法对付他。于是李老师就详细地记录了他每次犯错的时间、地点、情况、程度。一个月之后，已经记录了早晚自习迟到16次，无理顶撞老师3次，逃课5次，抽烟2次，等等。李老师把这个学生找来"结账"，学生当即表示愿意改正错误，从此就真的"变乖了"，后来他还考上了一所高职学校。

我不知道李老师这个招数是学来的还是自己想出来的，但是我敢说，这样的成功经验很难推广，因为许多"问题生"根本不吃这一套。李老师本人今后若重复这个做法，换一个学生，也未必行。为什么这一招用在这个学生身上就灵光，用在另外一个学生身上就不灵呢？这才是问题的关键，这才是教师真正需要研究的问题。可惜，李老师没有提出这个问题，所以这样的文章就只是一篇记叙文，不能算专业文章。文章只有叙述，没有讨论，只有肯定，没有质疑，也就只有文学性，没有科学性了。

这种文章多极了。如果我们周围磕头碰脑都是这种文章，我们习惯于这种"把信念当真理"的思维方式，教育只能离科学越来越远，因为相信科学的人根本不是这种态度。

教育没有标准答案，每一种教育思想和教育方法都有它或多或少的合理之处，也都有成功和失败的例子。所以，对任何一种教育理念、教育方法，都要针对具体情况加以分析，看看它用在这个地方、这个时候、这个情境是否合适，是否真有道理。一个真正具有科学精神的教育者，他的批判思维的矛头，首先指向自己，他会经常反思自己的理念和行为，写文章说话之前，不等别人来反驳，他会自己首先从各个角度把自己反驳一遍。而这样的思维方式，在教师的文字中，很少见到。

当然，人在生活中，在绝大多数情况下，来不及也不必要事事质疑，轻信是个好东西，可以节约很多精力。一般我们只在专业领域保持着批判思维就行了。说得再实在一点，即使在专业领域，经常保持讨论和质疑的姿态也是多数人做不到的，我的希望只是，你在严肃的业务讨论中，在真心反思自己工作的时候，在写文章的时候，要多点质疑和讨论，不要一副如入无人之境的样子。

4. 确认因果关系要严谨

如果你打算采用科学的思维方式解决问题，你首先要相信，凡事必有原因，而这个原因是可以找到的，世界是可知的，所谓不可思议，只是你还没搞清楚。于是你遇到问题，首先就会去调查其原因在何处，或者你根据以往的经验，猜测一下可能会是什么原因（提出假设或假说），然后你得去调查，或进行实验，来证实或否定自己的想法。事实上科学家都是这么想事的。我们说要采用科学的思维方式，也可以说就是学会像科学家那样思考。

请看下面的案例：

上学期，我班一位男同学小鹏有一段时间上课打瞌睡，站着都能睡着，我打电话通知了他妈妈，让她查一下原因，是不是晚上在家玩手机或电脑。小鹏妈妈说，她看着小鹏睡觉后才睡的，孩子休息得很好。于是我就到学生中间打听，原来他妈妈睡觉后他才起来看电视，看到11点多，小鹏也承认确实如此。

　　后来，小鹏晚上偷看电视的毛病改正了，可过了一段时间，他上课瞌睡的老毛病又犯了。我又通知他妈妈查查原因，一直查不出来。这种状况又持续了一个多月，我甚至把他上课瞌睡的视频发给他妈妈，他妈妈也很纳闷，但总是查不出原因，甚至怀疑他是不是病了，要到医院作检查。我分析说，他白天不是一直瞌睡，而是上课睡一觉之后就不瞌睡了，下课也挺欢的。如果他有生理疾病，应该一直瞌睡，不分时间段，所以我怀疑他没有生理疾病，而是晚上没有休息好。我建议他妈妈查查是不是晚上在被窝里偷看手机。于是他妈妈在他的卧室进行了大排查，查出一部旧手机，此后小鹏的瞌睡大为减少。我能够查出原因离不开质疑、反驳和调查。（yanghaijian）

　　您看，yanghaijian老师应对这个问题的思维方式和科学家研究问题、医生诊治疾病、刑警队员破案的思维方式是一样的：相信有果必有因，然后不断地假设，不断地调查，分析推理，最后找到真相。科学的思维方式并不神秘，它的模式其实是很简单的。

　　这里要强调的是，有很多事情，原因不像小鹏上课打瞌睡这么简单，其结果由多种原因共同造成的，这时候归因就一定要慎重了。尤其要注意，很多时候，某种现象后面会紧跟着另一种现象，这个时候千万不要轻率地把前者看成后者的原因，这个地方论证和质疑就很要紧了。简单化的、轻率的归因是最常见的思维陷阱，稍不小心就会掉进去。

> 魔术是产生认知错觉的源泉，也许能帮助科学家分辨负责认知功能的神经回路。最近，神经科学家就借用魔术技巧使受试者对两个事件推断出错误的因果联系，同时用脑成像技术记录他们的脑部活动。当事件 A 发生在事件 B 之前时，我们常常会做出 A 导致 B 的结论，而不去管这个结论是否正确。老练的魔术师会利用这种倾向性，刻意让事件 A（比如说往一个球上浇水）总是发生在事件 B（那球消失了）之前。实际上 A 仅仅是发生在 B 之前，并不是造成 B 的原因，魔术师却借此使 A 看起来就像是 B 的原因。认知心理学家把这种效应称作错觉关联。
>
> （《环球科学》杂志社：《大脑与认知》，电子工业出版社，2012 年，第 43 页）

迷信大多是这类错觉关联。早晨出门，我听见一声乌鸦叫，心里想，不好，我今天要倒霉。一边走一边心神不宁，不小心滑了一跤，我就更加认定造成这个倒霉结果的原因是乌鸦叫。其实这二者根本没有关系，只是因为我滑一跤发生在听见乌鸦叫之后，我就把它们错误地关联在一起了。可怜的乌鸦被冤枉了。请注意：迷信和科学一样，都想知道事物的因果关系，以便趋利避害，它们的区别只在于，迷信的做法不是探寻和研究，而是简单联想，其归因是错误的，经不起追问的，而科学的做法是研究和实验，归因是符合实际的，经得起质疑和检验的。

认知错觉、错误的归因在生活中多极了。有两种情况，一种是前因与后果完全无关，一种是前因与后果有点关系，但不完全匹配，归因过于简单化了。在教育实践中，这两类错误归因也是常见的。比如说我们班昨天开了一个励志班会，今天就发现某个问题生进步了，于是我认定这是班会在他身上起作用了。然而可能完全不是这么回事，他的变化可能与班会并无关系，甚至他这种变化到底是不是真进步，都是问题。过了几天，我发现他又是老样子了，于是我就感叹道，他出现了反复。其实这也未必符合实际。因为"问题生"的表现，一般都是波浪式的，有可能这种曲折是他的"内在规律"，或者是另有原因造成的，我作为班主任，一厢情愿地都算在某些工作的账上，很不科学。还有一种情况是，学生有变化，进步了或退步了，与教师的工作有关，但不是完全匹配的关系，还有其他因素在起作用。教师这时候如果把自己的工作看成学生变化的唯一原因、全部原因，也属于错误归因。还有些老师有了成绩就归功于自己，工作不见成效就归罪于家长不配合、教育体制糟糕、考试制度不好、社会风气太差等等。这些都不是毫无道理，但都属于"不完全归因"，令人难以信服，也不利于改进工作。

认知错觉，说穿了就是无意的甚至有意的自我欺骗，把自己给忽悠了，得到了暂时的心理平衡。然而问题并没有解决，到头来还得面对，吃亏的还是自己。教师遇到因果关系不清可怎么办呢？我的体会是，不要急于下结论，去调查一下。比如某学生近日很有进步，我先不忙着沾沾自喜，去问问他本人和他的朋友最近他为什么有进步。如果确实与自己的工作有关，或者有一部分的关系，那是宝贵的成功经验，如果无关，可以使自己头脑清醒。总之是永远不要欺骗自己。这样工作，才能学到真本领，才称得上具备科学态度，比较专业了。

近些年流行一些文学作品，人们称之为"鸡汤文"，均是些励志的、劝勉的、安慰的内容。据我看这类文字大部分都有片面归因的问题，从科学角度看，经不起推敲。我们来看一篇小学三年级孩子写的鸡汤文，是由他的老师作为"全课程"（一种小学课程，不分学科）的成果推出的，刊登在某教育杂志（不是文学杂志）上：

> 亲爱的小 Q，我送你一个词语——自信。那天体育课，常老师带我们接力跑，男生第一个是小严，他跑得太快了，女生们都没有勇气和他一起跑。这时候，只有你毫不犹豫地说："我来！"小音怀疑地说：

"你行吗?"你自信地回答:"我可以!"就这样,比赛开始了。你刚迈出第一步时,我的心怦怦直跳,生怕输了,谁知你和小严跑得一样快,我们女生都击掌欢呼。这就是自信,只要你有自信,就没有你做不到的事情。

此文最后一句,是典型的鸡汤语言,片面归因。其实这句话只对那些确有实力唯独缺乏自信的人有效,拿它来鼓舞一切人,就是忽悠。孩子们从小学写这种忽悠文学,如果他们只是这样说说,并不真信,他们长大就会变成滑头;若居然真信了,就会变成傻子。总之,有害。

科学思维在个案诊疗中的体现

前面我们讲了什么是科学，什么是科学的思维方式，科学的思维方式怎样体现在教育中，但所有这些最后还得落地在个案诊疗上，因为本书是谈个案诊疗的书。个案诊疗必须从头到尾都体现科学的思维方式，科学的思维方式必须像一条内在的红线，把诊疗过程串联起来。

个案诊疗有如下环节：原始案例，问诊，会诊，治疗，反馈。

在提供原始案例这个环节中，为了增强其科学性，我们要求案例中的学生必须是提供案例的老师正在教的学生，能够回答有关这个学生情况的追问，有条件对这个学生进行治疗。如不是现在的学生，不是本人的学生，也必须是目前能够随时联系到的。我们对原始案例应该提供什么材料有一条一条比较详细的规定（也要避免烦琐），务求从不同角度反映情况，以减少主观性和片面性。我们要求案例语言平实，不要抒情和感慨之类，谢绝修辞。当然，叙述案例很难完全避免主观性，为此，我们还要求提供有关的心理测验的材料，如早期记忆、词语联想、五项图[①]、"心中家园"图等等。这种材料属于"学生直接展示自己"，屏蔽了教师自觉不自觉的成见。事实证明，效果很好。

在问诊这个环节中，为了增加科学性，参加诊疗的老师要向提供案例的老师追问一些问题，以便更客观全面地了解案情。我们还要求教师的追问应该是"有假设的追问"。就是说，你不是乱问，而是先根据已知材料假设学生是怎么回事，追问是为了验证自己的假设。比如有关材料使我怀疑这个学生秉性中有

[①] 五项图是一种心理测验方式，要求被试在一张纸上画出一棵树、一间房子、一本书、自己和另一个人。

暴力倾向，我就可以问："这个学生平日是否爱看他人打架？"如果得到证实，那就说明我的推测可能是对的，反之我就要否定我的推测。也就是说，问诊的过程也是一个分析研究的过程，不是为了满足好奇心，更不是为了问而问。

在会诊环节，为了增强科学性，我们要求每个诊疗者必须独立提出自己的诊疗报告，像完成作业一样。报告必须写清自己对个案的诊断结果，即问题是什么，造成的原因是什么，对策是什么。得出的结论必须有依据，对策要有可操作性。我们还要求诊疗者写出自己面对案例的思维过程，开始怎么想，后来怎么想，把思路理清楚。我们要求诊疗者独立思考，尽量说出别人没想到的，如果你的意见与前面发言的人相同，就要说得简略些，以减少重复。更重要的是，在每个人都写出诊疗报告后，我们要继续讨论、争论。我们要求老师们必须回应不同的意见，不能自说自话，各说各话，没有交锋。该质疑的要质疑，该反驳的要反驳，不要顾虑人际关系。要真实地讨论，不搞形式主义。另外，每讨论一个案例，指导教师都要以身作则，拿出自己的诊疗报告（一般在最后），作为平等一员发言，欢迎学员批评。

在治疗环节，为了增强科学性，我们要求提供原始案例的老师参考每一位老师的诊疗结果，自主决定采用哪些措施进行干预。我们不统一思想，不搞标准答案，但要求诊断后必须有行动，要努力争取实实在在地解决问题或缓解问题，不能把诊疗变成清谈。

反馈环节要隔一段时间，一般至少一个月。我们要求反馈必须实话实说，失败就是失败，不要避讳。因为个案诊疗处理的多是疑难杂症，失败或部分失败是难免的，很难药到病除。有可能是我们诊断失误，治疗不当，那就要继续讨论，看能不能想出新办法；有可能谁也没有好办法，只能等待，或者能维持现状就不错了。总之，都要具体分析，实事求是地对待，总结经验教训。

从以上做法可以看出，个案诊疗课程是真心实意要体现科学精神的，不是挂一个科学牌子唬人的。

需要说明的是：个案诊疗与心理治疗是两回事。个案诊疗是教育学的组成部分，不是心理学的分支。我们是教育者，不是心理医生。心理治疗的服务对象主要是成年人，不分职业，教育个案诊疗目前的服务对象主要是未成年的学生，问题不出教育范围，其中虽然包含心理问题，但多数不是心理问题。心理治疗只需使病人恢复健康，就完成了任务，教育个案诊疗则不然，它是要促进学生成长发展，二者的目标是不同的。心理治疗一般都主张尽量少干预，医生只是提供某些条件，让病人自我治疗。教育个案诊疗则不然，它必定有较强的干预性质，因为教育本身不得不有某种强制性。在个案诊疗中，教师不但是治疗者，而且是学生的领导者和指导者，师生关系与医患关系有本质上的区别。教师常常需要采用行政手段治疗学生，心理医生没有这个条件，也不允许如此行事。目前学校普遍有心理治疗室和心理教师，但与教育是两张皮，心理治疗在学校中的运用，有点像在教育的肌体上贴了一块洋膏药，很不协调。我们这里说的个案诊疗不是心理治疗的路子，它只是借鉴了一些心理学知识，主要作用是帮助我们更好地了解学生，协助诊断，可以说是一种调查手段，至于治疗，一般并不采用心理学的专业手段。

教育个案诊疗与医院对病人的诊疗也是两回事。有人提出了这样的问题："为什么一流医院收的都是别人治不好的病人，而中国一流的名校教的都是最好教的学生？"愚以为这是很不恰当的问法。不错，学校和医院在一点上是相同的，都是要使人变得比原来更好一些，但是它们起点完全不同。如果我们把"正常"看作纵向数轴的0，则医院面对的病人起点都是负数，医院的任务是尽可能把他们提高到0点，就成功了。学校不一样，学生的起点都是正数，学校的任务是尽量提高他们，没有上限。医院是有天花板的事业，学校不是，所以好学生进名校，疑难杂症进名医院，没什么不合理。再说好学生也未必好教。这个问题忽略了医院与学校的本质区别，外行了。

第二辑 个案诊疗课程概述

个案诊疗是怎样一门教师培训课程？

1. 为什么教师需要学习个案诊疗？

其实，没有个案诊疗教师也可以工作，而且能做得不错。那为什么还要学习个案诊疗呢？这就得看看多数教师日常是如何工作的，有何不足之处了。绝大多数教师的常用思路有两种：行政思维和文学思维。行政思维就是一个字——"管"，如建章立制、评比检查、奖优罚劣、给家长打电话、靠集体舆论施压，等等。文学思维则主要诉诸情感，突出一个字——"爱"。这种教师强调阅读，喜欢讲故事，搞活动，煽之以情，晓之以理，竭力用道德的力量、情感的力量解决问题。教师的个人魅力，也能起很大作用。应该说，用这两种传统思路，确实能解决大多数教育问题，因此很多老师看不出有什么必要学习个案诊疗。

教师什么时候会有学习个案诊疗的需求呢？当他们遇到疑难杂症，感觉束手无策的时候，当他们干得心力交瘁，成就感和幸福感迅速流失，感觉自己要崩溃的时候，个案诊疗可能就会对他们有吸引力了。还有些教师，希望自己更上一层楼，想做研究型教师，也会对个案诊疗感兴趣。

个案诊疗真的能解决问题吗？个案诊疗肯定能提升教师的专业素质，但是它并非万能，它不能保证教师学了个案诊疗就都能有药到病除的本领，就好像医生都上过医科大学，水平还是有高有低。但是，个案诊疗确实能弥补行政思维和文学思维的不足之处，它属于科学思维。行政思维和文学思维都很有优点，能解决很多问题，但是它们有个共同的弱点——一刀切。一刀切比较省脑筋，省事，但是其具体做法很可能只适合某些学生、某些情况，遇到另一些学生、另一些情况，就会碰钉子。常有教师埋怨学生软硬不吃，油盐不进，埋怨家长不可理喻，往往就是一般化药方遇到了特殊类型的病人。教师会因此做大量的无用功，耗时耗力，备感挫折。

如果教师学会了具体问题具体分析，他们就可以避免很多开错药方的问题，即使不能达到理想效果，起码也能少犯很多错误，少做很多无用功，少很多挫折感。就个人来说，有了个案诊疗能力，他就更善于一把钥匙开一把锁。他知道能做什么，不能做什么；该先做什么，后做什么；哪里该做得多，哪里该做得少；对谁"动之以情"效果最好，对谁这一套肯定没用；给哪个家长打电话有点用处，给哪个家长打电话还不如不打……这样他就可以少碰很多无谓的钉子，少干很多"对牛弹琴"的事情，甚至可以一句话打中要害，四两拨千斤。于是你会发现他的工作一天比一天胸有成竹，一天比一天轻松。科学的思维方式可以使人更理性更平静地面对问题，避免情绪化。你会发现，懂得个案诊疗的老师不爱生气，不爱埋怨。如今人人赞美宽容，然而很多人都以为宽容只是一种修养，一种大度的胸怀，这是很肤浅的看法。其实宽容最本质的东西是理性，是科学态度。当教师真正明白学生的某些问题完全合乎他本人的逻辑的时候，就会接受这个事实，并以此为前提有针对性地教育他。在别人看来，他的态度很宽容，而他自己只觉得此乃实事求是而已。教师气急败坏，不是因为他脾气不好，而是因为他完全不知道学生怎么回事，蒙在鼓里。一个学校只要有几个确有个案诊断能力的专家型教师，大家遇到棘手的问题，自己解决不了，就可以向他们咨询。他们将成为老师们的专业顾问，就好像一个旅游团里面有个随队医生，大家心里都踏实。如果全校老师的个案诊疗能力都有不同程度的提高，校长也将轻松得多。

2. 什么是个案诊疗？

个案诊疗，就是对一个学生或一个教育事件进行具体分析并拿出对策。个案诊疗的灵魂是科学的思维方式，个案诊疗是因材施教原则的科学化、具体化、可操作化。

目前个案诊疗的对象主要是一个个的学生，特别是"问题生"，实际上一个小组、一个班级、一个学校、一个事件，都可以作为个案来诊疗。不光是教育问题，教学问题、一堂课也可以作为一个案例来诊疗。对于单个学生，目前我们诊疗的主要问题是纪律问题、学习态度问题、心理问题和品德问题，以后，学生的智力结构问题、智力类型问题、潜能问题、职业倾向问题，也会逐渐成为诊疗内容。

3. 老师有时间和精力学习个案诊疗吗？

有老师说：我工作忙得四脚朝天，哪有时间和精力学什么个案诊疗呀！再说，班里那么多学生，一个个诊疗，我弄得过来吗？

你不可能对每个学生、每个教育事件都进行深入的研究，但是，只要解剖了若干个"麻雀"，你就可能有了思路，有了分析能力，有了经验，将来即使你不得不跳过诊断环节处理问题，你也比别人更靠谱，更有效率。什么样的学生需要个案诊疗呢？一般是问题突出的，影响面大的，或者教师从未遇到过的学生。通常一个学期重点诊疗一两个学生也就行了，但一定要深入。假期中，可以读书作一些理论准备。对于多数老师，这个负担是可以承受的。磨刀不误砍柴工，你在个案诊疗上下的功夫，会使你以后工作越来越轻松。

个案诊疗需要在讨论的环境中学习，若是自学，也得上网与网友讨论。最好是参加培训班，因为迄今网上常见的只是个案点评，少有诊疗。培训班，比较正规，集中学习，有人指导，效果会好一些。指导很重要。经验告诉我们，没有技高一筹的老师指导，水平处于同一层次的老师讨论多久也难以登堂入室。

4. 个案诊疗的培训方式与其他培训方式有何不同？

现在的教师培训，讲课人往往集中在两端：一端是高校教师或科研人员，善讲理论；一端是优秀教师，宣讲自身的成绩、经验。这两种人讲课，出发点都是"自己手里有什么货色"，而不是"学员想解决什么问题"，他们都是在宣扬自己的好产品，而不是从学员的需要出发，帮助学员学会分析眼前的问题，加以解决。这些培训者的思路是讲解式的，而不是诊断式（探究式）的。这种培训方式，当然可以传播一些正确的理念和经验，功不可没，其缺点是缺乏针对性，如此培养出来的教师，遇到具体的教育问题，很可能还是没办法。背理论条文贴理论标签不管事，照搬某位老师的先进经验又容易"水土不服"，所以教师对这类培训兴趣不大，也是可以理解的。

个案诊疗课，从头到尾都是讨论案例，这些案例都是老师们眼前遇到的最真实的例子。大家一起会诊，研究问题究竟是什么，造成的原因是什么，如何解决，然后由提交案例的老师去实行，再反馈效果，进一步诊疗。这是"实战"。个案诊疗处于理论与实践的相交之处，是真实教育水平的试金石。拿出案例来将一军，谁有多少真才实学，就鉴别出来了。

这种课，属于真正的合作学习。指导教师是主持者、辅导者和平等参与者。对每个案例，指导教师都必须和学员一样，拿出自己的诊疗报告（一般都在最后），而且必须说出点学员们都说不出的看法。上这种课，教师确实得有高出学员的真本事。空谈理论，回避问题，只当"领导"，讲完就走，那是不允许的。

学员呢？参加通常的教师培训，带着耳朵来就行了，或者还可以带个笔记本。参加个案诊疗培训这样可不行，你得带着案例来，课上你必须发言，而且不能人云亦云，要独立思考。你带来的案例不能是教育故事、工作总结之类，它必须是符合个案诊疗规范的完整材料。你的发言不能是一般性的点评和感想，而必须是诊断性的意见。

5. 个案诊疗班属于线上培训还是线下培训？

两种都有。线上培训是在网上开设讨论平台或者QQ群，在上面讨论案例，由指导教师主持、管理。除了发帖之外，也观看一些相关的视频。一般说来，网上培训一期的学习时间需要几个月。毕业时要不要考试发证书，看主办单位的要求。

线下培训是面对面的授课。一个班20~30人。集中一周左右时间，由指导教师主持，每天讨论学员提供的案例。

两种培训方式各有优缺点。

6. 个案诊疗培训有不同层次吗？

培训班分初级班和高级班。初级班学员只需粗知个案诊疗是怎么回事（所谓粗知，指的是至少要听过个案诊疗的介绍，或者看过有关视频），交一份合格的原始个案（允许不作分析，但愿意分析也可以）即可报名。初级班的培训目标是帮助学员初步掌握个案诊疗的思路和方法，提高自身专业水平。参加过初级班的学员方可报名高级班，报名时要提交一份诊疗报告，由指导教师从中选拔合格者入学。高级班的培训目标是毕业后成为个案诊疗初级班的指导教师，也就是各学校或地区的个案诊疗专家。

个案诊疗培训班分中学部和小学部，都有初级班和高级班。

7. 原始个案怎么写？

所谓原始个案，指的是尚未进行分析研究的有关个案的调查材料，每个学员在进入培训班时都必须交一份原始个案，它就像敲门砖。如果不交，或者材料残缺不全，就不能入学。随便讲讲一个学生的表现和教师的烦恼，那不叫原始个案，那叫聊天，那叫记叙文，那叫故事。

原始个案必须包括以下内容：

学生姓名（化名），性别，年龄（年级）；

父母职业，文化水平，家庭结构，家长之间关系，孩子6岁之前谁带；

学生各方面的表现，各科教师对他的评价，各科学习成绩；

早期记忆、词语联想（中学，小学五六年级），"心中家园"图（小学1—4年级）；

学生的表现；

想作哪方面的诊断，打算重点解决这个学生的什么问题。

这里需要解释一下早期记忆、词语联想和"心中家园"图，这些都有心理测验的性质。教师叙述案例，其内容多是教师的所见所闻，难以完全避免主观色彩，叙述中还会有倾向性和隐性判断，先入为主，可能误导其他老师的诊断。增加一些心理测验项目，为的是增加诊疗的客观性、科学性。

（1）早期记忆。

中学生和小学五六年级的学生，其原始个案必须提供早期记忆。所谓早期记忆，指的是一个人能回忆起来的六岁前的事情。有人记事早，他的早期记忆可能在五六岁甚至两三岁；有人记事晚，他的早期记忆就可能涉及小学。依我们的经验，早期记忆最晚不能超过小学三四年级，否则就不能算早期记忆了。一般人认为小孩子六七岁才记事，所以，当学生坚称他记住的某件事发生在他三岁的时候，我们往往持怀疑态度。此事不要过于较真，因为确实有的孩子记事早，也可能他记错时间了。只要他记忆的情境清楚，就可以作为研究资料。但是要注意，早期记忆必须是本人记住的东西，而不是听大人讲的自己的事情。比如，"我妈妈说我小时候如何如何"，就不属于早期记忆。早期记忆应该是自己一闭眼睛脑子里就能浮现的画面，一种真正自己能回忆起来的亲身感受。

采集学生的早期记忆，可以利用课余时间全班集体进行，也可以单独请学生写。小学生也有自己不愿动笔的，可以让他口述，教师作记录。

要告诉学生，写得具体一点为好。要写出人物都有谁，背景是什么，画面的颜色、声音、情调、氛围是什么，特别要写出自己当时的心态。如果学生写得很粗略，教师分析时要加以询问。画面越清晰的早期记忆，越应该先写出来。

有的学生会说他想不起来。这种情况不要批评，让他慢慢想，实在写不出就先别写，找个机会和他闲聊，聊着聊着，他就可能想起来了。也有的学生怎么也想不起从前的事情。那可以让他想想有没有多年来重复做的某种类型的梦，这种梦（大梦）功能与早期记忆相似。

早期记忆最好不要只写一则，还是一组记忆分析起来把握大一些。但是要注意，所谓"一组"指的是不止一个记忆，并不是说这几个记忆时间、地点、内容上需要有何关联。

早期记忆为什么重要？因为人的记忆有遗忘功能，不重要的东西他会忘记。早期记忆是那些"怎么也忘不掉的记忆"（注意，忘不掉的事情未必都是大事，很多早期记忆都是很平常的小事），所以它特别能显示一个人的性格乃至思维的本质特点。

（2）词语联想。

对于中学生，给定5个"领词"，让学生在每个领词后面联想19个词。一组20个词，5组100个词。我们常用的领词是：天空，人，可是，跑，宁静。有自然界，有社会；有动态的，有静态的；有实词，有虚词；有外部动作，有心理活动。我们希望涉及面能宽一些。

对于小学五六年级的学生，采用的办法则有所不同，领词多而联想词少。领词10个左右，而联想词只要5个就行。这是因为小学生词汇量较少，联想不了那么多。领词举例：人，书，家，心，老虎，数学，军人，北京，分开，游戏。

需要说明的是，无论中学生还是小学生，教师对领词都可以灵活处理，不一定非用上述这些词。确定领词，只要注意涉及面宽一点、词汇类型多一点、不脱离学生的实际水平就行。总之要让水平高的学生有发挥余地，水平低的学生不至于一个词写不出。

还有，联想词的数目可增可减。有的词他联想不起那么多，可以少写几个，有的词能联想起很多词，也可以多写几个。告诉学生，"跟着感觉走"最好，甚至可以这样：若看着某个领词不顺眼，自己确定个领词也行，然后联想下去。

学生很可能因为语文作业形成思维定势，把词语联想当作"词语接龙""找同义词、反义词""解词"一类的语文作业来处理，如此就会严重降低检测效果。所以，在开始这项检测之前，一定要跟学生说清楚，这不是语文作业，不判分，不比赛，不公布。对小学生则可以说这是个游戏。

再有一点要告诉学生：不要怕写错字，有不会写的字，用拼音或者写别字都可以。总之，想到什么，写就是了。如果学生因为怕写错字而只拣有把握的词来写，将会影响检测效果。

词语联想为什么重要？因为人是用语言思考的，我们看他脑子里都装了哪些词汇，没装哪些词汇，这些词汇是按什么顺序从他脑子里跳出来的，就可以看出他的知识结构、思维方式、思维能力、当时的情绪、教养水平。

（3）画"心中家园"。

对于小学1—4年级的学生，词语联想不适用，因为他们头脑中的词汇尚少，早期记忆也不适用，因为他们太小，记忆中很多该遗忘的东西可能还没有删除，所以，最好用画图的办法检测。

"心中家园"画法是这样的：和学生说玩一个游戏。让他闭上眼睛，设想一个他最心仪的"心中家园"。那里面可以有山水，有树木，有动植物，有房子家具，有路有车桥，还有他最喜欢的人，家人、外人、同学、老师、大人、小孩、熟人、生人都行，什么职业的都行。还有他自己，在那里面干自己最喜欢干的事情。注意，每一样都必须是他确实喜欢的，不喜欢的就不要画。可是有一样是必须的，那就是他自己，必须在其中，而且必须是在里面干自己最喜欢的事情。如果他不愿意画或者不会画，那就只能靠教师记录了。

以上三项心理测验，都尽可能在学生最放松、最随意、最"不动脑筋"的状态中进行，这样最真实。

8. 个案诊疗的教学流程

我们以线上的培训班为例，介绍一下个案诊疗的教学流程。

学员自带原始案例来，可以自愿报名选择一个案例来上课。

第一个环节是问诊。问诊就是各位学员对原始案例进行追问，要求案例提供者继续提供一些材料，以便诊断。比如案例上说学生上课不专心，学员就可以追问他有没有某门课上得比较专心，或者问他不专心听讲时在干什么。学员们往往是心中有了某种假设，用追问的方式来验证。这和医生的做法相似。病人说了症状，医生怀疑他的肾有毛病，于是让病人去验尿，以证实自己的想法。问诊中的追问，相当于做各种检查。

第二个环节是写诊疗报告。等到大家没有什么问题需要追问了，就每人写一份诊疗报告，公之于众。原始个案的提供者自己也要写诊疗报告。

诊疗报告包括以下几项内容：（1）这个学生的主要问题是什么？（2）造成问题的原因是什么？（3）对策是什么？（4）说说你对这个案例的认识过程。报告字数不限，但每一个结论都要有依据，也就是要论证一番，不可以凭空下结论。最后，指导老师可以拿出自己的诊疗报告。

第三个环节是会诊。学员们的诊断可能结论不同，有的甚至看法相反，于是就要辩论，要对不同意见给予回应，赞成不赞成都要说出理由，不能单纯表态。但注意，直到最后，也不要求统一认识，不搞标准答案，所有这些意见，都只供原始报告提供者参考实行。

每一个案例都是这样一个讨论流程。待到所有案例讨论完毕，这一期课程就可以结束了。如果班级人数较多，也可能无法把所有案例都讨论完，尤其是线下培训班，时间有限。

线上培训班因为时间较长（一般需要几个月），还可以增加一个项目：反馈效果。让每个提供原始案例的老师向大家汇报一下采取了什么干预措施，效果如何，若很不理想，还可以考虑重新诊疗。线下培训无法当时反馈效果，应该另作安排。依我们的经验，由于个案诊疗处理的几乎都是疑难杂症，因此对疗效不可期望值过高。

第四个环节是考试。如果主办单位有要求，最后也可以考试。线上培训一般无须考试，线下培训可能就需要了。考试内容当然是给出一个大家都没见过的案例，写一个诊疗报告。各人写各人的，不许商量讨论，然后指导老师阅卷评分。

教师的主要精力应该放在哪里？

在网上见到一个新材料，是我以前没见过的。

1943年3月22日，毛泽东在谈到边区文化教育问题时说：在教学方法上，教员要根据学生的情况来讲课。教员不根据学生要求学什么东西，全凭自己教，这个方法是不行的。教员也要跟学生学，不能光教学生。现在我看要有一个制度，叫作三七开，就是教员先向学生学七分，了解学生的历史、个性和需要，然后再拿三分去教学生。这个方法听起来好像很新，其实早就有了，孔夫子就是这样教学的。同一个问题，他答复子路的跟答复冉有的就不一样。子路是急性子，对他的答复就要使他慢一些。冉有是慢性子，对他的答复就要使他快一些。

我理解，这是毛泽东"没有调查就没有发言权"的思想在教学领域的应用。在毛泽东看来，教学也是"发言"，得以调查研究为前提，你不了解学生情况，只顾按自己准备好的东西讲下去，是不行的。其实这就是因材施教。因材施教的前提是"辨才"，辨才就是调查研究。毛泽东认为教师用在这件事上的精力要有七分，剩下的三分，用来讲课。

用这个观点观察我们的教学，观察我们的教改，你会发现，基本上都属于"没有调查，偏要发言，而且滔滔不绝"。

我说过，教育的本质是"了解"，教育者必须把绝大部分时间和精力用来搞清学生到底怎么回事，这是一个什么样的班级，这是一个什么样的学生，然后才能有针对性地做工作，才能打中要害，才能四两拨千斤。我说的"教育诊疗"，也是这个意思。一定要把调查和诊断"挺在前面"，至于"传道授业解惑"，那是后面的事情。

真懂这个道理而且加以实践的老师有多少？

教育者应该把绝大部分时间和精力用来搞清学生到底怎么回事，然而实际上这样做的教师很少。下面说说，为什么会这样。

一个原因是，有些教师认为没必要对学生情况搞调查研究。教学有大纲，我每堂课有教学目标，学生跟着我学就是了，还调查研究，哪儿那么多事？公开持这种观点的教师如今不多了，但是心里这样想的老师可能还有不少。这当然是很落后的教育观念了，完全的以教师为中心。

更多的老师知道而且承认了解学生是分内之事，且很重要，然而实践中他们并没有做，或者对此只付出了很少的精力，这大概是大多数教师的实际情况。我们重点讨论一下这是怎么回事。

我想有些教师是觉得，学生情况他们"已经知道了"，没必要再作调查。我每天和学生打交道，难道还不清楚他们怎么回事？实际上根本不是这么简单。家长比教师接触孩子更多吧？生活在一起，互相还不了解吗？然而家长不了解孩子，走不进孩子的内心，这种情况很多很多，真正了解孩子的家长反而是少数。教师也是这样。把主观印象当成事实，把表面印象当成整体，把对学生的普遍印象当成每个学生都如此，把若明若暗的认识当成清晰确切的事实，这类思维方式非常普遍，严重阻碍教师深入细致的调查研究。

经验是很宝贵的东西，但经验也很容易成为束缚人思想的枷锁。我们有很多老师不去学生中调查研究，还有一个重要原因是"现成的结论太多了"，用起来非常方便，无须思考，久而久之，就失去了调查研究的动力，也失去思考能力了。这种教师多极了。比如学生上课不听讲——贪玩；不完成作业——对学习不重视；不守纪律——没有好习惯；情绪不好——单亲家庭；孤僻——缺少爱……一切问题都有现成的、廉价的、俗而又俗的、老套的标准答案。既然答案已明，还有什么必要再去调查？

还有的老师读了几本心理学之类的书。那里面说了，一年级的孩子有什么特点，二年级的孩子有什么特点，等等，他看完了，记住了，就觉得自己这下门儿清了。殊不知这些结论即使完全正确（这很难）也不过是一般情况，说到某个孩子，未必符合，还要具体分析，而这种分析的本领，从书本是学不来的。

还要指出的是，教育教学有很多硬任务、硬指标，要评比排队，要和工资挂钩的，但是调查研究、教育诊疗，都没有硬指标，不是硬任务，上级领导顶多是号召一下而已，因此，教师很自然地就会把主要精力放在硬任务上，工作本来就很累，也就很难从精力的大蛋糕上切下一块分给调查研究和教育诊断了。虽然老师可能也知道这是缺乏远见的短视做法，但一天天也就这么过来了……

这我都理解，但我还是要劝说老师们重新审视一下自己的精力分配问题。谁要是觉得我说的有点道理，而且决心试试，我就不胜荣幸了。我荣幸不荣幸无所谓，学生幸甚，教育幸甚，国家幸甚。

怎样讨论案例？

关于个案诊疗课程的作用和意义，如果各位没有其他看法和问题了，我们就要准备讨论案例了。在讨论之前，有几点注意事项我说一下，各位一定要认真阅读。

（1）案例一般是学员提出的，眼前的，有条件继续调查和干预的。每个人的案例都要讨论，至于先讨论谁的案例，看情况安排，最好自愿。

（2）讨论某个学员的案例，本人自然要发言，其他人也都要发言，但也不是非说不可。

（3）案例提出者不但要详述案例，而且要点明"我想解决什么问题"，目标要说得清楚、具体。

（4）注意案例提出者所设定的"要解决的问题"，也可能不妥，讨论者对此可以提出异议。讨论不是非沿着案例提出者设定的路子走，一切都可以质疑和探究。

（5）发言者有时会陷入困境，拿不出诊断结果。这有可能是发言者的能力不够，也有可能是案例提供者所提供的材料不足，无法分析判断。这时发言者可以请求案例提供者进行进一步调查，拿出新的材料。这就像医生确诊之前要请病人去做有关项目的检查一样。

（6）发言没有先后顺序，谁先想好了谁说。

（7）你可以发表任何意见，但必须说明理由和依据。不允许只表态不加分析，因为那就不是讨论了。这是一门课，不是民意调查。

（8）后发言者若同意前面发言的意见，简要说一下赞成哪一点就行了，不要重复。要尽量说点别人没有说过的话，但也别故作惊人之语。

（9）不同意谁的意见，要直说，不必客气，课堂不是社交场合，客气话少说。但是，你不赞成对方的意见，必须说明理由和依据。请把注意力集中在思考问题上，少关注人际关系。

（10）每个人都要注意，一定要养成一种习惯：发言之前，先设想若干论敌在不停地反驳自己的论点，想想他们说的是否有道理，我怎样答复，之后再拿出意见。也就是说，你的发言应该是没说出来之前就"自己和自己讨论过"，它是"经过初步锤炼的产品"。在我们的课上，应逐渐消灭"不假思索，拿起来就说"的发言。那种人是很难有什么进步的，那不是发言，是发泄，网上这种东西很多。各位注意，您学这门个案诊疗课，即使其他方面没有任何收获，只是养成了"三思而后言"的讨论习惯，也将一生受用不尽。

（11）个案诊疗要解决两个问题，一个是"为什么"，一个是"怎么办"，前者为"诊"，后者为"疗"。我的想法是我们在课上把二者分开，先讨论"为什么"，有眉目之后再谈"怎么办"，也就是"开处方"。

以上11条，各位看看有什么意见和问题，我们集中讨论一下。不急于研讨具体的案例。

教育故事与教育案例的区别

教育故事有工作汇报和宣传的性质，总是拣好听的说，成绩要说够，问题和缺点点到为止，只谈过五关斩六将的业绩，不提走麦城那点事。

教育案例则不然，它一般是专拣闹心糟心的事情来说，专拣搞不明白的事情谈。写案例的目的不是总结成绩宣传自我，而是研究问题，寻找答案。如果想和别人讨论案例或者求助，就必须提供足够真实详尽清晰的材料，否则人家无法分析。

真善美是各种文字都要追求的目标，但侧重点有所不同。教育故事更注重善和美，而教育案例则首先求真，必须真实，美不美不是主要的。疾病当然不美丽，但永远是医生关注的重点。

教育故事距离文学更近一些，教育案例则更靠近科学。因此从文体角度说，教育故事更像记叙文、报告文学甚至小说，而教育案例则更像说明文和科研论文，后者是比较枯燥的，不能花里胡哨，更不能云山雾罩。教育案例里应该全是"干货"，它拒绝水分和泡沫，也很少需要描写抒情诗意幻想这类的东西。教师若有文学才能，很好，请到教育案例之外去发挥。到什么山上唱什么歌。

按照这样的标准，你会发现教师写的所谓"案例"绝大多数属于教育故事，不是正宗的教育案例，语文教师在这方面问题最大。

各位学员，我手里有你们每个人写的案例。是否符合案例标准，请先来一个"自查自纠"，做点修改增添，以免讨论时麻烦，也可以另起炉灶，写新的案例。

第三辑

诊疗案例

第五章　結論

新教育网校个案诊疗培训班

2016年9月份,我到"教育在线"网站开了一个专栏"王晓春聊天室",开始发帖。新教育实验的发起人朱永新老师看到了这个专栏,就发短信问我是否可以在网师开个课。我答应了。朱老师并未说希望我开什么课,我就开了这门个案诊疗课。此事由李岫耘老师操作。我和李老师商量之后,李老师就在网师网站上发了一个报名通知:

关于征集教育案例的通知

亲爱的网师学员:

有这样一个好消息告诉大家:北京教育科学研究院基础教育研究所退休教师,已七十多岁高龄的王晓春老师,将在网师上开设"个案诊疗课"。王老师是我国教育界的实战型专家,其教育思想来源于实践,来源于具体的教育案例。早在2003年王老师就在"教育在线"网站建帖发言,他是"教育在线"的老朋友。2016年9月16日,王老师重回"教育在线"论坛,建起了"王晓春聊天室",里面相继上传了部分教育案例和王老师的精彩点评。

应王老师的要求,现向大家征集教育案例,我们将从上交案例的教师中择优选择一些成为王老师的学生,跟随王老师进行为期一年的系统学习研讨,相信这样珍贵的学习机会大家早已怦然心动,那就请快快提笔书写您的教育案例吧。

教育案例征集截止时间:2016年10月30日。

请有志于跟随王老师学习的教师将撰写的教育案例,于2016年

10月30日前发送至邮箱453974644@qq.com。

教育案例具体写法见王晓春聊天室里上传的案例。

网师教务处
2016年10月10日

到11月份,我共收到了案例13个。我从中选择了6位老师为学员,他们的网名分别是:无情箭,修慧,雪泥鸿爪,静候佳音,尘一粒,听风掠过。李岫耘老师帮我建了一个个案诊疗群,于是就开课了。由教务处的韩冰剑老师提供网上技术支持。

我的首次发言如下:

敬告各位学员

各位老师,你们好!

我是王晓春,这次的个案诊疗课,由我来主持。目前我们只吸收了6位学员。

我想,我们先要用点时间研究一下这是一门什么课,怎么学,学这门课有什么意义和用处,然后我们再一个一个地讨论案例。《教师的主要精力应该放在哪里?》《怎样讨论案例?》《教育故事与教育案例的区别》等文章,请各位认真阅读,然后谈谈您的看法或问题。

我希望各位老师千万不要采取"你讲我听"的学习姿态,您绝对可以随时打断我,提出任何问题,发表任何意见。这是一门"讨论课",不是一门"传授课",很难说谁是老师,我只是个主持者和相对有点经验的成员。

我要特别感谢网师李岫耘老师,她为这门课的开设做了很多工作。

> 案例 1　小李（初三）

Part1　原始案例

问题：

我们班的学生有打架的现象。我的第一反应是小李肯定参与其中。为了验证我的猜测，晚上，我给小李打电话，确认其是否参与了打架。他很干脆地说，打了。我感觉到，我不知道该怎么对他进行教育。

背景资料：

初一时，小李大个子，身体有点不协调，给人一种憨厚的感觉，班级里无论大小男生都可以欺负他，他也乐意。他不爱学习，还曾告诉我，让我好好地惩罚他，这样他才有学习的动力。他的小学班主任很严厉，很爱惩罚他，所以他表现较好，成绩还可以。

初二，小李开始变了，他开始拉帮结派欺负别人，也和别人打架。这个时候，小李和村子里的高年级孩子一起看黄色录像。

初三时，小李爱和别人打架，还让别人在手上划了一刀。而且喜欢欺负比他小的同学，对于班级里强势的男生则是忍气吞声。

他学习一般，一直处于中下等。初二时一度处于不想念书的状态。到了初三，他开始努力学习了，在交流过程中也告诉我，他很想努力，但是又控制不了自己。

他的爸爸常年在外面打工，妈妈以及爷爷奶奶，在家务农。这个孩子特别害怕他的爸爸，这是他妈妈说的。孩子对于家中的其他成员不害怕。我见过孩子的爸爸，是一个老实的农民，不严厉，对于孩子也很随和，而且以讲道理为主，并不是粗暴式的爸爸。究竟为什么害怕他的爸爸，我没有追究。上初三的那年，他的爷爷因为癌症去世了。他全程目睹了爸爸侍候爷爷的过程。有一次他打架，我请来了家长。可能是因为家中的事情，爸爸当着孩子的面哭了，孩子也哭了。孩子自从那以后表现好了一段时间，但是经常旧病复发。

他的字写得非常潦草。自从爷爷去世后，他一直和奶奶睡在一起，但又很反感和奶奶睡在一起。

我采取的措施：

我开始认为孩子的问题是基础薄弱，不适应初中的生活，习惯不够好，不会人际交往。试着引导过他，和他一起聊过初中生活应该怎么做，应该有哪些好习惯，当时，他表现得很吃惊，却也乐意接受我的建议。

后来，他和别人一起看黄色录像。我认为孩子的变化是由于外面孩子的勾引，和家长沟通了这个问题，希望家长注意监督孩子，不要在空闲的时候让孩子去和别人看录像。这个事件发生后，我也让家长将他领回家反省，让他写了反思，作了保证。

后来，他大事不犯小事不断，我多次找他谈话，口头警告，没有任何作用。（**无情箭**）

Part2　问诊

爸爸常年不在家缺少父爱，没有规则意识，通过打架引起注意。小学班主任的惩罚式教育，让他认为暴力可以解决问题。就是说，他的认知还停留在小学阶段。（**修慧**）

我觉得这个孩子也有想改好的愿望，但身上的顽疾太多，再加上自制力差，家庭教育的缺失，造成现在的种种状况。（**静候佳音**）

各位老师请注意，我们现在集中讨论"是什么"和"为什么"，即这个学生到底是什么问题，造成的原因是什么，暂不讨论"怎么办"。对案例，我先不作分析，只看各位的发言。请大家畅所欲言。

无情箭老师可以让小李写写自己早期记忆中发生的事，或者画一画五项图，再作分析讨论。我在读王老师的《给教师一件新武器》，很受启发。对一个孩子的问题，必须综合各方面信息，教师要用多种渠道获取尽可能多的信息，才能进行科学的分析与判断。（**修慧**）

（1）我觉得小李同学现在这种状况，与小时候家庭教育的缺失有很大关系，父母忙于生计，忽视了对孩子的陪伴与教育；（2）青春叛逆期的孩子状况百出，再加上辨别是非的能力差，稍有不慎容易走上歪路；（3）这个孩子好像有自虐倾向；（4）孩子多年来积攒起来的顽疾，要一下子改变确实不易。（**静候佳音**）

首先，班级也是个小社会，在这里学生的地位、学生之间的关系不会是绝对平等的，影响一个孩子班级地位的因素有很多，比如家境、成绩、个头、交际能力、老师对他的态度等等。一般来讲，个子大的总是占优势，让瘦弱的同学畏惧。而小李初一时却屡受欺负，这说明他在其他方面不如别人。他成绩估计不好，也不太会说话，家里情况也不会太好，尤其是老师经常批评、惩罚他，这就给其他同学一个心理暗示：欺负小李不会有什么后果，他告状也告不赢。这个时候的小李，有强烈的自卑感、孤独感。

而一个自卑、孤独的孩子，很渴望得到别人的同情、关注、温暖，只要有人和他处境相同，只要有人给他一点关心，他们很快就会完全信任对方，所以小帮派也就很容易形成了。

初二时小李和同学结伙欺负同学，这里也含有报复的成分，因为他以前总是受欺负，所以心中有恨，想要让别人也尝尝被欺负的滋味。不过更重要的原因是初二正是人一生中的一个转折时期，孩子的自我意识无限膨胀，他渴望地位和尊严，征服和控制欲也越来越强，欺负别人后短暂的痛快满足了他的心理需要。所以他可能会只要看谁不顺眼就欺负谁。

但小李很明显是欺软怕硬，这说明他心里是相信暴力的，他觉得力量就是王道。这肯定跟他小时候的经历有关。他妈妈说他很怕爸爸，估计他爸爸在他和别人打架时总是惩罚他（案例中没写，只是推测），这样就使他既惧怕爸爸的力量又渴望有一天能拥有爸爸的力量。不知道初二以后他和爸爸的关系怎样，如果爸爸再打他，估计他是不会听之任之的。

案例中小李还有看黄色录像的问题，这一方面是受到高年级同学的引诱，另一方面也是缘于青春期对性的渴望。现实中老师极少进行性教育，所以学生产生性向往与性焦虑是难免的。如果陷入其中，便很难自拔。

另外，小李为什么到初三想努力学习了？他是怎样努力学习的？努力的结果怎样？这些不详，无法分析。（**听风掠过**）

刚才学习了听风掠过老师的发言内容，我产生了疑问，向老师们请教：根据案例提供的信息，进行主观的推测是否合适？还有就是，案例的相关信息能否尽可能多地提供？比如与他本人的沟通，与他父母、爷爷奶奶的沟通，与他同学的沟通，与他曾经的老师的沟通。

个人疑问，希望老师们多多指点。（**尘一粒**）

小李的早期记忆：

小时候，有一次，我把家里的银刀丢了。我当时玩完，放哪了，忘记了。我爸问了我一句话，便开始"暴揍"。我当时小，呜呜大哭。爷爷不在，妈妈不在，只有我奶奶在，她以弱小的身躯挡了我爸的棒打。可是，我那天在一个箱子里找出了那把刀。我兴奋之余，给了爸爸。他说了什么，我忘了。这件事，我刻骨铭心。

有一次，妈妈做了饺子，小时候我特馋，一把抓起一个放到嘴里头，烫得我将饺子吐了出来。后面吃了几个，吃太饱，所以吐了。妈妈生气了，一铁勺打我头上。我开始哭,因为头烂了,流血了。我从小特别怕疼,我痛呀!一会儿,妈妈找出消炎粉撒在伤口上。她上街去买药,问我吃什么,我说了我想吃的,她就走了。

小时候,我特别贪玩。我家在盖新房,我手持拖把棒站在一个土堆上。以前拖把把手是竹子的,陷到了土里,我一甩里面的土弄到奶奶的眼睛里去了。我爸骂了我几句,瞪我。我的目光与他的目光碰到一块,我怕了。

前几年,我妹生日。当时我在上小学。爷爷去接在幼儿园的妹妹了。我在家等着,因为我妹过生日时,爷爷会买许多好吃的庆祝。我爷爷回来了,他骑一个电动车,前面是我妹。电动车上有一个自行车,还有许多好吃的。我太激动,有车了。我一骑撞到树上了。哎,至少车没有受伤,我也没有受伤。

小李画的果树图:

小李的词语联想：

走马观花，你死我活，殊死一搏，鹤立鸡群，别扭，冷漠，无情，爆头，命中，成功，高瞩，上篮，绝杀，龙飞凤舞，金戈铁马，打架，一言九鼎，言出必行，全力以赴，小可。（**无情箭**）

从早期记忆看，事情全都发生在家里，小李是一个恋家的孩子。两次与吃有关，这孩子比较贪吃，看到吃的就兴奋，控制不住自己吃到吐出来。两次与爸爸有关，一次是被爸爸瞪一眼，觉得像凶神恶煞，一次忘记银刀放哪儿了被爸爸暴揍，找到后又特别兴奋地送给爸爸，说明他怕爸爸又渴望得到爸爸的关爱。虽然父母管教方式都简单粗暴，但小李依然很爱他们。

词语贫乏，文化基础差，不可能胜任中学课程的学习。他对学习是没有信心的。果树图色彩正常，比较协调，但没有根。推测他精力充沛，但无处发泄，想学习学不会，对自己没有信心。打架一方面缘自家庭暴力教育的影响，一方面是他发泄精力的方式。（**修慧**）

小学阶段小李有向好的愿望，勤奋却自卑，他愿意像家长期望的那样，有好成绩，他接纳了家长和老师强化的观念：不好好学—惩罚—学习好。在初中新环境里，他也曾经这样要求老师。但随着青春期的来临，他的内部自我开始分裂斗争，他开始寻找真正的自我。他的体验告诉他，憨厚就得被欺负，因此他转而欺负更弱小者（与儿时爸爸的粗暴教育有关），还有青春期对性的迷茫（看黄色录像）。这个"自我"的探索尝试并不成功。另一个"想努力"的自我也在探索，不过估计失败较多。从他的书写可以看出他成绩也不会太好，早期吃的记忆说明物质的匮乏，爸爸的暴揍证明他崇尚权威——要么成为权威，要么被统治。总之这是个自我不统一、正处于青春期的迷茫少年，一个在寻找"我是谁"的少年。（**雪泥鸿爪**）

（我感觉发言基本上是各说各话，讨论的意味不浓，于是我从四个方面作了指导，希望引起学员们的进一步思考和互相质疑。）

1. 问题是思维的动力

各位学员的发言我都拜读了，各位的学习态度都很好，令人感动，不愧身为人师。

现在我谈一个问题：提问。要学会提问，不是向别人提问，而是把自己当作一个讨论对象，向自己发问。这是研究的基本功。为什么？因为思考从问题开始，有问题才有思考，没有问题就无须思考，需要的只是"接受""记忆"这类东西，总之不是思考。思考（这里指理性思考、研究性思考，不包括形象思维、直觉思维）的本质是概念在头脑里的矛盾运动，要启动这个运动，必须有初始的矛盾，也就是问题，问题就是矛盾。为什么有些人遇到事情，你让他"想一想"，他竟然不知道怎么想，不知道从何想起呢？就因为他提不出问题。提不出问题，脑子就转不起来。牛顿看到苹果落地，自己问自己道："苹果为什么往地下掉，不往天上掉？"正是这类问题启动了他的思维和研究，这是牛顿三定律的滥觞。爱因斯坦19岁那年，有一天突发奇想：如果一个人用光速向前奔跑，他眼里的周围景象会什么样？正是这个问题，引发了后来的相对论。他们是大科学家，我们是普通人，但我们的思维方式在一点上是相同的，都是以提问启动思维。所以，从今往后，我们这个个案诊疗班，首先比赛谁能够提出问题，谁善于提出问题。请注意，这一点，将决定你专业成长的速度和程度。

上面说的比较抽象，下面我们结合眼前小李的案例来谈。

小李这个案例，就目前见到的材料，我至少给自己提出了以下一些问题。

（1）小李初一时常受欺负，他似乎很乐意，为什么？想来他是从中得到了乐趣，什么乐趣？

（2）到了初二，小李开始欺负别人。为什么会有如此变化？他从欺负别人中又得到了什么乐趣？

（3）他初二时为什么不想念书了？初三为什么又想念了？应该了解一下他的真实心态和想法。（这个问题听风掠过老师提出来了）

（4）据无情箭老师说，小李爸爸憨厚，不粗暴，可是小李很怕他，为什么？怕的是什么？

（5）小李为什么反感和奶奶一起睡？反感的究竟是什么？

（6）无情箭老师这个词语联想怎么做出来的？为什么没有领词？

（7）按照目前我们掌握的情况，对小李这个学生，我们打算解决他的什么问题？是打人问题，还是学习问题，还是什么问题？还是把这些问题都解决？他的什么问题是我们有希望解决的？什么问题是我们解决不了的？

（8）这个孩子，他的个性特点核心是什么？从他的早期记忆看来，他未来会是一个什么样的人？

这些问题，我希望无情箭老师找小李调查询问，其他老师则可以先作一些猜测。猜测是绝对需要的，猜测就是所谓"假设"，也是科研的基本功。有了猜测，才好通过调查研究来证实或证伪。医生就是这么看病的，刑侦人员就是这么破案的。个案诊疗，其实就是精神世界的破案工作。

目前我见到的发言，听风掠过老师和修慧老师的质量较高，他们有分析，有推理，不是简单给个看法。请注意分析性的文字不宜太短，因为三言两语看不出您的思维过程，而过程常常比结论重要。

2. 提问的两种类型

提出问题求解决，有两种问法。

一种是倾诉式的，就是把我遇到的问题和困惑摆出来，叙述一遍，求人帮忙。

另一种是探究式的，也把问题摆出来，但同时要拿出自己的分析，提供他人进行分析的有关材料。

提出倾诉式问题是外行人的权利。比如病人向医生介绍自己的病情，就是倾诉式的。他这么做无可指责，因为他是外行，只能说这些，他不负责探究。倾诉式提问是外行与内行谈话的正常模式。

探究式提问，则发生在内行之间。一位医生和另一位医生讨论某个病例，不可能采用倾诉式，即使一位医生和另一位医生讨论自己的病情，也不会采用倾诉式，因为他知道提供什么材料有助于对方诊断。探究式提问是为了探讨，属于专业性质的提问。

同样道理，我们都是教师，都是专业人员，我们在讨论问题（而非闲聊）的时候，我们有关案例的提问，也应该是探究式的，而不是倾诉式的。

可是你看看教育网站上教师求助和讨论案例的帖子，你会发现提问者的提问方式大多数都像病人见到医生那样——我有个学生如何如何讨厌，如何如何可恨，气死我了，我很无奈……几乎看不出他是专业人员。恕我直言，我们这个个案诊疗班学员发来的案例，也多如此。有的虽然有点分析，却看不出思考和推理，就是凭习惯语言贴个标签而已。

我前面说过，问题是思维的动力，但我那个"问题"指的是探究式的问题，绝不是倾诉式的问题。倾诉式的问题绝不能提高教师的专业素质，就好像病人，无论在医生面前把自己的病情说得多么生动细致，多么充满感情，也无法提高他对这个疾病的认识水平，更不用说治疗了。有一句话说：一个从来没有牙疼病的医生，比牙疼三十年的病人对牙疼的本质更了解。倾诉无须水平，也提高不了水平。

所以，在我们的个案诊疗班里，以后提供案例的时候，要禁止倾诉性发言。这里要的不是记叙文和散文，而是研究型文字。聊天另说。

3. 我为什么主张把"诊"和"疗"分开谈？

在我们的个案诊疗课上，至少一段时间内讨论案例的时候，我主张把"诊"和"疗"分开进行，而且把讨论重点放在"诊"这个环节上。我说说理由。

处理问题，一般是这样的三个环节：提出问题—分析问题—解决问题。可是我见到的教师写的很多很多案例，最薄弱的环节都是"分析问题"（即"诊"）这个环节。老师们叙述完学生问题之后，马上就说"于是我采取了以下措施"，后面就写处理过程和结果。中间分析的环节，有的是简单地贴个常见标签，有的干脆就跳过去了。不分析问题就去解决问题，不诊断就开药方，这是教师工作的常态，例外情况很少。我们的个案诊疗课恰恰是要改变这种工作常态，让一部分教师学会先诊断，再治疗。

但是我必须指出，对问题不加分析就出手解决的这种工作方式，并非完全荒谬，它的存在也有合理性。

　　这是一种"管理者思维",而管理者,确实也是教师(尤其是班主任)角色要求之一种。教师不但是知识传授者,而且是管理者,班级教学制度决定了这一点。没有管理,教学秩序无法维持,教学不能正常进行。管理者很难同时做研究者,因为管理与研究不是一个路子。管理就要有制度,而制度要求统一,要求一刀切,若一人一个样,它就不是制度了。所以管理者倾向于这样思考问题:我不管你出问题是什么原因,反正你这样就不行,你必须符合制度要求。可见,管理者的工作姿态就只有两个环节:发现问题—解决问题。无须中间的研究环节。你可能会觉得这是不是太官僚了,但这是难免的。还有一个原因。班级里发生的很多事情是突如其来的,你必须马上应对,没有你分析诊断的时间,此时你的应对是否妥当,就全靠你的水平和经验了,有时还需要点运气。在班级制的学校里,教师管理者的角色是相当强势的,几乎是压倒一切的。校长更不用说,研究型的校长寥若晨星,校长们每天琢磨的、强调的、实行的都是管理,严格管理,精细化管理。在这种氛围中,老师们很自然地就会形成和固化管理者的思维习惯,遇到问题,上来就管。结果教师就越来越像学生的"上司"了。

　　当然也有些老师明白先有诊断后有处方的道理,他们也想知道学生为什么这样,然而不幸的是,他们往往不需要自己去调查,自己动脑筋去研究,因为教育界流行着大量现成的、廉价的、思想快餐式的标准答案,一出问题,马上就可以贴一个标签。于是老师们就误以为自己已经明白原因了,那自然就可以进入治疗阶段了。诊断环节,就这样跳过去了。比如学生和老师对立,教师马上就得出结论说,这是"逆反心理",他就以为他全明白了,实际他什么也没明白,"逆反心理"这个结论,解决不了任何问题,只有安慰作用和麻痹作用。这类廉价答案真是害人不浅。

　　各位学员可能会问,既然"发现问题—处理问题"的工作模式有如此合理性,何必搞什么"个案诊疗"呢?你诊疗半天,不还是得跟着学校管理走吗?不能单从这一个角度看问题。须知,这种管理型的工作模式虽然自有道理,却也贻害无穷。最主要的问题是严重阻碍教师专业水平的提高,阻碍教师思维能力的进步,使教师日益变成"工作机器",变成"白领中的蓝领",增加其职业倦怠,减少其幸福感。提倡"研究型教师"多年了,为什么少有效果?道理很简单,整个的体制运作都像泰山压顶一般指向"管理",哪里还有"研究"的生长空间?南辕北辙,此之谓也。

所以我们这个个案诊疗班,实际就是在很有限的空间里保护和支持大家的研究意识、研究习惯、研究能力。研究是管理的基础和理论支持。各位学员,你们不可能对每个学生、每个教育事件都进行深入的研究,但是,只要解剖了若干个"麻雀",你就可能有了思路,有了分析能力,有了经验,将来即使你不得不跳过诊断环节处理问题,你也比别人更胸有成竹,更能打中要害,更有效率,于是你就比别人多些幸福感。这就是我们开这个个案诊疗班的目的。

我们先把"诊"和"疗"分开进行,等大家入门了,旧的习惯改掉了,再把"诊""疗"合在一起不迟。

我们没有扭转乾坤的力量,但是我们可以在某个地方创造一个小气候,使其更"宜居"一点。我的一片苦心,想来各位能明白了。

4. 反驳,是最重要的讨论方式

前几天,一个学生早上没来,我打电话给家长,家长说,孩子感冒了,要带去看病。我就随口告诉家长要注意孩子的问题:上课睡觉,作业不做。我从这个学生的一些资料里知道,他的家庭有比较多的问题,他和家长冲突比较严重,所以也不是很指望家长能帮什么忙,只是随口一说。

家长也随口说,青春期逆反呗。

不知道"逆反"这个名词家长从哪里看来的,只要青春期里出现的问题都要往这上面扣。我认为青春期固然有逆反现象,但更多青春期里的逆反并不是因为青春期,而是在青春期之前已经累计,到了青春期才爆发出来,青春期学生也不都逆反。

所以我插了一句:"我教的学生也不少,他们也都处在青春期,大部分孩子都没有你孩子那样的表现。"家长这才哑口无言。

不单单是这些对教育一知半解的家长身上有这样的问题,我们老师也经常有这样想当然的归因习惯。(**海蓝蓝**)

海蓝蓝老师此文，重要的不是例子，而是这种思维方式——反驳。反驳是科学研究最重要的思维方式之一，可以说，没有反驳，科学就没有今日。反驳不是吵架，而是质疑，特别是拿出反例来质疑。你得出一个结论，我举出一个例子证明你的结论无法解释我这个例子，你就只好承认你的结论或者是错的，或者是不全面的，于是整个研究就向前推进了一步。科学就是这样一步步前进的。有个叫韩春雨的科学家，他的基因编辑成果就遭到了质疑——别人用你说的办法实验，得不出你说的结论。这就是反驳。无论最后结果如何，这个反驳肯定对科学发展有好处。海蓝蓝老师有这种质疑的习惯，他曾经用此种方式把一位讲课专家弄得哑口无言。我认为这位专家应该感谢海蓝蓝老师，他深化了这位专家的思想。各位学员，如果你们经常用此种方式反驳我，我将感激不尽。讨论问题的时候，不要顾及人际关系和面子，对于研究者，真理高于一切。

进一步说，与其等别人来反驳，不如自己在研究问题的时候，先行把自己的结论从各个角度敲打几遍。比如我说某个孩子习惯不好是因为单亲家庭，得出这个结论后我马上就反驳自己道：那为什么有许多单亲的孩子没有他这样的不良习惯？这么一反驳，我就不得不进一步研究，为什么偏偏他变成这样，于是研究就深入了，就不得不抛弃一般性结论，不得不具体问题具体分析了。为什么我们有大批的老师思想总是停留在最浅层面？重要原因之一就是他们不愿反驳自己，经常满足于似是而非的结论。这实际上是一种自我欺骗。

各位学员，在研究中，没有反驳就没有思考。兹事体大，非常重要。一定要学会反驳，养成习惯，尤其是自己反驳自己，否则您无论怎么学，也不会有多大进步。

在作了以上指导的基础上，我跟学员说了后续安排：

（1）请无情箭老师继续调查，提供新材料。

（2）老师们继续讨论，提出问题并发表看法。

（3）讨论告一段落之后，每个人写出一份诊断书，全面阐述自己对这个案例的看法（注意还是只谈"为什么"暂不开药方）。无情箭老师自己也要写诊断书。

（4）我考虑把有关小李的材料发到 K12 网站去，邀请几位嘉宾来发言（注意我只往那里发有关小李的客观材料，隐去我们的讨论内容），各位学员比较一下他们的看法和我们的诊断有何异同，再讨论一番。

（5）最后，我拿出我的诊断结果，请大家批评。

（6）讨论诊治方案，开药方，请无情箭老师实施。

（7）这个案例的讨论暂告一段落。留点时间各位谈谈收获，提提意见，准备讨论下一个案例。

（8）待到一段时间之后，请无情箭老师反馈治疗效果，我们再"回头看"这个诊疗，总结经验教训。

上述安排，各位有什么意见，请及时提出，以便我来调整。谢谢！

补充材料：

（1）小李初二之前经常受人欺负，似乎很乐意。他告诉我，别人欺负他的时候，他很生气，非常想打架。但是，他不敢。他害怕打架事件被老师发现，会请家长。他对他爸爸非常害怕。他对别人欺负他不是乐意，而是一种压制的容忍。他还告诉我，别人欺负他，他继续和欺负他的人交往，是因为这些欺负者本身影响力大，他害怕自己被孤立，或者害怕被他们继续打。（这也许就是现在校园的欺凌现象、帮派现象。）被人欺负，他一直在压抑自己。

（2）初二的时候，他已经融入到小帮派当中，算是"自己人"。他欺负别人感觉到有后盾。他告诉我，他欺负别人让他自己有一种成就感，有一种强大感，很好玩。我问过一句：你也被别人欺负过，你有没有想过被欺负的滋味？他很吃惊地说，从来没有想过。他还告诉我，欺负别人也是一种变相的报复，把以前受别人的欺负还给别人，只是对象发生了变化而已。

（3）他的爸爸给我的印象是憨厚，对孩子很和蔼。孩子告诉我，他爸爸平时确实就是那种样子。但是，爸爸如果生气起来，打起来非常的狠。孩子告诉我，他最深的记忆是，有一次，他考试成绩没有考好，而且在学校惹了事，还有那一天恰好玩了一天，没有学习，他的爸爸在家里用铁锨把（很粗的棍子）

把他打了一顿。那一天幸好他的姑父在，姑父好好地劝爸爸，爸爸才没有把自己打死。孩子告诉我，爸爸打他，用各种器具，笤帚、棍子、皮带、棒等。说起爸爸，孩子似乎没有其他特别的印象。我让他记忆爸爸让他最感动的事情，他回忆了一下，很肯定地说，没有。他的爸爸很少和孩子说话，也没有亲密的动作，一个标准的严父。孩子对于爸爸的记忆除了挨打，再也没有什么，哪怕一句温暖的话语都没有。相反，孩子一直提到妈妈对他的关心。他认为的关心就是，妈妈每一天都能够问自己在学校的表现，自己的学习，自己的身体，还给零花钱。

（4）我特意询问了孩子，小时候和谁在一起，孩子说和妈妈。我问他：关于挨打，你记忆最深的是什么？他说小学老师。他小学几乎每一天都是挨打中度过。他记忆最深的是，四年级的时候，因为作业没有完成，被他的班主任——一个女老师打了四十多下手。他没有告诉家长。

（5）这个孩子讨厌奶奶，因为奶奶爱唠叨，晚上爱说话，爱呻吟（年龄大了，每天晚上会被身体的疼痛折磨醒来）。最让他讨厌的是，奶奶爱把他说的话，第二天告诉他爸爸，会招来爸爸的责骂。我还了解到，这个孩子家有一个妹妹。他的奶奶不爱干净，妹妹不喜欢和奶奶睡。这个孩子一直洗着奶奶的衣服、床单，但是生气的时候，会对奶奶说粗话。（**无情箭**）

无情箭老师，有两个问题请您询问一下小李。

（1）如果在什么地方见到有人发生冲突或者出了事故，你是否感兴趣？会不会兴奋起来？

（2）你画的果树图上，掉下来个果子。请问这是什么意思？你画的时候怎么想的？

各位学员请注意，我这两个问题不是随便问的，我是心中有了某种假设，想通过这两个问题验证一下我的假设是否合理。这与医生让病人去做某项检查的思路是一样的。医生根据你的病情，估计你可能是什么病，让你去做某项检查，是为了验证自己的假设。

这是一种科学研究的思维方式。

王老师，这个同学特喜欢看人打架。他告诉我，一方面他想看被打的人能被打到什么程度，另一方面他特喜欢凑热闹。

苹果树上的果子代表他的家人，正在下落的那个表示刚去世的爷爷。果子的颜色代表喜庆，还希望家庭和睦，少争吵，尤其是妈妈和奶奶。

说到打架，我看他特别兴奋，说话时不断地笑。（**无情箭**）

无情箭老师，感谢您提供的新材料。

现在我想知道：他初二不想学习后来又想学习，原因是什么？

他未来打算从事什么职业，靠什么养活自己？将来想过什么样的日子？各科学习成绩如何？有没有什么兴趣特长？

各位学员有什么问题请抓紧时间问。

初二之前，爷爷有病，初二第二学期去世了，这段时间家里乱，他没有心思念书。初三，他的舅舅来他家，答应他只要考上高中，可以把他转到最好的高中。他一直希望自己当兵，考军校。他的成绩中下，字迹潦草。（**无情箭**）

（以上属于问诊。问诊有一个重要任务——获取更多信息。就是说，看到案例之后，应该发现哪些方面材料不够，要求案例提供者加以补充，以便诊断。但我发现学员们似乎还没有这个习惯，只好自己上阵提出问题以充实材料。材料相当于破案的线索。你想知道什么材料，显示出你在朝什么方向思考，很能反映一个人的思维能力。到此，我觉得案例的有关材料似乎差不多了，于是准备进行下一步——写诊断书，并作相应的指导。）

从现在开始，各位要每人分写一份"小李个案诊疗报告"，报告分三个部分（先写前两部分）。字数没有规定。

下面我具体介绍一下个案诊疗报告的写法以及注意事项：

（1）小李的主要问题及产生原因。

① 这是报告的重点部分，要写详细一点。

② 主要问题不可以罗列太多，最多不要超过三个，而且应按重要性排列，最主要的问题放在最前面。

③ 问题产生的原因，必须加以论述，要有证据，要有推理，要有说服力，经得起质疑。

④ 各个问题之间是什么关系，要讨论一下，光把几个问题并列是不行的。

（2）治疗方向和重点。

① 这个部分要求诊疗者根据问题分析确定工作方向。因为问题很多，不能眉毛胡子一把抓，要确定治疗的轻重缓急。

② 确定治疗重点要说明理由。为什么有的问题先抓，有的问题后抓，为什么有的问题暂时不问，为什么有的问题无法解决，要说清楚。

③ 注意这一项要写的只是治疗方向（治什么病），不是具体的治疗方案。

（3）具体治疗方案（这一项先不写，等讨论完"诊断"部分，再集中讨论治疗方案）。

① 这里要预先提醒的是，治疗方案一定要与诊断相匹配，也就是说，你诊断病人为头痛病，不能开出治肚子疼的药方。

② 治疗方案必须有可操作性，不许说空话。

诊疗报告每个人都要写（包括无情箭老师），在班级内部公开。先发言后发言各有利弊，自愿选择。

这个报告的要求是个努力方向，初学乍练，一时做不好做不到没关系。

报告收齐之后，每个人都要认真研究一下所有报告，然后我们还要做一件事——讨论。这叫会诊。这个讨论是什么意思？就是你必须研究每一个和你不同的意见，作出回应。该赞成的赞成，该借鉴的借鉴，该反驳的反驳，而且都必须言之成理。不同观点必须有碰撞，有互相的冲击，这样才能切实提高各位的思维能力。各说各话是无法提高水平的。

现在很多老师都习惯于培训时只带两只耳朵去，结果很可能最后成为滥竽充数的南郭先生，我们的个案诊疗课要竭力避免此种弊端，要真学习，不要假学习。真学习的主要标志就是自己确实动了脑筋，独立思考。不看你"记住"了什么，而看你"想出"了什么。学习之魂不是记忆，而是思考。

以上安排，各位有什么问题、意见、建议，请及时提出。

Part3　诊疗报告

修慧的诊疗报告

1. 小李的主要问题及产生原因

小李的主要问题：

（1）爱打架。从受人欺负到欺负他人。

（2）不爱学习。初三想学习是一种本能的对高尚生活的向往。每个人都有其追求优越的方式。

（3）看黄色录像。

问题产生原因：

早期记忆中，对爸爸的暴力无法忘怀，埋下了害怕爸爸的种子。家庭教育是简单粗暴的。吃饺子的记忆，说明这个孩子性子急，吃东西没有节制。妈妈也是个脾气暴躁的人，虽然很爱孩子，但习惯用暴力对待孩子的不良表现。一般妈妈应该首先提醒孩子不要吃太多，吃到吐的情况下应该对孩子表现出关切，而不是用铁勺打，打到流血，可见用力之大。孩子是在父母的暴力中长大的。调皮的男孩不小心把土甩到奶奶眼睛里，爸爸的骂和瞪都让他害怕，是因为有过太多挨揍的经历，已经非常怕爸爸了。吃和玩是这孩子的早期生活主旋律。"至少车没有受伤，我也没有受伤"，这句结语说明家庭比较重视财产安全，那个关于银刀的记忆也说明了这一点。

20个词语中有"你死我活、殊死一搏、爆头、命中、绝杀、打架"与打架有关，而"一言九鼎、言出必行、全力以赴"可能是朋友义气常用词。这些词基本没有逻辑性，作为初三的学生，小李的文化水平和思维能力不高。

小学老师也是用暴力惩罚逼迫小李学习。没有反抗是因为他在家庭教育中已经习惯了暴力。进入中学，老师找他谈心，他很吃惊，说明他不知道老师还会这样关心学生。奶奶总是把他说的事告诉爸爸的做法，让他对他人缺乏信任，也是老师第一次找他聊学习时，他表现出吃惊的原因。

孩子的学业不好，在同学中无法找到自尊，自然会通过其他途径寻找优越感。如阿德勒所说，每个人都有追求优越的天生本能，不过他所采取的方式总是遵从自己内心的价值判断。他要寻找一种成就感和自我价值感。

初中的孩子进入青春期，开始对异性感兴趣。但是学校一般不进行科学的性教育，他的家庭也不可能正确对待这个问题，而他本人也没有一定的文化修养使他找到正确的获取性知识的渠道，加上现在社会复杂，小李融入小帮派之中，开始受到朋友的影响，于是跟着朋友一起看录像。这在很多青少年中都发生过。

到了初三想学习，一是他有了目标，想当兵考军校；而是舅舅答应他转学，前提是必须考上高中。

2. 治疗方向

我觉得解决小李的问题，当务之急是要让小李不再参与打架。作为一个中学生，应该有规则意识，有是非观念。不能够凭意气用事，不能只相信暴力。只有杜绝打架行为，才能够与小帮派划清界限，才能够静心学习。已经初三的孩子，基础又差，家庭没有文化氛围，凭他自己的力量是无法把兴趣转移到学习上的，有无情箭老师的帮助也很难。如果能够不再打架，知道基本的是非观念（这个孩子性格是很豪爽的，从老师打电话询问，他毫不隐瞒地承认可以看出来，像是三国里的猛张飞），将来能够靠勤劳正直立足于社会；如果能够努力向学，也可能成为有用之才。

请问修慧老师，他的三个问题之间有内在联系吗？如果有，什么联系？

您能概括一下小李的个性（或者人格）的基本特点吗？

其他各位学员，希望你们也都概括一下试试，这很重要，抓住了一个人人格的基本特征，才可以说把这个人"看透了"，虽然这么说有点夸张。

也就是说，对于个案诊疗，"这到底是个什么人"，比"他的问题究竟在哪里"更重要，因为他的"问题"是从他的"人格"派生出来的，人格才是根本。我请修慧老师研究她所说的小李三个问题之间的关系，正是往这个方向引导。（注意，这种思路主要是对小学五六年级以上的学生适用，对于小学低年级的孩子，"这到底是个什么人"的判断为时有点早，宜慎重。）

王老师火眼金睛！我对小李的个性感到没有绝对把握加以概括，勉强为之，就是崇尚暴力，无明确的是非观念。所以他能够忍受同学欺负，进而加入小团体并认为自己有了力量。这样三个问题就是一个问题了，都是个性造成的。（**修慧**）

无情箭的诊疗报告

1. 小李的主要问题及原因

（1）内心迷茫。

这个孩子内心非常的迷茫。补充材料说："初三，他的舅舅来他家，答应他只要考上高中，可以把他转到最好的高中。"他开始好好学习，说明孩子内心希望变好，只是没有合适的方向和恰当的指导。还有孩子帮助奶奶洗东西，照顾奶奶，说明孩子内心是善良的。

(2)暴力倾向严重。

在他的早期记忆中,20个词语里面就出现了"你死我活、殊死一搏、冷漠、无情、爆头、命中、绝杀、打架"等8个让人心里不舒服的词语,虽然这些词语与网络游戏有关,但是也能够反映他的内心存在一定的暴力倾向。还有在补充材料中,他的早期记忆中到处都充斥着暴力,而且暴力永远都会胜利,这也许会在他的心中种下暴力是解决事情的终极办法的种子。

(3)家庭教育的缺失,尤其是父爱的缺失。

从孩子的早期记忆中,可以看出妈妈的粗心,妈妈对孩子缺乏温柔。面对孩子吐这个事件,正常应该是安慰,或者是焦虑,可是这位妈妈却是打,而且出手很重。爸爸常年在外,没有和孩子建立亲密的父子关系,教育粗暴简单,只是暴打,给孩子的印象就是爸爸是暴力的代名词。这种教育的缺失,会让孩子体会不到爱的感觉,也不会处理和同学的各种关系。

2. 治疗方向

在这三个问题中,第三个问题是导致第二个问题的根源,也是第一个问题的导火索,第一个问题的解决会抑制第二个问题的继续恶化。

我认为,最需要马上解决的是小李内心的迷茫,若孩子有了一定的奋斗方向,会慢慢地把第二个问题化解掉,尤其是可以慢慢治愈家庭教育带给孩子的伤痛。

静候佳音的诊疗报告

1. 主要问题及原因

小李的主要问题:

(1)家庭教育的缺失。

（2）青春期叛逆＋性格缺陷。

（3）小学教育也存在不足。

问题产生的原因：

小李的父母自身文化层次低，缺乏正确的教育方法，导致小李种种问题的产生，这也是"棍棒型"家庭教育的产物。通过小李的早期记忆可以看出，小李的童年应该是灰蒙蒙的，导致他对自己的未来一片迷茫。孩子对于爸爸的记忆除了挨打，再也没有什么，哪怕一句温暖的话语都没有。爸爸不善于表达，他对孩子的感觉是"恨铁不成钢"。妈妈虽说好些，但是动起手来也很重。我觉得这种打骂环境下长大的孩子，一定会留下严重的心理阴影，导致他将来的处世方式也是以暴制暴。用他自己的话说，欺负别人能让他找到一种成就感。我觉得，就是这种可怕的"成就感"更容易使他误入歧途。

他的词语联想中，"你死我活、殊死一搏、冷漠、无情、爆头、绝杀、打架"这些词语都反映出小李具有暴力倾向，内心缺乏一种安全感。他的攻击性就有可能是防御性质的，他想通过打架让自己变得强大起来，可能会有一种幸灾乐祸的成分，他想把自己受的苦也强加给别人。（只是猜测，不一定对。）"金戈铁马"说明他喜欢当军人，舅舅鼓励他的一番话，给了他一丝希望。

想想小李在小学阶段，也得不到老师的关心爱护。他让无情箭老师好好地惩罚他，这样他才有学习的动力。他的小学班主任很严厉，很爱惩罚他，所以他表现较好，成绩还可以。他四年级的班主任，一个女老师，因为他作业没有完成，就打了他。他好像把自己也定位在了"不打不成器"上，具有自虐倾向，可怜又可悲的孩子。当无情箭老师不肯放弃他，引导他，和他聊初中的生活应该怎么过，应该有哪些好习惯时，他很吃惊，可见他是一个爱严重匮乏的孩子，老师的关心帮助或许能温暖他那颗冷漠的心。我在想，当初小学老师不用过于严厉的方式惩罚他，而是像现在的无情箭老师这样慢慢地开导他，帮助他，可能升入初中的小李会是另一种状态。

2. 对策

（1）我觉得诊疗重点是跟家长做好沟通交流，让家长也反思自己的教育方式，特别是爸爸，应该反思自己：因为常年在外打工，忽视了对儿子的陪伴与引导，这种缺失是无法用金钱衡量的，要通过亲情感化温暖小李的内心。

（2）通过对小李进行心理辅导，帮助他走出青春期的迷茫，让他认识到暴力的危害，自己已经深受其害，不要把这种痛苦嫁祸给别人，杜绝黄色污染，如果再执迷不悟的话，最终害得还是自己。说实话，小李的好多恶疾已经是根深蒂固，一下子变好也很不现实。正如王老师在他的书中写的：人的思维模式和行为模式的框架往往会保持一生，我们不指望孩子"脱胎换骨"，他能在原有性格基础上扬长避短，这就很好了。

尘一粒的诊疗报告

1. 小李的主要问题及产生原因

主要问题：
（1）精神上孤独。
（2）行为上暴力。

产生原因：
小李感受不到家的温暖，他的精神是极其孤独的，缺少与他人真正的沟通。从他的早期记忆以及与无情箭老师的交流可以看出，爷爷是他生活中极其重要的一个角色。爷爷的生病以及去世都给他带来了影响。我想在家庭中，也许爷爷是他唯一愿意交流的人。然而这唯一能够倾诉的人也去世了！在家庭中，他无法感受到温暖，尽管他的早期记忆四条都和家庭有关，但每一条都是痛苦的！"打我、特别怕疼、瞪我、怕了"，从这些字眼中可以看到他与家人之间缺少沟通，是一位孤独者。还有他的词语联想，从"鹤立鸡群、冷漠、无情"这几个词语，还有"一言九鼎、言出必行、全力以赴"这几个词语，可以看出他精神上的孤独。

其次是小李行为上的暴力。夸张一点说，他一直都是在暴力的环境中长大的！小时候的早期记忆，爸爸对他说了什么不记得，只是对爸爸打他记得刻骨铭心。妈妈上街买没买回东西给他吃只字不提，但对妈妈用铁勺打他记得清清楚楚。还有上小学时，基本上每一天都是在挨打中度过。上中学后，先是一直被别人打，被别人欺负，后来开始欺负比自己弱小的同学。他的词语联想更能说明他的暴力倾向，如"你死我活、殊死一搏、爆头、命中、绝杀、金戈铁马、打架"，这些词语中不乏网游用语，他可能也玩网游，或者他的"小帮派"中有人玩。（我没玩过网游，但时常会听大学室友说这些词语。我毕业已两年。）他所联想的词语中，近乎二分之一都是与暴力和血腥有关，况且他特别喜欢看别人打架。

2. 治疗方向和重点

要解决小李的问题，我个人觉得下一步的方向和重点应该放在让小李感受到家的温暖。在他的早期记忆中，所有的内容都涉及家庭，由此可见他是非常非常注重自己家庭的一个孩子。他对爸爸已经怕到了骨子里、血液里，他不希望妈妈和奶奶再无休止地争吵下去，作为一个初三的孩子，他厌恶与奶奶睡在一张床上。小李的症结在家庭，治疗也应该从家庭开始。从给小李一张独自躺下的床开始，从奶奶和妈妈少一句拌嘴、少一次争吵开始，从爸爸对他的一个微笑、一次抚摸、一句肯定开始。

雪泥鸿爪的诊疗报告

1. 主要问题及原因分析

主要问题：
（1）用打架来解决一切冲突。
（2）学习落后的问题。

产生原因：

人是在与环境的互动中形成比较固定的行为模式的。从小李的三个早期记忆——丢银刀挨爸爸暴揍、吐饺子挨妈妈铁勺打、土甩奶奶眼睛里挨爸爸瞪眼，可以看出他很害怕。小李无意中的犯错都可以招致被打。甚至小学时爸爸用铁锨把（很粗的棍子）把他打了一顿，孩子的理解是要不是有人拦着，是要被打死的。可以推知小李小时候是缺乏安全感的，他体验到的是做了大人认为错了的事情就会导致被打。想不被打，就不要做那些大人认为错的事情，要乖乖听爸爸的话，从小的生活环境让他选择了这种生存策略。

小学阶段，小学的老师估计是听从了爸爸的意见——他家孩子是打着才学习的，因此老师也是这个策略。初一刚开始，他甚至和初中老师要惩罚。别人欺负他，他压抑着自己。这就是他小时候生存策略的延续——做个乖孩子，要不就要被打。

从小李的早期记忆可以看出，小李家的经济情况一般，丢银刀、吐饺子都导致挨打，他对那次生日礼物的记忆犹新，对于车撞树上，先庆幸车没损坏，后庆幸自己没受伤。物质缺乏的环境、家人的反应都会让他习得惜物而轻视人本身的认知。所以他打别人，没想到过别人的感受，因为他的感受从来也没有人重视过。

从小物质的缺乏、拮据的经济环境会促使他对这方面有急迫的需要，比如他的早期记忆都是和吃、用有关，因为缺乏所以才需要满足。父爱是缺乏的，有关爸爸的记忆初中前都是灰色的，对妈妈的记忆则温暖得多。而他是不能通过好成绩让父母高兴的。一个原因是物质缺乏导致他的童年精神生活是匮乏的，他没有说到任何书籍的影响，缺少正面能量的引导。也缺少对学校生活的准备，他的成绩小学也只是尚可，而且还是被老师打出来的。所以当他不能通过追求成绩来获得优越感，他就必然选择别的路径。

　　在新的初中生活开始时，老师发现了他的问题，是有过必要的引导的。他长大了，但他的生存策略仍是家庭原生态的。在小学，老师是绝对权威的，而到了初中的新环境，他的安全感的缺乏促使他还是采取原先的策略，做乖孩子不挨打。除此以外，他还发现做强者也可以不挨打。不能通过优秀的成绩来获得优越感的小李，选择投靠强者，把自己变为强者，这也就是他说的"成就""强大"，他在欺负弱小时得到了优越感。他变态地爱看打架、兴奋，想看到打的程度，凑热闹，是因为这次不是爸爸打他，而是拳头落在别人身上，那种报复的快感让他兴奋。他曾经有多恐惧，现在就有多快乐。

　　初二那年，爷爷的死让他目睹了死亡，这是真实的自己曾经恐惧的，而今应验在爷爷身上，还有他身上的刀疤，都警醒他打架这条路是走不通的。所以初三他尝试走学习这条路，但对他来说这条路并不好走，成绩落下太多的话，他还是不能从学习上得到成就感。舅舅的诺言、上军校、参军的理想都符合他当强者的愿望，都让人看到他有向上向好的愿望。而"控制不了自己"依旧"欺软怕硬"乃是他原初的安全感缺失所致。他是虚弱的，哪怕在他打胜的时候。他还会在向好和打架这两条路上摇摆，直到他坚定地认同一个选择。

　　总的来说，我认为他打架问题的根源是安全感缺失。而学习落后问题的根源则是很少有学习方面正能量、好榜样、书籍、师长的引导，对学校的生活缺少准备。

2. 治疗方向和重点

治疗方向：

强化小李追求积极的优越感，如学业上的、体育活动上的。帮助小李拓宽沟通渠道。

老师做得很好，持续关注，肯定孩子做得好的方面，丰富孩子的精神世界，还可以让孩子看传记方面的书，他太需要与他同境遇的榜样了。总之是在学习方面让小李获得成就感。

和家长谈话，指出孩子需要爸爸的鼓励和关爱。

重点：

给予小李学业上或者其他活动方面的信心。因为能够获得积极的优越感，他就较少追求打架的优越感。

听风掠过的诊疗报告

我认为，在小李身上，主要存在以下问题。

第一个问题：

暴力倾向。小李暴力倾向的表现：（1）初二时加入小帮派，欺负同学；（2）初三时参与打架，老师在不知情时就猜到其参与其中，可见其打架已是常事；（3）爱看别人打架，说起打架就兴奋，说打架时脸上带笑。

小李暴力倾向的原因：

首先，小李的暴力倾向跟他自身的性格缺陷有关。在小李的回忆中，提到妹妹生日时爷爷骑着电动车带了好吃的和自行车，他一激动，就把自行车撞到树上了；还有他小时候玩扫把不小心把土甩到奶奶眼睛里，也说明他做事不够细心，属于冲动型性格。他的词语联想，前后没有逻辑，随心所欲，暴力词语频出，说明他做事常常不假思考，性情冲动。这种冲动型性格正是他暴力倾向的一个原因。

其次，是家庭的影响。从小李的果树图可以看出，小李其实对亲情、对家庭是很依恋的，他渴望家庭的温暖。可是他并没得到多少家人的爱。根据小李的早期记忆，小时候自己把银刀弄丢，爸爸对他一顿暴揍；不小心把土甩到奶奶眼睛里，爸爸又是骂又是瞪；小李因为在学校不学习，被爸爸用铁锨把打，因为姑父拉着才没有被打死；爸爸打他非常狠，各种器具都用；小李因为吃饺子吃到吐，被妈妈用铁勺把头打得流血；小李觉得妈妈对自己的关心就是问自己的在校表现、问自己的学习、给零花钱。常言说父母是孩子最好的老师，可是小李的父母在对待小李时，没有和颜悦色的教导，没有温情脉脉的关爱，也没有敞开心扉的交流沟通，只有动辄打骂。爱的缺失使小李没有安全感，在冷漠的暴力中长大的孩子，很难用爱的方式去对待他人，也很难产生对别人的信任。他不知道体谅别人的想法，所以在他欺负同学时也就不会对同学的痛苦感同身受，甚至为此而感到有成就感，有一种强大感（小李自己也这么说）。更重要的是，父母的打骂在他心里留下了阴影，心理学上有种说法叫"仇恨转嫁"，小李内心深处压抑着对父母的仇恨，却把这种仇恨转嫁到了同学身上，所以他在欺负同学时会感到痛快，包括爱看别人打架，也是觉得看别人打架就好像自己在打架，好像自己解恨了。小李的词语联想中"暴头、绝杀"之类暴力词语的出现，也与童年记忆有密不可分的关系。

与家庭影响一样重要的是老师对待他的态度。小李记忆很深的事是小学时几乎天天挨老师打，尤其是四年级的班主任，因为他作业没写完，就在他手上打了四十多下。小李没有告诉父母。童年的经历往往影响人的一生，小学阶段本应是快乐的学习与游戏时期，可小李却终日在老师的打骂中度过，何其不幸。他在自己长得大一点，有了力量之后，就转而欺负同学，内心深处也是存着对以前自己挨老师打的报复的。现在屡见报端的学生打骂老师事件，如果深追，学生受到老师的虐待肯定是原因之一。如果初二、初三时老师还像小学老师那样打骂他，只怕他会反抗回击（这个可以请无情箭老师问问小李）。他在初一时主动请求无情箭老师惩罚他，觉得惩罚对他才有用，也是因为小学时老师经常惩罚他的缘故。

还有就是校园小帮派的影响。初一时，小李个子也不矮，力量也不小，可是几乎所有男生都可以欺负他，原因就是他只是一个人，没有加入小帮派感觉没有靠山。小李自己也说，被别人欺负时很生气，但不敢反抗，而且还想办法和打他的同学搞好关系，以求不再被打。他这时的心理其实跟他小时候挨了爸爸的打，找到银刀后还赶紧兴奋地送给爸爸是一样的，他既惧怕暴力，又向往暴力。所以当他发现自己可以加入小帮派，可以成为暴力的施加者时，他当然就觉得自己很强大了。如果没有这样的小帮派，估计小李还能抑制自己打架的冲动，不会那么快成为欺负同学的人。《乌合之众》中谈到一个人不可能做的事，当他加入一群人中时，他就会去做。

关于小李的暴力倾向的诊疗方向：

我觉得这是小李身上最主要的问题，也是亟须解决的问题。解决这个问题，需要老师多做小李的心理疏导工作，让他认识到暴力不能解决问题，不能为自己赢得尊严，小帮派更不利于自己的成长。老师还要与家长联系，要改变孩子，先改变家长，让父母认识到打骂不能解决孩子的问题，要多些耐心，多些关心，让孩子感受到家庭的温馨与美好。（不过，童年时家庭关系的影响是很难弥补的，即使父母现在开始改变，心理的阴影也很难消除。）小李性格中的冲动基因就不是老师可以改变的了，这需要具有一定心理专业知识的专家的介入（这一点估计做不到）。

第二个问题：

学习能力差。表现是小学时就因为考试成绩不好，在学校不好好学习被爸爸打骂；初二以前几乎所有男生都可以欺负他也有部分原因是他成绩落后，老师同学不尊重他；初二有段时间因为成绩差有了不上学的念头；初三时想要努力学习，可是感觉基础太差，学不会。

小李学习能力差的原因：

第一，小学时没有得到老师充分的关爱与指导。

第二，他没有得到家庭的帮助，尤其是小学阶段。

第三，从遗传学来看，小李的父母文化程度就不高，小李的智商不会太高。再加上冲动型的性格，学习中缺乏细心和耐心，学习出现困难也就不奇怪了。

小李现在已经初三，他前几年落下了太多功课，现在想弥补也不是那么容易的事。初三的学业本来就很重，很难有时间再回头去复习以前落下的功课，就算有时间他也不一定能学会。

关于小李学习能力差的诊疗方向：

不要强逼小李提高成绩。一个人的前途不一定在于上高中、上大学。完成义务教育后，倒不如鼓励他找个自己喜欢的专业去上中专，既响应政策，又学门技术，可作为生存的保障，不至于成为社会的游民。

第三个问题：

看黄色录像。在案例中，小李在初二时和村上高年级的同学看黄色录像。

小李看黄色录像的原因：

这个问题的主要原因是青春期的性躁动。当然，小李看黄色录像也有高年级同学引诱的外部原因。没有这个诱因，小李最多也就是自己想入非非，不见得会去看黄色录像。我个人认为还有一个原因，是小李在学习上的失败，使他心情低落，这时的黄色录像是对自己身体与心理的一个刺激。从某种角度来看这和他爱打架一样，都是对学习失败的一种心理补偿。

关于小李看黄色录像的诊疗方向：

我觉得可以让学生观看反映青春期生活的电影，引导学生正确面对青春期出现的各种问题。

（学员提交完诊疗报告之后，进入继续讨论环节。我作了启动发言。）

我们就要进入会诊环节了。诊疗报告属于各说各话，而讨论时，观点就要碰撞和交锋了。这个环节，对于提高各位的专业能力，甚至比写诊疗报告更重要。中国人的所谓作业，根本就是写给老师看的，其主要功能是换来分数，我们必须改变这种片面的看法，认识到作业主要不是给老师看的，而是互相交流用的，在教师培训中尤应如此。各位学员，你们的眼睛不要总盯着我这个主持人，而要留心其他学员的发言。

千万注意，参加讨论的目的不是"捍卫自己的观点"。你可以坚信自己的观点正确，但不要以捍卫自身观点为讨论目标，否则你在讨论中就算"大获全胜"，你也学不到什么东西，讨论前的你和讨论后的你，没什么积极变化。你参加讨论的目的究竟应该是什么呢？讨论的目标是寻求问题的真正答案，并在这过程中提高自身的研究素质。

如果我发现别人和我观点相同，我不会多么高兴。因为我知道，这固然可能是"英雄所见略同"，但也可能是他和我都处于同样水平，对问题都只能理解到那个程度，也可能他的结论虽然和我相同，但证据和思路并不相同。因此，我关心的并不是结论是否相同，而是为什么相同，相同中有何差别，以提高自己的分析能力。

如果我发现别人的观点和我不同，我也一点不奇怪，我还会很高兴，因为最能引人思考的，正是差异，而不是雷同。别人的观点可能与我完全不同，也可能部分不同，可能是证据不同，也可能是思维方式不同，也可能是视角不同，也可能是认识水平在不同的层面。如果某人能看到的东西我看不到，甚至完全没往那方面想，这是最有震撼力的，最发人深省的，遇到这样的情况，若能加以反思，进步最大。如果你感觉别人看到的我都能看到，而我能看到的别人看不到，那很可能是你比别人站得高，但也可能是你走偏了，甚至走火入魔了。遇到不同的意见，可以反驳，反驳的主要目的不是为了战胜别人，而是为了提高自己，因为你必须敏锐地看到对方失误在何处，这需要分析能力和洞察力。笼统地说"我不赞成你的意见"，这属于表态，与学术讨论无关，学术讨论中若说对方是错的，必须拿出充分的理由，拿出理由是需要思考的。

所以，各位学员，当讨论这个环节结束的时候，你总结一下，如果发现自己的认识水平和思维能力比讨论前有所提高，感觉自己心里更亮堂了，那无论你这次诊断报告写得水平如何，你都是赢家，以后你的诊断报告会越写越棒。我希望每个人都能如此。

讨论不是一个评价的过程，而是一个学习的过程。

可能各位对于讨论还不习惯，或者还没想好从哪儿入手。我提个建议供各位参考：

每位学员的诊疗报告都列出了小李的主要问题，您可以制作下面这样一张表格：

学员姓名	问题1	问题2	问题3	备　注

　　这样一来，各位学员所作的判断，其相同点与不同点就一清二楚了。然后你就可以对相同点和不同点进行分析评论了，这种办法很能帮助你提高思维能力。各位可以试试。

　　学术讨论中，一定会遇到不同的意见，每一个讨论者，只有诚实地面对和回应所有的不同意见，才能真正提高自身的水平，这也才是名副其实的讨论。

　　什么是诚实？就是实事求是。明明见到不同意见，却装作没看见，这就不是诚实的态度。我不是说不可以各自保留自己的意见，但这种保留应该是在讨论之后。各说各的道理，发现各自提供的证据都有点道理，但都不具有充分的说服力，那只好先存而不论，等待实践的检验。这正是一种诚实的态度。

　　有时候事实已经证明某人的观点确实是对的，我错了，那怎么办？我就放弃原有观点，接受对方的观点。但更多的情况可能是，我并没有全错，只是人家更正确，或者整体上他对了，但在某一点上我的看法更正确，那我就整体上接受对方的观点，坚持自己对的部分。

　　有时候我更正确，他人观点明显不及。这时候我是不是就没有事情干了呢？我是不是等着别人向我学习就行了呢？不是。这时候我可以认真分析一下别人为什么会失误，他的思维方式或者思路在何处出了毛病，把他引向了错误。这是一种反思。如果对方谦虚好学，可以把反思的结果告诉他，这对他很有好处；如果对方不那么谦虚，那就算了，我自己知道就行了，也是一种收获。

一定要注意，教育并非自然科学，它一般没有标准答案。几乎没有任何一种教育理念和教育方法是完全错误的，其中总有合理的成分，所以，当我的观点比别人更正确的时候，我应该注意看到他人观点包含的"真理的颗粒"。他可能是把正确的观点用错了地方，也可能把正确的观点夸大了一点，结果就错了。千万不要轻易认为别人的观点荒谬愚蠢。经验告诉我们，动辄认为他人愚蠢的人，自己可能更蠢。爱学习的人，心态开放的人，总能从他人身上或多或少学到点什么。孔子说的"三人行，必有我师焉"，大概就是这个意思。这不是一句客气话，而是一种真实存在的学习态度。

但这种态度只在学术讨论中适用，在政治斗争中就未必灵通了。政治斗争有个立场问题，而立场常常是无法调和的（对抗性矛盾）。你说造反有理，我说你就是土匪，双方都认为自己是诚实的，讨论还怎么进行下去？虽然这里也有是非之分，但肯定讨论不出共识，暴力解决应是最后之手段。这是没有办法的事情。我发现网上有些人用政治斗争的态度和手段讨论学术问题，这就乱套了。我们的讨论要坚持学术性。但教育与政治密不可分，有时会遇到政治话题，躲也躲不开，这怎么办呢？我主张"从教育专业的角度"进行讨论，或可减少一些麻烦。

总而言之，在专业研究中，学术讨论中，诚实面对一切不同意见，是绝对需要的。请注意这不是在提倡中庸主义和抹稀泥，正相反，诚实面对就是"该怎么说就怎么说"，是一种科学态度，而中庸主义、抹稀泥，则属于处理人际关系的原则。

我有个困惑，就是对小李问题的描述，到底应是我们看到的现象，还是抽象的概括？如爱打架，用打架解决一切冲突，就是行为表现；有暴力倾向，精神上孤独或内心迷茫，就是一种概括或结论。不知道这是不是我们首先要澄清的问题。（修慧）

修慧老师的问题很重要，问得也很有技巧。欢迎各位畅所欲言。谈什么都行。

打架只是表象，我认为需要解决打架背后的原点问题。

黄色录像问题应该不是重要问题，因为这个问题没有再次发生。（**无情箭**）

打架、看黄色录像，包括成绩差，都只是问题的"症状"，背后的"病因"更重要。这些问题是有内在关系的，都由家庭教育、父母关爱的缺失、童年遭受的冷遇引起。

我在想小李初三了还跟奶奶睡，这算不算问题？（**听风掠过**）

妈妈与奶奶关系不好，而且奶奶和小李睡在门房外。（**无情箭**）

看黄色录像没有再发现不一定是没再看，可能是做得更隐蔽。我觉得这是心理问题，应该重视。（**听风掠过**）

讨论情况令人不太满意，看来这是我们的短板。下一步我把案例材料发到网上（只发材料，讨论情况不公开），听听几位嘉宾的意见，然后把他们的诊断陆续转到我们课堂上来，我们继续讨论，看能不能受些启发。

（于是我就把有关材料发到了我的博客——K12班风小论坛，得到了海蓝蓝和关注体验两位老师的回应，这二位是我的老网友，和我讨论案例多年了。）

他会是一个好兵

从材料来看，小李给我的比较深的印象是表达的方式和一般的学生不一样，他主要是通过肢体动作来表达自己的感受。所以，他的记忆里充满了动作行为以及动作行为的后果。他的词语也有一个特点，主要是速度和力度以及相关的后果。

一个通过动作来表达自己感受的人，当然和通过语言来表达感受的学校教育环境是格格不入的，我估计过去小李的成绩恐怕是比较糟糕的。如果测试智商，我认为小李的智力水平可能在中等偏下一些。

如果这些假设成立，估计老师会比较绝望。对于小李成绩能达到的程度要有一个适度容忍，对于其破坏性恐怕也得有一个心理上的准备，因为老师在这两方面不会有太大的改变的力量。只能因材施教，把一些负面的东西降低到比较低的水平比较现实。

小李的人格还有一个特点——暴力。动作表达并不一定表现为暴力，但由于小李在成长过程中遇到很多的教育者对他使用暴力，所以他对暴力有一种迷信的态度，对强者有一种崇拜的态度，一般来说，可以认为他是权威人格的学生。权威人格，资料上说主要是一个缺乏管教的童年（或缺乏家庭的关怀）和一个严厉的管理者结合的产物。他崇尚的是丛林的强者逻辑，也就是说强者对弱者有充分的处置权，所以，他要求老师对他使用暴力。对曾殴打过他的爸爸的崇拜，这是弱者对强者的依附，也是自卑的表现。为了解决自身的自卑的问题，权威人格的人经常会欺负更弱的人，就像阿Q会欺负比他更弱小的尼姑。

权威人格的小李在管理上有比较大的难度，主要表现在，如果管理者好言相劝，小李不会因此感动而是认为这是一种弱者的表现，因此，他会通过挑衅管理者来掩盖他的自卑。如果管理者诉诸暴力，他会依附管理者，但又强化了他人格的缺陷。所以，老师要做很多的工作，当然，对其早期的记忆不断地进行修改可能也是一种办法。

大家可以看看，小李喜欢当兵准备考军校非常符合他的性格，是一个相当不错的选择，他会是一个好兵。（**海蓝蓝**）

对小李同学问题的初步认识

读了小李的材料，心里一阵阵地发疼。不由自主地想起扁鹊见蔡桓公曾经说过的话："疾在腠理，汤熨之所及也；在肌肤，针石之所及也；在肠胃，火齐之所及也；在骨髓，司命之所属，无奈何也。今在骨髓，臣是以无请也。"

小李同学的问题是什么？到什么程度？怎么初步干预？这是我们作为问题生诊疗者必须富有逻辑性地回答的问题。下面我把自己梳理的情况简要说一下。

一是生理方面——消耗过剩体能问题。

小李同学是大个子，身体不协调，初二开始看黄色录像。这三个要点告诉我们，他可能运动智能不是很好（需要避短就长），但是，体能可能充沛（需要消耗）。这样的特点综合在一起，就给我们提出了第一个难题——如何消耗其过剩体能的问题。

二是家庭生活关系方面——长期处于威压之中，性格习得之源。

仅就所提供的材料来看，在小李同学的心目中，可能存在这样几个简单的公式：

（1）爸爸＝挨打。（爸爸的任何好处都记不起来，但是一对比，他多么像其爸爸啊。）

（2）奶奶＝反感。（对她给爸爸打小报告遭打骂的厌烦，甚至超过了护他免挨打的恩情。）

（3）爷爷＝保护伞。（爷爷去世，曾和爸爸一起哭。）

（4）妈妈＝关心。（虽然也遭妈妈打破头，但还是感觉妈妈关心自己。）

（5）姑父＝？（虽然他姑父曾经在他挨打时出手相救过，但难定其在他心目中的含义。）

（6）妹妹＝？（几乎没有任何为妹妹付出的表述，也难定其感情含义。）

（7）舅舅＝？（虽舅舅提出上高中的目标，但他志不在此，而在当兵，故难定含义。）

上述这个家庭成员的排列顺序，是我根据阅读过程中感觉可能在小李心目中的重要性程度来排列的。总体来看，爸爸在其心目中占有着绝对强大的威压地位。爷爷是最能保护自己的人，但是，在小李心目中地位远远不如其爸爸。从材料内容来看，小李渴望家庭和睦，也透露出其家中可能富有"战争"背景。一句话，其家庭生活是长期处于威压之中度过的。这很有可能是其打架行为，甚至对打架或挨打的态度的习得之源。

三是学校生活方面——沉湎于挨打和打人之中的心灵扭曲。

综合材料，我们可以发现如下这样几个阶段和现象：

在小学时，小李同学是被班主任老师频繁打骂的。

初一时，受欺负，不爱学习，甚至主动提出让老师惩罚自己，认为这可以使自己表现好一点，成绩好一些，受惩罚都成了学习动力（想变好的表现）。

初二时，他开始拉帮结派欺负别人，也和别人打架，看黄色录像。

初三开始努力学习，但是自感自控能力差。

因为害怕孤立，害怕挨打，他就主动靠近欺负人的人以求强大，以便在欺负人中玩乐，甚至看人可以被打到什么程度。材料中说，他说到打架时脸上还带着笑。

综合小李同学在中小学里的情况，我不能不说出如下看法：小李很可能沉湎于挨打和打人的活动中比较深了。他对打架的感受，从痛苦变成忍受，进而变成乐趣，进而变成研看对象了。这说明，这错误的学校生活体验给小李同学的人性、是非荣辱观念造成了怎样的极度混乱！我的天！

四是词语联想方面——以谋求强大或享受强大为旨归的人生意义的写照？

词语联想是怎么做出来的，虽然不清楚，但是，为数不多的词语还是给了我们一些启示。一是成语较多。二是几乎全是以谋求强大为核心的打架与争胜之类的词语。我想了解一下，他的语文潜力如何？他心目中的偶像有哪些？

五是理想方面——想做战地英雄？

小李同学的舅舅想让他上高中，而他自己想家庭和睦，想当兵。

哪条路好呢？想当兵，可以，但是，身体协调能力差，当哪类兵呢？短板明显。上高中，则面临成绩中下等的压力，其智力情况目前在我看来是无法判断的，因而一时难有结论。

综合上述五个方面的情况，我们可以从优劣角度再次梳理如下：

小李同学的人生意义，可能是力争强大，享受强大。

小李同学的长处有：

个子大，体能可能不差，语文可能有潜力，耐受力较强，有当兵理想，亲情善性未泯。

小李同学的短处有：

身体有点不协调，自控力差，意志力可能薄弱，可能只讲索取不付出，错误体验导致人性、是非荣辱观念混乱。

可以作为解决问题的入手点的办法，往往来自分析对象的长短。下面，我谈几种想法。

一是和小李同学谈当兵。当兵就要当好兵，好兵是对坏人狠、对自己人好的兵。由此入手，他能听进去，进而通过引导他多参加公益活动或可以很快反馈友好情绪的其他有益活动，让其逐步学会区分到底什么是好人和坏人，从而逐步走出是非不清、荣辱不明的混乱境地。这样才能实现他认知和情绪的转变。这也是消耗其体能的一个办法。仅仅凭说，费力无益。（不过，他去当兵，我不看好，主要是身体条件有限制。）

二是看小李同学有无喜欢的女同学。初三了，青春期，若有喜欢的女孩子，适当利用一下来转移其心志，也是一条路子。此招虽险，或可奏效。

三是探查小李同学心目中的英雄偶像。青少年都是有梦想的。梦想大多与自己喜欢的偶像关联。无论是身边的，还是影视中的，或者是历史上的，只要是正面的，都可以借用榜样的威力，引导和鼓励他干正事，从而消耗他过多的体能。

四是可以尝试打开其欣赏智能力量的眼界。如观察其喜欢的人物形象，从而相机给他展示各个领域智能强大的各类正面形象——要好看，要适合青少年，从而探查他的智能倾向，然后再逐步缩小范围，逐步深入介绍，乃至于使其走上逐步反思自己言行、坚定合适职业理想的道路。

五是可以适当提醒他爸爸应注意的事项。无论他多么恨他爸爸，在他心目中，爸爸的地位是最坚固的，也是至高无上的。所以，若能使他爸爸稍有正确教育小李的方法，并且能够在言行、交往上作出一点点改变，对小李无疑作用巨大。虽然材料说他通情达理，很温和，但是性情如此，恐难根本改变，所以可以试试，别强求。能做多少算多少吧。

疾在何处？何以所及？答案没有定论，只有如上可能性的分析。一切都需要在观察和实践中来验证其真伪，并进行完善或推翻。

上述意见，仅供参考。(**关注体验**)

希望各位学员对海蓝蓝、关注体验老师的诊断发表意见。

关注体验老师的分析很有条理性。但是，有的分析不合实际，如："小李同学是大个子，身体不协调，初二开始看黄色录像。这三个要点告诉我们，他可能运动智能不是很好（需要避短就长），但是，体能可能充沛（需要消耗）。"小李是一个篮球爱好者，长跑爱好者，篮球打得基本可以，长跑成绩绝对的好，在运动会上一定是前三名。还有，"小李同学是大个子，身体不协调，初二开始看黄色录像"，不能够解释运动智能不好，纯属猜测。

我同意关注体验老师的消耗过剩体能的解决办法。

关注体验老师太关注小李的身体不协调，以至于所有的假设都不能够成立。身体不协调与小李的问题没有太大的直接关系，分析不成立。

小李的大个子，给人感觉不协调，并没有对小李的生活产生影响。我猜想关注体验老师把不协调与弱势，与小李不断地犯误联系了起来。很想知道老师作出这个判断的依据和出发点。(**无情箭**)

关注体验老师，小李案例的提供者想问您为什么对小李身体不协调问题那样重视，我也想问这个问题，因为我在诊断时也没有重视这一点。这是不是疏漏？

之所以重视小李身体协调问题的原因

相比别的案例，对于小李的案例，我的确更重视小李的身体协调问题。主要有以下几个方面考虑。

一是小李案例的特殊性。要是一般案例，对研究对象的身体协调问题可以忽略不计，正如对一般研究对象的相貌、身高之类不予重视一样，都是正常的。但是，在我看来，小李不同。从其头上一直悬有爸爸打骂大棒的家庭生活，到他频繁挨打的小学生活，再到他乐意挨打（或者说忍受挨打），乃至于主动找（老师）惩罚自己的状况，综合起来看，打和挨打成了他客观现实生活的主要音符。从其词语联想呈现的自己和世界的特殊关系及未来想当兵的理想来看，谋求成功、强大成了他的精神生活追求和精神支柱。打架成了研究小李的关键词。我在阅读案例时曾心疼地感叹——这个小李生活得太痛苦了，纵使他心里能接受，可他身体受得了吗？毕竟孩子还小啊。这是促使我关注小李身体状况的根本原因。

二是小李的理想的特殊性。案例末尾谈到小李的理想是想当兵。这一理想的特殊性的确让我很关注小李的身体协调性。因为大家知道，当兵的入门课是队列练习，其中踢正步很严格。之后，应该有一些战术动作练习，更是严格。我认为，问题的严重性在于，小李的词语联想给我的突出的印象是他的人生理想是谋求强大，享受强大。延伸开来，就是谋求成功，享受成功，甚至研究成功。这种情况下，小李的身体不协调这一点，马上就由一个本来完全可以忽略不计的小现象，一下子变成了一座有可能阻碍他实现人生理想必须跨越的高山。大家试想，由于身体不协调，入伍之后的队列训练、战术动作之类的过关就会成问题，在打架中生活惯了的他与队伍中的人员的关系问题也会凸显出来，这样，他的人生理想要想实现，可能就要有很大曲折。正是基于他想当兵的角度我才更为重视他身体协调问题的。所以，我谨慎地表达了对他当兵不看好的看法。

至于没有足够重视小李身体协调性问题算不算是疏漏，我认为，一般地说，应该不算。因为一般的身体状况大多情况下不会对心理产生过大影响。但是本案例中，身体的状况很可能会对他的职业理想产生比较大的阻碍作用。这就不能不引发我们考虑其身体协调问题的程度、状况了。

当然，我习惯将各类因素综合起来考虑其中的相互关系，如此产生的结论未必就客观，所以，请继续批评指正。（**关注体验**）

无情箭老师，网上有老师希望您介绍一下学校的情况：农村学校还是城市学校？学校规模多大？一个年级多少个班？学校整体学习成绩在当地是个什么样的水平？家长的整体素质怎样？

我们是一所农村学校，全校450多人，每级四个班，初三每班45人，其余两级人少。学校成绩在全县处于中等水平。班级是全级最好的。家长文化素质不高。（**无情箭**）

各位学员，我发现讨论发言不大踊跃。各位有什么困难吗？或者对我们现在的安排和学习方式有不同意见？还是工作太忙？

感觉别人的发言都有道理，就不知道从哪儿讨论了。（**听风掠过**）

找不到讨论的点。（**无情箭**）

感觉自己的理论有待提高。海蓝蓝和关注体验老师从"爱打架"得出完全不同的结论，这说明对孩子问题的分析必须在实践中进行验证。而且他们的诊断都是用"可能性"的语气，绝不会下任何断语，这是一种科学的态度，又是对我们做班主任长期养成的简单武断的习惯的挑战。

像"权威人格""早期记忆修改"这样的概念性词语，都让我觉得自己很肤浅。无法对对方的观点和论证有所质疑，就是自己的观点也不能做到理论充足、论证充分！（**修慧**）

我在提交作业时，猜想到他对军队的渴望，但我不知道该怎么论述。自己有待学习和提高。（**尘一粒**）

我也觉得自己的分析，可能只停留在表面上了，深入不进去了，像王老师说的那样，遇上短板了。

可我在分析小李的案例时，发现他确实存在着性格缺陷的一些特征：具有自卑心理，觉得自己成绩差，可能将来没有什么好的出路，有着自暴自弃的倾向；易受社会上不良因素的影响，喜欢打架斗殴；还具有自虐倾向，被人欺负，还喜欢和欺负他的人在一起。（**静候佳音**）

静候佳音老师说的是现象，还要追究现象背后的原因。（**雪泥鸿爪**）

我也不太明白，性格缺陷是先天的呢，还是后天形成的？只是觉得他性格上的一些缺陷明显存在，并且受后天环境影响比较大，如果不能归于性格的缺陷，那又属于什么呢？（**静候佳音**）

（鉴于讨论不热烈，我又作了点启发。）

提出问题确实很难，这个我深有体会，所以目前我们个案诊疗班有点讨论不起来，我完全能够理解。

我现在只去三个网站发言：K12，班主任之友，教育在线。其中 K12 时间最长，已经很多年了。教育在线多年前去过，重返才几个月。实际上只有 K12 网站上能够讨论起来，班主任之友上有几位发言者，教育在线上则几乎没有讨论过，有提问的，都属于"求助性"的问题，没有讨论性的。这就可见，老师们更习惯于"参观式"地、"接受式"地对待信息。这有点像逛超市，走走看看，选点有用的东西带回家。我说过，这种阅读方式自有其存在价值，但这绝不是研究的姿态。

为什么会这样呢？原因很简单，我们从小就是这样走过来的。当年我们的老师从来就很少鼓励我们发问，我们的主要角色不是提问者，而是答问者（考试不就是答问吗？)，而且答的都是有标准答案的问题，实际上那并不是我们"自己的问题"。老师有时也希望我们发问，但限于"求助性问题"——解答老师的问题遇到困难了，求助于老师，而不是我们要和老师共同探讨一个什么问题。这样的学习姿态持续二十几年之后，我们就几乎被彻底塑造成了"不会提问"甚至"不想提问"的人了。绝大部分教师网友就是这样的。更可怕的是，我们的这种学习姿态还会传给下一代。于是你就明白培养"研究型"教师为什么如此困难了，因为大部分教师连研究这件事的基本心理素质都缺乏，简直可以说，他们早就失去研究的愿望了。于是你也就明白倡导"合作学习"的必要性了。虽然现在合作学习有很多偏差和弊端，但总归有希望培养出较多的"敢问问题，愿意讨论问题"的下一代，不至于都像我们这样，参加教师培训，就像看展览、逛超市一样。

不会提问的本质是不会思考，启动不了思维。你发现不了矛盾，发现了也不知道怎么往下想，只好等别人说，自己听。这个问题可不是一时半会儿能解决的，我希望个案诊疗班的学员们努力改变思维定势，闯过这一关。一定要每天琢磨，为什么人家能提出问题？我怎么就没想到这个问题？他是在哪一点上启动思维的？以后，只要确实是"我心里的问题"，就问，管他三七二十一。这样久而久之，就摸到路子了。一旦上路，进步就会很快。当然同时得多读书，因为思考是需要材料的。目前大家都是新手，讨论尚不理想，没关系。万事开头难，只要各位有决心，我会千方百计把各位带进门，我希望各位学员几年后都能成为研究型教师。各位加油！

各位看这样行不行：

你们每个人都仔细看看别人的诊断（也可以重新审视自己的诊断），看看能提出什么问题。我给你们两天时间发言，到第三天，我来发个言，争取对每一份诊疗都提出问题（不是判作业，而是作为平等一员提出讨论性问题）。或许能对各位的思想有所触动和启发。但你们千万别等我，要力争跑在我前面提出有分量的问题。

（因为这是讨论的最后阶段，我决定多插点话。是发言，也有点评的性质。）

关于"小李问题诊疗"的看法

重读各位老师的诊断，我还是觉得我们对于小李问题的描述缺少一个统一的认识。到底是关注行为表现还是进行抽象的价值判断？我觉得我们每个人所进行的判断和结论都是基于我们自己的知识水平和过往经验，所以，对问题应该是不带主观色彩地进行描述。至于诊疗方向则要根据个人的见解提出参考意见。

无情箭老师认为小李家庭教育缺失，我觉得是家庭教育失误。小李并不缺少家庭教育，而是缺少科学合理的家庭教育。这种不科学的家庭教育是其家庭成员的总体文化素养和经济状况以及性格缺陷共同作用的结果。"我认为，最需要马上解决的是小李内心的迷茫，若孩子有了一定的奋斗方向，会慢慢地把第二个问题化解掉，尤其是可以慢慢治愈家庭教育带给孩子的伤痛"，如果是这样的话，小李的舅舅已经给了他目标和方向，他的暴力倾向就会消失吗？家庭教育带来的伤痛会慢慢被治愈吗？事实上，家庭教育，尤其是早期教育造成的影响永远不可能被治愈，它会永远留在人的内心深处并左右着人的行动。这是每一个人的宿命。

静候佳音老师认为小李"青春期叛逆+性格缺陷"才会打架。但是我觉得小李很可能是认知错误，他并不觉得自己参与打架是不对的，一是因为他就是在不断被打中长大的，二是为了自尊感和成就感的获得。所以他并不是叛逆，叛逆是专门跟家长和老师对着干，事实上他一直都是对暴力逆来顺受的。身体强壮到一定程度，他终于可以用暴力反抗暴力，他实际上非常享受这个过程的。老师要做的是改变他的认知，让他知道暴力不是解决问题的正确途径。也许让他了解生命中有比暴力更能带来快乐的精神享受并不容易，但却是我们必须努力的方向。

尘一粒老师认为小李"精神上孤独"，我觉得从小李现有的文化水平来看，还谈不上精神孤独。"小李的症结在家庭，治疗也应该从家庭开始。从给小李一张独自躺下的床开始，从奶奶和妈妈少一句拌嘴、少一次争吵开始，从爸爸对他的一个微笑、一次抚摸、一句肯定开始。"症结在家庭，这一点我完全赞同，但小李之所以没有独自睡，很可能是家庭经济条件不允许。让粗暴的爸爸对他微笑、抚摸，也基本上是不可能的。老师只能努力让家长明白，孩子的问题是错误的家庭教育的显现，提出建议，能否收到效果就不好说了。

雪泥鸿爪老师的观点跟我的基本一致。不过他的语言更加科学严谨。这是我需要学习的。

听风掠过老师最后提出了性教育的诊疗方向，但是我觉得性教育，应该在性发育之前进行。到青春期再进行性教育已经晚了。很多小时候没有接受过正确的性教育的孩子，到青春期都会自行寻找获取性知识的渠道。所以看黄色录像的问题，同样是认知问题。一个孩子如果有正确的认知，有明确的行为规则，即使小时候没有接受过科学的性教育，也会知道看黄色录像是不对的，能够克制自己的欲望，不会过度放纵自己。

比较起来，海蓝蓝和关注体验老师的诊断分析更加专业化，是我努力的方向。我还没有学会用理论来分析现实，也可以说我的理论知识还很贫乏，需要更加深入地学习。

我们学校这样的"问题生"太多了，我相信无情箭老师的学校应该也不会少。我希望自己能够给每一个学生提供自己力所能及的帮助。

我只是谈一下自己的看法。但局限于自己的知识水平，并不能进行更加深入的分析。对小李这样的孩子，初中老师到底能够发挥多大的作用，是很难作出定论的。（**修慧**）

各位学员一定要认真读一读修慧老师的这个发言。不是要大家接受她的观点，而是要学习这种质疑方式。

注意：思维方式常常比思维结果重要，渔比鱼重要。渔是本事，鱼是成果，有渔才有鱼。鱼可以从别人那里"接受"（比如记住别人的一个观点，就感觉自己有学问了），渔则是内化的自身能力，谁也不能给你，只能自己修炼。下面我就几段话谈点感想：

"我认为，最需要马上解决的是小李内心的迷茫，若孩子有了一定的奋斗方向，会慢慢地把第二个问题化解掉，尤其是可以慢慢治愈家庭教育带给孩子的伤痛"，如果是这样的话，小李的舅舅已经给了他目标和方向，他的暴力倾向就会消失吗？

这是个逻辑问题。无情箭老师的表述给人的感觉是，只要解决小李的"内心迷茫"问题，小李的主要问题就都可以解决。修慧老师进行了质疑，因为有很多暴力分子并不迷茫。这说明，迷茫与暴力之间到底是什么关系，无情箭老师可能没搞清楚。

静候佳音老师认为小李"青春期叛逆+性格缺陷"才会打架。但是我觉得小李很可能是认知错误，他并不觉得自己参与打架是不对的，一是因为他就是在不断被打中长大的，二是为了自尊感和成就感的获得。所以他并不是叛逆，叛逆是专门跟家长和老师对着干，事实上他一直都是对暴力逆来顺受的。

静候佳音老师对"叛逆"这个概念的理解，可能与修慧老师不同，也可能没想清楚。修慧老师提出这个问题，对双方，对我们所有人，都有启发，起码我们都得想想：所谓叛逆，是冲着谁去的？这就是讨论的好处，可以使每个人的思维更准确，更清晰。

尘一粒老师认为小李"精神上孤独"，我觉得从小李现有的文化水平来看，还谈不上精神孤独。

修慧老师认为小李不孤独，只有结论，缺乏证据，因此这个看法说服力不足（注意我没有说这个看法正确不正确）。建议修慧老师再研究一下。

修慧老师开了一个好头，这样讨论，大家的思维能力都能得到较快提高。

我原计划作一个发言的，给每位学员的报告提点问题，现在我发现讨论起来了。这非常好。我就改变发言方式，针对各位的讨论发言说点看法吧。这样效果会更好。希望各位努力发言，迫使自己不得不动脑筋，闯过这一关，以后启动思维就会润滑多了，久而久之，思考就会成为习惯。像我就是这样，我几乎没有办法不思考，脑子老在转，习惯了。

首先，我作为一名小学教师，可能对初中孩子的一些行为分析起来不会那么透彻、全面，这确实是我的短板。我发现一些孩子在小学的时候，虽然会存在这样那样的问题，但是对于小学老师的引导，他们大部分还是能够虚心接受的，成绩也不至于很糟糕。但到了中学，他们却变得像脱缰的野马一样，完全不受束缚，老师、家长的话几乎听不进去，喜欢我行我素，打架斗殴、逃课、泡网吧等等，我分析这可能与青春期的叛逆有关系。但是有很多孩子度过这段时期后，对自己能够有个清醒的认识。有一句很流行的话语，好像是"谁的青春不迷茫"，是不是说的就是青春期的叛逆？我在想，如果小李生活在一个温馨和谐的家庭里，父母又能够给他一个正确的引导，会不会就不这么严重了呢？

我还是比较赞同无情箭老师的小李的问题源自"家庭教育的缺失"这一观点，小李的早期记忆里，看不出家庭给予他的温暖，除了打骂，就是伤害，我觉得他内心可能会存在着严重的心灵创伤，后来的那些极端的行为，以及他的暴力倾向，都与家庭教育有关。我觉得我还要在小李的问题上进一步深入地思考，希望通过一些现象，能够发现本质性的东西。（**静候佳音**）

小学时能听老师的话，中学时叛逆了，莫非中学问题是突然冒出来的？这不合理。可能更合理的解释是，问题早就在小学时便萌芽了，只是孩子小翅膀没硬，不敢反抗而已。这是小学老师的"年龄红利"。认识到这一点对提高小学教师的专业素质非常重要。你一定要知道你工作的成绩究竟有哪些是凭自己的真本事取得的，哪些只是因为客观条件好带来的。很多国企老板就犯这个毛病。他们不愁业绩，沾沾自喜，其实是靠垄断，国家罩着他呢。相比之下，那些全凭自己奋斗起家的民营企业老板，倒可能是真有本事的人。

把小李的问题归结为家庭教育缺失，这当然不错，但是这个结论放到90%的"问题生"身上都是对的，因为"问题生"背后几乎总有一个"问题家庭"。这种诊断就等于没诊断了。这就是所谓"小头戴了个大帽子"。个案诊断的努力方向应该是，一个诊断书只能用在一个"问题生"身上，不能用在其他人身上。我们未必能完全做到这一点，但应该竭力朝这个方向前进。这就是所谓"具体问题具体分析"。你可以认定某个学生的问题源于家庭教育，但必须具体说明其家教失误在何处，不能笼统地说。

重读各位老师的分析，我觉得虽然大家对小李存在问题的看法不太一致，但在分析小李问题的成因时，都注意了小李的家庭教育问题。也就是在我们看来，是小李家庭教育和关爱的缺失造成了小李爱打架、不爱学习等问题。我在想，如果小李生活在另一个家庭，他的成长路径会有多大改变？比如父母能够关注他的学习问题，能够对他和颜悦色，他会不会摆脱暴力倾向？从小李的词语联想和他看到打架就兴奋的情况来看，小李的问题根源也许是他自身的性格类型。而一个人的性格类型是很难改变的，那么诊疗的作用又在哪里？（**听风掠过**）

问得好。不过这是假设。作什么结论都是猜测，这不成编故事了吗？这还有办法研究吗？我想，可以通过类似案例的比较来研究。比如某个学生个性特点类似小李（这种情况常见），但家庭教育很不错，我们比较那个学生的表现与小李有何相同与不同，就可能看出家庭教育的作用究竟有多大了。据我自己的经验，这个小李，无论生活在什么家庭，他的人格特点都会有一个基本不变的内核，这个内核来源于基因。不过这个内核经过不同家庭的熏陶，表现出来可能性质不一样。比如小李的暴力倾向，在一种家庭环境中长大，可能表现为欺负人，而在另一种家庭长大，就可能表现为见义勇为。

修慧老师说"吃饺子的记忆，说明这个孩子性子急，吃东西没有节制"，可以就凭这点说孩子的脾气急吗？又说"奶奶总是把他说的事告诉爸爸的做法，让他对他人缺乏信任，"仅依靠这句就能得出他对别人缺乏信任的结论吗？（**雪泥鸿爪**）

问得好。仅通过一两个例子就作结论，当然是很冒险的，很容易以偏概全。但是我们这种诊断方式，大家见到的材料是很有限的，只能冒险。怎么办呢？第一，拿不准就询问案例提供者，再调查一下。第二，如果从逻辑上没有发现不合理的地方，也就是说，所作的结论与其他材料不冲突，那就可以暂时维持这个结论。如果发现新材料与原来结论抵触，我就得放弃原有结论。所以，真正的高手在诊断时话都不说满，不说死，留有余地。这不是狡猾，也不是谦虚，而是一种老老实实的态度。

另外，小李打架在导火索方面是否有一定规律？这很重要。即使最爱打架的人，也不可能一有矛盾就打，他多半是跟有些人打，跟另一些人不打，有时候打，有时候不打。若能找到其中的规律，对了解这个人的人格特点是极其有用的。

听风掠过老师说："还有他小时候玩扫把不小心把土甩到奶奶眼睛里，也说明他做事不够细心，属于冲动型性格。"我们小时候都有这样不小心的时候，仅凭这点能做如此断言吗？（**雪泥鸿爪**）

我的经验，对于早期记忆，仅根据一个例子就判断其性格（至少一个侧面）是可以的，比较可靠，因为早期记忆是经过筛选剩下的"精华"，每个记忆几乎都反映人格的本质。

尘一粒老师说："小李感受不到家的温暖，他的精神是极其孤独的，缺少与他人真正的沟通。从他的早期记忆以及与无情箭老师的交流可以看出，爷爷是他生活中极其重要的一个角色。爷爷的生病以及去世都给他带来了影响。我想在家庭中，也许爷爷是他唯一愿意交流的人。然而这唯一能够倾诉的人也去世了！在家庭中，他无法感受到温暖，尽管他的早期记忆四条都和家庭有关，但每一条都是痛苦的！'打我、特别怕疼、瞪我、怕了'，从这些字眼中可以看到他与家人之间缺少沟通，是一位孤独者。还有他的词语联想，从'鹤立鸡群、冷漠、无情'这几个词语，还有'一言九鼎、言出必行、全力以赴'这几个词语，可以看出他精神上的孤独。"

我觉得说小李精神上孤独是有失偏颇的。无情箭老师没有提到他在同学间

的人际交往上是孤独的。家庭中妈妈还是很关心他的。或许可以表述为：小李缺乏正面精神力量的引导。（**雪泥鸿爪**）

这孩子精神上是否孤独，我想了多次。拿不准。可以继续观察和讨论。

我比较同意海蓝蓝老师说的，他会是一个好兵！从他的爱好和他的学习状况看，当兵对他来说是一个不错的出路。（**雪泥鸿爪**）

雪泥鸿爪老师说："我认为他打架问题的根源是安全感缺失。而学习落后问题的根源则是很少有学习方面正能量、好榜样、书籍、师长的引导，对学校的生活缺少准备。"学习落后问题的根源不是缺少正能量、好榜样、书籍、师长的引导。因为在他的周围有优秀的孩子，有正能量的东西。学习落后的问题缘于两个方面：一个是学习基础本身有问题，一个是学习习惯存在问题。（**无情箭**）

无情箭老师这个质疑有理有据，引人思考。

雪泥鸿爪老师认为小李用打架来解决一切冲突。其实，在他的生活中，我更认为打架是他的生存技巧。他遇到冲突会作一个自我的评估，如果比他强，会选择忍让，比他弱，会选择打架。如果打架可解决一切冲突，他就会毫不犹豫地去打，而他不是这样。

听风掠过老师说"小李的暴力倾向跟他自身的性格缺陷有关"，性格缺陷指的是哪一方面的缺陷？"从遗传学来看，小李的父母文化程度就不高，小李的智商不会太高。再加上冲动型的性格，学习中缺乏细心和耐心，学习出现困难也就不奇怪了。"这种推理是不成立的，很多农村家长文化程度不高，但是孩子很优秀。孩子的智商应该与父母的文化程度不具有一定的正比关系。（**无情箭**）

这两个质疑也很漂亮。看来无情箭老师已经有质疑的思路了。太好了！如果每个人都这样质疑对方的发言，大家没法不进步。如果每个人在发言之前就这样自己把自己的观点质疑一遍，那就更像研究者了。

尘一粒老师说："从他的早期记忆以及与无情箭老师的交流可以看出，爷爷是他生活中极其重要的一个角色。爷爷的生病以及去世都给他带来了影响。我想在家庭中，也许爷爷是他唯一愿意交流的人。"爷爷这个角色应该不是一个重要的角色，只是爷爷死亡这件事对他有影响，我想，最触动他的是爸爸对重病爷爷的照顾和爸爸对他的另一种表现。（他爸爸在他的印象中一直是很严肃的，或者是不近人情。在爷爷去世的前一段时间，他因为犯错误，爸爸当着他的面哭了，而且说出了积压很久的心里话。我想这件事才触动了他。）至于"精神上孤独"，我觉得小李应该还没有精神孤独，充其量是内心孤单吧。（**无情箭**）

无情箭老师这个观点很值得注意。

修慧老师将小李的主要问题归结为："（1）爱打架。从受人欺负到欺负他人。（2）不爱学习。初三想学习是一种本能的对高尚生活的向往。每个人都有其追求优越的方式。（3）看黄色录像。"爱打架、不爱学习、看黄色录像，这些都是表现，它们背后有没有共同的东西？是什么？

静候佳音老师说："他好像把自己也定位在了'不打不成器'上，具有自虐倾向，可怜又可悲的孩子。"从什么地方可以看出自虐呢？（**无情箭**）

请静候佳音老师解释一下。我倒是觉得这个结论有些道理，这孩子有点自虐倾向。

美国心理学家彼特认为：世界上大概有一半人具有自虐倾向，他们觉得自己浑身都是缺点，事事与愿望相违背，丧失自信心，心甘情愿让别人压在自己头上。我觉得小李的身上这种倾向特别严重。如初一的时候，班级里无论大小男生都可以欺负他，他也乐意。他竟然让老师好好惩罚他，这样才有学习的动力。别人欺负他，他会继续和欺负他的人交往，好像甘愿受欺负，甘愿被人揍。他的这种自虐趋向或许是一种缺乏爱的表现，或许是一种情感的发泄方式，形成原因有一大部分是从小受生活环境的影响。家庭环境不和睦，彼此间经常争吵。他画的果树，果子的颜色代表喜庆，还是希望家庭和睦，少争吵，尤其是妈妈和奶奶间的争吵。家长过于严厉，没耐心，动不动就是棍棒式教育。小李的爸爸会用各种器具打他，如棍棒、笤帚、皮带等。我觉得这多少都会在小李的内心种下暴力的种子，这会影响他将来的生活，处理起问题来采用以暴制暴的方式可能性还是比较大的。他初中时加入"小帮派"，去做欺负别人的事情，并从中找到一种"成就感"，我觉得这有可能是一种心理的扭曲。我觉得小李缺少成人对他的呵护，缺少与家长之间的沟通，感受不到亲情和关注，久而久之，会变得比较封闭。特别是爸爸，很少和儿子说话，也没有亲密的动作，标准的严父，孩子对爸爸的回忆除了挨打，再也没有什么，哪怕一句温暖的话语都没有。讨厌奶奶，奶奶爱告状，害得他挨打。他对妹妹的回忆也是少之又少，我觉得他在家里几乎找不到和他能够交流谈心的亲人。而当无情箭老师试着引导小李，和他聊初中生活应该怎么过，应该有哪些好习惯，当时他表现得很吃惊，也乐意接受建议。这说明小李是一个严重缺乏爱的孩子。我也不知道我的这种解释能不能说得通，欢迎大家的批评指正！（**静候佳音**）

　　静候佳音老师的解释有道理。我进一步想问的是，他在自虐的同时对外也有暴力倾向，这对内对外两种暴力，在他身上是如何统一起来的？因为很多具有自虐倾向的人对外是没有暴力的。

　　各位学员进步很快。也许本来水平就不低，只不过刚刚"露峥嵘"而已。我非常高兴。向各位学习。我们继续讨论。这样收获最大。讨论差不多了，我会写出我的诊断书请各位批评。

我再次学习了各位老师的诊疗报告，提出自己的疑问，希望得到老师们的指导。

修慧老师说，小李不爱学习，初三想学习是一种本能的对高尚生活的向往。此处我有疑问，难道小李只有到初三的时候才产生对高尚生活的向往吗？（我不否认学习是一种对高尚生活的向往。我只是觉得，他产生向往不仅仅是时间的原因，背后家庭的原因才是主要原因。）其实，小李在很早的时候就跟老师表达过想好好学习的想法，并希望中学老师能够像小学老师一样——打着让他学。（尘一粒）

想学习，是对高尚生活的向往，这种解释不能说错，但太笼统了，也属于"小头戴大帽子"。只要学生想学习，我都可以说他是向往更好的生活，他要是不想学习，我也可以说他失去了对更好生活的向往。如果不加具体分析，不讲清他这个人的具体想法，这更像是文学语言，对于研究意义不大。注意这是很多人写专业文章最爱犯的毛病。我们搞个案诊疗，千万要避免此种大而化之的谈论方式，每个人（包括我），都要注意。

关于"精神上孤独"，我想在此重新表述一下。无论是小李在家庭生活中还是学校学习中，他是得不到认可的。无论是东西丢了爸爸打他，还是玩耍时不小心将土甩到奶奶眼睛里，或者是吃饺子被妈妈打，这些都是他无心而为，却被家人责罚。他便把自己的想法藏在心里，把自己的行为收敛起来。（我无法用文字清楚地表达那种感觉！）而实际上、本能上他并不是如此。（姐姐家的儿子跟我说，他拿打火机烧电风扇就是因为好奇。我由姐姐家的儿子猜想的。）

我特别赞同海蓝蓝老师的观点"他会是一个好兵"。我在第一次对小李作诊断时，就想到了他的梦想以及他好斗尚武的行为，应该满足他的意愿让他到部队里去，也许他能干出属于自己的一番天地。但我不知道该如何去论述！直到读到海蓝蓝老师的观点，越发觉得自己要更加努力学习。（尘一粒）

关于这个孩子心灵是否孤独，我一直在犹豫，好像应该去问问本人。我看这是个头脑简单的孩子。他会常常感到空虚和孤单吗？不清楚，拿不准。贪热闹有时缘于孤独，有时并不是。遇到此种情况，最好继续调查。

前面关注体验老师诊断时，对小李的身体动作不协调很关注，我有点意外，说实话我没太注意这个问题。无情箭老师对关注体验老师的看法提出了不同意见。这件事我是这样想的，关注体验老师文风比较严谨，他这样说，想来有自己的道理，我猜想关注体验老师可能遇到过类似的案例，其中身体动作不协调这一点与学生问题有很大关联性，鉴于这个经验，他就对身体动作不协调这种事很敏感了。这里我要说的是，当你看到一个你觉得明显"不靠谱"的结论时，单纯加以否定是不够的（我不是说你不可以否定），要想想人家为什么这样想，其中是否含有可取之处。我要是无情箭老师，我就会找机会问问小李，身体动作不协调从小到大给他的影响大不大。

总之各位一定要注意，一个真正的研究者是彻底的学习者，他会想办法从各种意见中（特别是不同的意见中）学到点东西。有了这种习惯和心态，想不当专家都不可能。

（讨论到这里，已近尾声，我觉得我应该拿出自己的诊疗报告来了。此事不能提前，那样会妨碍学员畅所欲言，但也不能回避，因为我也是一个参与讨论者，再说这也是我喜欢做的事情。不过这么做也不是没有弊端。究竟怎样最好，我还在探索中。）

我的诊疗报告

1. 小李的主要问题

（1）学习动力不足。

（2）打架。

这都是浅层次的，从症状角度说的。我之所以这样安排顺序，是因为即使解决了打架问题，也未必能解决学习动力问题，而解决了学习动力问题则打架问题可能缓解或解决。也就是说,前者能带动后者,后者难以带动前者。为什么不提看黄色录像的问题?因为这像是孤立事件、偶然事件。若以后多次发现这种事,或发现小李在与异性接触方面出现异常,那这个问题就要重新评估了。

2. 小李问题产生的原因

(1)小李的人格特点决定了他的行为倾向。

小李是一个什么人?我初步概括,这是一个具有权威人格和暴力倾向的好事者,头脑简单。

他的早期记忆显然纵向人际关系是主要的,很少同龄人,权威人格都是这样的。看得出他对家长权威既害怕又不满,这也是权威人格的典型表现。暴力倾向不用细说了,他的早期记忆和实际表现都离不开暴力。值得注意的是他既喜欢对他人施暴,也"喜欢"强者对自己施暴,包括硬暴力和软暴力(他请求教师严管自己,是对软暴力的"渴求")。更有趣的是,他还喜欢看与自己无关的暴力行为,爱看打架。这说明他对暴力的喜爱不光是功利的,还有心理需求的一面,所以我说他是个"好事者",有点唯恐天下不乱的味道。注意这不能完全看成道德品质问题,他是骨子里喜欢这个,不一定有恶意。我认为小李可能一辈子都是这样一个人(早期记忆是人格密码),所以要解决他的打架问题,光靠限制、制止、树立道德观念、树立规则意识是不够的(虽然这都是正确的和必要的),重要的是给他的天生的暴力倾向寻找一个良性的通道。所以海蓝蓝老师主张他去当兵,很是英明。那么,他的人格特征如何导致学习动力不足呢?我想这是由于他本来就头脑简单,学习上一直未有什么明确的目的,可能只是觉得应该好好学就是了。他曾经要求老师严格管理他,说明他很需要外部力量推动他学习,内部动力从来就不足。

(2)低水平的家庭教育不利于他的人格特点朝良性方面发展。虽然说他的人格特质是这样,但若有良好的或较好的家庭教育,他也不会是现在这个样子。权威人格，暴力倾向，好事，这些特点都能朝良性方面发展，他完全可以成材，头脑简单也可以弥补，在有些方面，头脑简单甚至是好事。可惜，他的父母无论在知识方面还是见识方面都比较差，他们的教育恰恰是把孩子的短板变成了更短板。家长素质显然不高。学校能不能指导家长改变教育策略，把家庭教育扭转一个局面呢？据我个人和各种家长打交道多年的经验，像这样的家长，希望渺茫。他们已经定型了。或许在某件具体的事情上，他们可以配合老师少犯点错误，除此之外，不要抱太大希望。所以，有的学员想从家长入手治疗小李的毛病，我觉得不切实际。

3. 治疗方向和方法

不靠家长靠教师自己，能做多少做多少。我觉得最好的突破口是鼓励他参军。我若是无情箭老师，我会想办法找来一个军官和小李谈谈（请他舅舅找也可以），让他知道参军需要什么条件，上军校需要什么条件，鼓励他参军报国。也许这一招能激发他的学习热情，有了动力，事情就好办多了，估计他打人的事情也可能减少（人民军队爱人民嘛，哪有解放军打老百姓的道理）。无情箭老师不妨一试。对不起，我把药方也说出来了。至于对他的日常管理，那自然该怎么做就怎么做。

我觉得大家的诊断各有长处，我的想法与海蓝蓝老师的意见最接近。

上述诊断，欢迎各位批评和质疑。

各位学员，请抓紧时间批评我的诊疗报告。

下一步做什么？本来我打算讨论对策，开药方，鉴于各位在治疗方向中已经大致开了药方，我也如此，所以我想这个环节就去掉了。大家开的各种药方请无情箭老师选择实施。下学期一个月之后，请反馈一下治疗效果，我们再复诊。

第一个案例讨论结束后，我希望每人写写感想。这样上课行不行？对于以后的课，您有什么意见和建议？您感觉有没有收获？什么收获？这种总结很重要。注意不要客气话，不要虚言，要完全真实的感触和体会。写法和字数不限。

下一个案例呢？我希望寒假中讨论一个，行吗？如果大家不同意（少数服从多数），就下学期再说，如果同意，我就希望选一个假期中能够与该生联系的案例，以便不时询问情况。有自告奋勇的，现在就可以提前准备了。注意早期记忆和词语联想这两项不可缺少，太重要了。感谢无情箭老师开了个好头。

小李案例诊疗课的感想

王老师对小李的问题描述只有两个——学习动力不足和打架。王老师说"这都是浅层次的，从症状角度说的"，我得出的结论是：对学生的问题就是要用浅层次语言说出学生的表现。并且要根据问题轻重排列顺序，重要的问题排在前面。

"不靠家长靠教师自己，能做多少做多少"，这句话起码可以让我从一种"无处用力、无能为力"的虚弱感中解放出来，因为"没有教不好的学生，只有不会教的老师"这样的说法，常常会让我面对问题学生时感到自己负有某种责任，为无法改变家长、无力引导学生走上更好的人生道路而自责。当然，这句话也告诉我，绝不放弃任何一个"昏厥的知更鸟"，无限信任每一个生命，尽力而为！谁也无法断言小李的未来，如果无情箭老师的努力见效了，或许小李也能创造人生的奇迹呢！

这个诊疗课使我明白，深厚的理论知识是解决教育教学中问题的基本保障，而读了书，不与实践结合起来进行分析，永远只能是死的知识。此次案例分析，让我对阿德勒的人格心理学有了更清楚的理解：一个人的生活风格是与他的整体人格一致的，他的每一个行动都是要放到其整体人格背景中去考虑的。

我已经准备好了一个案例，不知道大家还有没有时间进行讨论？如果大家同意，我愿意做第二个提供案例的人。（**修慧**）

对此次诊疗的感想

从王老师的诊疗报告中我学到了很多东西。我第一次写个人诊疗报告,刚开始不知道怎么写,我在纸上按时间列出了这个孩子不同阶段的情况,然后找了这些情况的联系和区别,力图找出人物行为背后的逻辑。但因为自己掌握的工具少,和王老师清晰、逻辑严密的诊断相差甚远。

王老师诊断的方法是,先从行为推断其人格特征,在此基础上提出解决两个问题的方案,老师能够做什么,家长能做什么,逻辑特别清楚。

对于以后的课,我建议:

(1)学员们能把我们要讨论的每个人的诊疗报告以文档的形式传到群共享。因为有时候就漏掉了学员的发言。翻看手机记录特别费时间。我这次讨论诊疗报告,便翻找了很长时间的手机记录,然后自己再传到电脑上,制成文档,再谈看法。费了些周折。

(2)要讨论的话,大家聚焦一两个问题,固定下时间(咱们商量一下),这样容易形成讨论的氛围。网师也是这样上课的。讨论之前大家应该已经有思考。(王老师您布置了问题,形成文字材料,有必须上交的时间。)

(3)我同意假期里再讨论一个案例。从王老师这学到的方法也想试用试用呢。(**雪泥鸿爪**)

对本次个案诊疗的感想

通过认真学习王老师的诊疗报告,我对一些专业术语有了新的认识,如"权威人格"。权威人格也称专制人格,是美国心理学家阿多诺于1950年提出的一种人格特征。具有这种人格的人,其整个人格组织都是围绕着权威主义这一中心而建立起来的。这种权威主义在对待比自己低下和比自己优越的人们时表现最为突出。一方面对弱者夸耀自己的力量,排斥、拒绝;另一方面对权威者又卑躬屈膝，绝对服从。（我对这个词语很感兴趣，就百度了一下，想了解得更透彻一些。）在案例中，小李对家长权威既害怕又不满，这正是权威人格的典型表现。这种人格的形成源于小李的家庭生活环境——暴力中长大。他喜欢对他人施暴，这叫硬暴力；他请求教师严管自己，渴求软暴力。他对暴力的喜爱带有功利性，还有一种心理需求，是一个唯恐天下不乱的"好事者"。我在想，如果没有正确引导的话，万一误入歧途，小李会不会成为一个危害社会的"危险分子"呢？现在，我们能做的就是帮助小李好好规划一下他的未来。江山易改，本性难移，教育者只能因势利导，无法按自己的愿望塑造学生。如果教育者能够点石成金的话，就不会有这么多的问题学生了。所以，我们要对个案诊疗有个清醒的头脑，不要盲目，要有一种打持久战的准备，要尽自己的能力做到最好。"授之以鱼，不如授之以渔"，感谢王老师教给我们捉鱼的方法。

　　海蓝蓝老师给小李指明了一条出路，希望他能参军，在军队里受到严格的规则教育，能够走上正途。关注体验老师更是独具慧眼，见解独到，他从一个不起眼的小细节发现小李存在身体协调性差的问题，有可能在当兵这条出路上受阻。是的，作案例诊疗，我们要敢于质疑，善于质疑，才会引发我们的一系列思考。王老师分析说，小李的问题之一源于学习动力不足，他缺乏一个明确的学习目的，他曾要求老师严格管理他，需要通过外部力量推动他学习。也可能参军是他唯一的学习动力。我在想，如果在小学阶段，小李能碰到一位像无情箭老师这样认真负责的好老师，做好对他以及家长的引导与帮助，初中的小李会不会是另一种状态呢？所以，我认为对问题学生的案例诊疗越早入手，效果会越有成效。作为一名小学老师，我已经深刻认识到学习好个案诊疗的重要性。经过一段时间与大家的学习交流后，我内心产生了一种强烈的学习欲望。我愿意继续下去，挑战自己。（**静候佳音**）

对小李案例诊疗的一点感想

王老师提到转变小李从家庭入手不可取，我深为认同。我是一名特岗教师，所在的学校就在特别偏远落后的地区，要想从家庭转变孩子太重要了，也太难了！还是老师本人能做多少做多少吧，能调动家长多少就调动多少吧。

希望小李能够学会反思自己，反思自己的人生经历，能够从自己的经历中得到启示，不断地提高对自身的认识，不断地调整自己。（**尘一粒**）

Part4　疗效反馈

我把大家的诊疗报告和小李家长及小李本人作了交流，他们对于这件事表示非常的感谢。

小李最近没有一起打架事件，表面上非常的懂事、乖巧。讨论后，我和小李谈过打架这件事会给他带来什么后果，我也在班级里面专门针对打架的事件组织学习了相关的法律法规，还结合附近学校打架造成的恶果和所有的男生讨论打架付出的代价。

还和小李几次讨论了一个军人必须有的素质是什么。我有意识地告诉过小李，无论是军人，还是普通人，必须懂得自制，必须有自己的奋斗方向。我和他说：如果你真的向往军营，就努力学习，因为这是一个高科技的时代，文盲军人是不存在的。我明确告知他当地招兵的最基本条件是高中毕业、没有犯罪记录等。我也告诉他，他的一次不小心打架会为他留下不光彩的记录。

他的学习还算努力，在上一学期，可以看出是一个很拼的孩子。但是，这一学期，由于课程结束，需要学生做的作业增多，他开始不交作业，开始晚睡，迟到，课堂上睡觉。我及时请了他的家长。开始来的是他妈妈，我让她去和孩子聊一聊。我发现，他好像没事人似的，很随意地站着，丝毫没有犯错误的羞耻感，或者是对妈妈的尊敬。而他妈妈什么也没有说，只是忙着和别的家长闲聊。当时，我还请了两个家长。我让他妈妈回去，请来了他爸爸。他爸爸在外面一直打零工，很少在家。他爸爸来了之后，他站得很笔直，头也低了下来。他爸爸告诉我，他愿意配合我的工作。他对孩子说了很多话，现在只希望孩子能够顺利毕业，也不要影响别的孩子。当我告诉他爸爸，孩子只要努力，还有考上高中的希望的时候，爸爸长叹一口气，告诉孩子：希望你能够满足我的一个心愿，考上高中。从孩子与爸爸的言谈中，可以感知到孩子对于爸爸的害怕，感知到爸爸对于孩子期望不是很高——成为一个有文化的劳动者。爸爸也表态，只要考上高中，毕业之后，满足他当兵的愿望。

小李对于妈妈的不尊重，是我一直没有发现的问题。我很想知道，为什么一个孩子对于妈妈不尊重呢？这与孩子的行为有什么关系呢？孩子经常和妈妈在一起，如果不尊重妈妈，他的所有错误行为很难改正。

我观察到，这个孩子最近出现各种问题，源于他和几个散漫的孩子走在了一起。而且周末会领这些孩子去他家玩游戏，看电视。妈妈却没有干预。这个孩子容易受其他人的影响，意志力不坚定。他承认晚上看电视、玩电脑，但是爸爸开始不承认。后来，他才说孩子睡的房子有一个旧电视。我不知道爸爸为什么一开始不愿承认。（**无情箭**）

案例 2 小飞（初三）

Part1 原始案例

小飞：15岁，初三，男生。

孩子表现：不能跟老师面对面交谈，总是斜着身子，眼往一边看，在我要求下，偶尔与我的目光交汇，就倏忽一下移走了。走路时有一个经典动作：把左手缩进袖筒里，然后把脸埋在袖口上，除了夏天穿短袖，基本上天天如此。初一时班里的诗歌朗诵比赛，只有他不愿上台。同学们轮流上台作自我介绍，他站在前面，脸转向左侧，三分钟一言不发。当时我觉得他是害羞，给他点时间适应中学生活，就让他说出自己的名字回座位了。但他经常忘记带教科书，几乎每科作业都不交，每次都说忘了或者本子丢了，慢慢地连教科书都会丢。

下课跑得很快，他最喜欢去的地方是小卖部。抽屉里各种饮料瓶子和包装纸。从来不能端正坐着，经常搬动桌子或板凳并发出响声。我跟家长多次交流，电话、短信、QQ，希望能够合作管理孩子，但他妈妈说孩子根本不听话，周末打个招呼就会跑出去一天一夜，回来告诉妈妈到谁谁家里了，或者上网去了，也不隐瞒。他爸爸只说孩子是青春期叛逆，希望能够快快过去。我建议家长每天坚持给他朗读故事或文章，他说妈妈在念经，不让妈妈待在他的房间里。

无论是体育课还是课外活动时间到操场跑步，他都是不紧不慢地在后面走。每次到最后都能看到他的鞋带是松开的，一甩一甩，让我很担心他会摔倒，提醒他系鞋带，他会无所谓地说"没事"。

两年过去了，现在进入初三，成绩越来越差。上课不再乱动，但开始睡觉。早读课都能呼呼大睡。在他抽屉里总能找到印刷劣质的武打玄幻小说，为了不被老师发现，他把砖头块一样厚的书，撕成练习本样的厚度，一叠一叠垫在课本下看。我提醒他妈妈注意孩子的阅读习惯，他妈妈说没发现什么问题。只说孩子不爱学习，很少读书，喜欢上网。初二时他妈妈为了阻止他上网，把电脑装进了包装箱，这孩子就像疯了一样跟妈妈吵架。本学期已经多次旷课，家长都了解。孩子开始上网成瘾时，家里曾经掐断网线，但是孩子就经常周末跑出去不回家。为了不让孩子乱跑，家里又重新装了网线。结果就三天两头说头疼肚子疼，因为爸爸妈妈要上班，他就可以随心所欲地上网。现在发展到对父母说"要通过打游戏挣钱"，拒绝上学。家长对孩子根本就束手无策。基本上每周一的上午家长都会替他请假。

初一刚入学时，我在家长会上倡导阅读，并且把家里孩子小时候读的一部分书拿到教室里，还向家长发出可以捐书的倡议。结果，他爸爸在当当网上订了1200块钱的图书，亲自送到我们教室。我可以看出他爸爸有多么希望他读书。但大家都读书的时候，他从不读书，他说："我家里什么书都有。"

父母在同一家医院做主任医师，爸爸是外科一把刀，妈妈是内科主任，都很忙。孩子是妈妈自己带大的，外公曾经住在家里帮忙。从有限的一次面谈来看，父母都是性格内向、不善言谈的人。我问妈妈小时候是如何陪伴孩子的，她说也陪孩子看过电视，现在看来还是忽略了孩子。

他拒绝画五项图，自称从来不会画画。

我曾经带他到心理咨询室做沙盘游戏，他说"不好玩"，不愿做；后来跟另外两个孩子一起做团体沙盘，他摆上去的是骷髅、黑白无常和一座桥、一座塔、一棵树，他自称是奈何桥。我在旁边看得有点胆战心惊。我说这些东西让人有点恐怖，他却笑笑说："就是觉得好玩。"再想带他去心理咨询室，他拒绝。

早期记忆：

（1）大概在我3岁的时候，我和爸妈、外公一起去逛街，那时我一直在我爸背上。外公说我爸应该累了，让我自己走，但我爸说不累。又过了一会儿，我爸让我下来，我就是不肯。又哭又闹，还抓我爸的头发，把他眼镜弄掉了。

这时外公生气了，砰砰砰把我打了一顿，在大庭广众之下，我闹得更厉害了，于是又迎来了一顿打，这是我记得的第一次被打。最后终于老老实实地自己走。

（2）我记忆中最早的一件事，是和小学同学一起去我妈的科室玩，科室外面有一个池塘，圆形的，中间有一块石头，水面上飘着荷叶。我想到石头上看看，就往石头上跳，不小心掉进了水里。当时我很小，水很深，掉下去可不得了！幸亏同学反应快把我拉了上来，不然我的小命就交待了。当时只觉得我死定了。但我竟然被拉上来了！

（3）大概小学三年级的时候，期中考试过后，我和一个要好的小学同学在外面玩，我们走到了网吧门口，结果我们看见有一些和我年纪差不多的人进去了。当时我们都很喜欢玩游戏，于是同学跟我说要不我们进去吧。我摇了摇头，但最终在好奇心的驱使下，还是去了，那是第一次去。当时特别怕被人看见然后告诉我妈。玩了一会儿，突然看见我妈的同事了，生怕被看见，就赶紧跑了，到现在都贼紧张。不过现在我妈都知道了。

（4）小学三年级的时候，有一天晚上我和外公出去散步，我在那里玩运动器材，有一个和我差不多大的小男孩过来和我抢，我被推了下去。我很生气，又把他推了下去，但是不料他的头撞到了上面，起了一个大包，一直流血，他哭得很厉害；当时我外公在后面散步，没看见。我吓得不敢动，这时外公喊我回去，我就赶紧跟了上去，后来晚上一直担心人家找上门来，我不敢跟家里说。结果人家真找上门来了，我被训斥了一顿。我估计到现在他那疤还没好，因为确实很严重。

（5）小学六年级的时候，星期五下午，我们到一个地方玩。当时说好拿上玩具枪和小刀去那里杀猫。到那里之后，果然发现有一只猫。我们就拿枪瞄准它，砰砰砰，那只猫就不动了，应该是晕了过去，然后我们就拿刀去捅那只猫，当然是那种小刀，肚皮都捅不开，我们就切它的尾巴，过程太残忍。然后我们就把它的尸体扔进了垃圾桶。那天晚上就做了噩梦。

词语联想：

天空：蓝天、水、树、游戏、人、大地、跑、美女、鸟、猪、鱼、龙、螳螂、奥特曼、车、草、泡泡、蛇、水杯、医院、怪兽。

人：飞机、大炮、池塘、医生、老师、宇航员、病人、月球、宇宙、太阳、银河、普罗米修斯、雷神、阿波罗、艾滋病、白血病、阑尾炎、肠子、肺、胃、肚皮（此处他开始写了许多同学的名字，我让他划掉重写）。

网：网络、电脑、PSP、电视游戏、新闻、卫星、火箭、月亮、安第斯山、长江、珠穆朗玛峰、火星、豹子、蜘蛛网、网球、电压表、灯、火把。

可是：你、他、手机、水龙头、茶壶、磁带、窗帘、洗脸盆、牙刷、牙膏、刷牙、吸收、化妆、梳头、跳高、蹦极、长安马自达、自行车、农村、鲨鱼。

跑：跑步、跑跳、跑起来、跑开、跑腿、跑路、飞人、暴走、疯子、铁观音、水果茶、操场、草原、运动会、眼镜、流浪、要饭的、饭店。

平静：水、土、火、金、木、木头、鞋、树桩、年轮、熊猫、猫、虎、鹿、羊、皮带、裤子、脖子、脸、耳朵、嘴、头发、水电。

关于小飞的朋友明君的辅助材料：

一个瘦小的皮肤很黑的男孩，同学们都叫他"小黑"，他也很乐意接受这样的绰号。字写得非常小，但还算工整。初一刚开学的时候，他就跟着几个男孩子一起不时撩拨女孩子，或者说一些讨厌的话，以引起女孩子的注意。总有女孩子来告状。后来找过他几次，谈过话，他也在班会课上检讨过，似乎收敛了，但又到隔壁班去找事了。曾经有过一次，跟另外两个男生一起早晨很早就来到学校，站在走廊里拦截从我们教室前走过的隔壁班女生，我让他们写过检查。初二后，似乎不再那么明显了，但开始有目的地找愿意跟他嬉闹的女生玩，总是偷偷地闹。初三开始，又出现一些反复，经过几次谈心，现在基本上不再跟女生闹。

跟小飞不同，这个孩子是留守儿童，一年只能见妈妈一次，爸爸是货车司机，一周回家一次。跟奶奶住出租房里。我曾经去过他的住地，一间房，一张大床，一台电视，一个小板凳，一张小桌子。五十多岁的奶奶，完全没有文化，说话没有逻辑，完全无法交流孩子的教育问题。他爸爸一听说孩子考试不好，就要揍他，他说小学时基本上一周挨揍一次。他说现在爸爸不揍他了。

现在跟小飞是形影不离的好朋友。（**修慧**）

感谢修慧老师提供了第二个案例，是网童，躲不开的一类"问题生"。俗话说，看人观其友。修慧老师提供了小飞好朋友明君的材料，也有用。目前正是期末，谁有时间就来看看，想说几句就说几句，没有时间就假期再说，不设置时间表。我的经验，可以先把材料看看，然后记在心上，有空就琢磨琢磨，不着急发言。最好先假设出几种可能，然后向修慧老师追问情况来加以证实，那就是典型的科研思维了。

Part2 问诊

既然大家同意寒假中讨论一个案例，我们马上开始。

程序和讨论第一个案例差不多。第一阶段讨论（问诊）主要是向案例提供者修慧老师询问情况，这有点像医生询问病人症状，让病人去做各项检查，为确诊提供材料。注意这个阶段不要急于作结论，而要作出多种假设，看看哪个更合乎逻辑，更经得起推敲，再作初步的结论。

第二阶段是各自写诊疗报告。

第三阶段是互相质疑（包括质疑自己的结论）。

第四阶段是我请几位高手发言。

最后我作一个总结。

全部过程争取在寒假中完成，下学期开学后，开始讨论第三个案例。

现在，您觉得修慧老师提供的材料够吗？如果不够，您还想了解哪些情况？

修慧老师，我很想知道，他的经典动作是什么时候开始的？问过没有，这个动作有没有特别的意义？他在什么时候最想做这个动作？

我总感觉这个动作隐藏着这个孩子的秘密，能试着询问一下吗？

"但他经常忘记带教科书，几乎每科作业都不交，每次都说忘了或者本子丢了，慢慢地连教科书都会丢。"小学也是这样吗？生活中经常这样吗？
　　"我建议家长每天坚持给他朗读故事或文章，他说妈妈在念经，不让妈妈待在他的房间里。"他和妈妈关系不是太好吧？至少没有亲切感。为什么？
　　孩子除了不爱学习，在生活中的习惯怎么样？孩子和家人关系怎么样？和谁最亲近？
　　我还有一个问题，这个孩子在生活中、学习中，有没有让他有成就感的事情？如果有，是什么事？他在说这些事的时候表情怎么样？（**无情箭**）

　　无情箭老师的问题很不错。这些问题能把人的思路展开，也就是说，提问者先得把自己的思路展开，才能提出这些问题。没有问题，本质上是思维被捆住，思维停止了。欢迎各位继续提问。

　　我问过他为什么总是把手缩在袖筒里，他回答说"因为冷"。事实上不冷的时候也这样。现在每天都抱着一个热水袋，让我想起海盗船长胡克。他言语极少，基本是拒绝交流的态度。
　　孩子的小学是在父母单位附近的矿务局附属小学读的，口碑不是很好，距离城区较远，我们并不了解。他自己说小学也会忘记带课本，不写作业，但老师并不是太在意，偶尔批评，他觉得无所谓。
　　现在跟妈妈是完全对立，根本不愿交流。我感觉，从早期记忆可以看到，他跟父母关系一直都不是很亲密。亲子关系在生命早期没有建立起紧密的联系，孩子心理上缺少安全感，他的那个动作就是安全感缺乏的表现。
　　在学校没有发现给他带来成就感的事。电子游戏是他唯一的爱好，但我问及游戏名称时，他说就是那种普通的游戏，不愿多谈。（**修慧**）

　　孩子严重的网瘾现象必然有一个形成的过程，刚开始发现时，父母有没有重视起来，给予正确的引导，还是忙于工作放任自流呢？孩子与父母的隔阂为

什么会这么大？（**静候佳音**）

父母一直都是以工作忙为由放任孩子的。对孩子的各种不良现象，爸爸都是以青春期逆反解释的。（**修慧**）

这个小飞颜值如何？身材如何？与女同学的关系如何？您仔细观察过没有，他的头部或面部是否有什么缺点？

胖乎乎，颜值不高，脸上有一种像是脂肪的小疙瘩，不是粉刺。穿着邋遢，喜欢穿一件油乎乎的小袄，有新衣服也很少穿。自己说，从不与女孩子说话。上学期曾经把头发烫得蓬松起来。（**修慧**）

对有关材料的批注：
孩子表现：不能跟老师面对面交谈，总是斜着身子，眼往一边看，在我要求下偶尔与我的目光交汇，就倏忽一下移走了。【不自信？沉浸在自我的世界中？不信任他人？感觉自己的世界，老师不会懂？】走路时有一个经典动作：把左手缩进袖筒里，然后把脸埋在袖口上，除了夏天穿短袖，基本上天天如此。【这个挺怪异的。一定有人说过他。他反应如何？或者是缺乏安全感？】初一时班里的诗歌朗诵比赛，只有他不愿上台。【社会情感差。】同学们轮流上台作自我介绍，他站在前面，脸转向左侧，三分钟一言不发。当时我觉得他是害羞，给他点时间适应中学生活，就让他说出自己的名字回座位了。但他经常忘记带教科书，几乎每科作业都不交，每次都说忘了或者本子丢了，慢慢地连教科书都会丢。【他为什么对学校生活极端不重视？因为缺乏成就感？他在哪些方面有成就感？总觉得他以一己之力在抗拒什么，是什么呢？连教科书都会丢掉，在现实中，他缺乏毅力。】

下课跑得很快，他最喜欢去的地方是小卖部。抽屉里各种饮料瓶子和包装纸。【缺乏毅力的表现，人生意义停留在最低层次？】从来不能端正坐着，经常搬动桌子或板凳并发出响声。【他在用体态语言，表现自己的存在？】我跟家长多次交流，电话、短信、QQ，希望能够合作管理孩子，但他妈妈说孩子根本不听话，周末打个招呼就会跑出去一天一夜，回来告诉妈妈到谁谁家里了，或者上网去了，也不隐瞒。他爸爸只说孩子是青春期叛逆，希望能够快快过去。我建议家长每天坚持给他朗读故事或文章，他说妈妈在念经，不让妈妈待在他的房间里。【拒绝家长的管教，很抗拒家长？亲子关系不好？或者他心中藏着巨大的秘密，掩盖它，远离他人。】

无论是体育课还是课外活动时间到操场跑步，他都是不紧不慢地在后面走。每次到最后都能看到他的鞋带是松开的，一甩一甩，让我很担心他会摔倒，提醒他系鞋带，他会无所谓地说"没事"。【他为什么不在意自己的形象，自己的安全？或者他在拒绝别人的关心，而认为自己不配拥有这样的关心？】

两年过去了，现在进入初三，成绩越来越差。上课不再乱动，但开始睡觉。早读课都能呼呼大睡。【基本上是自我放弃学业。】在他抽屉里总能找到印刷劣质的武打玄幻小说，为了不被老师发现，他把砖头块一样厚的书，撕成练习本样的厚度，一叠一叠垫在课本下看。【他又找到了逃避现实的方式？】我提醒他妈妈注意孩子的阅读习惯，他妈妈说没发现什么问题。只说孩子不爱学习，很少读书，喜欢上网。【妈妈只看到现象，也没找到对策。】初二时他妈妈为了阻止他上网，把电脑装进了包装箱，这孩子就像疯了一样跟妈妈吵架。本学期已经多次旷课，家长都了解。孩子开始上网成瘾时，家里曾经掐断网线，但是孩子就经常周末跑出去不回家。为了不让孩子乱跑，家里又重新装了网线。结果就三天两头说头疼肚子疼，因为爸爸妈妈要上班，他就可以随心所欲地上网。现在发展到对父母说"要通过打游戏挣钱"，拒绝上学。【上学，找好工作，挣钱，这是很多家长教导孩子好好学习的逻辑。】家长对孩子根本就束手无策。基本上每周一的上午家长都会替他请假。【家长已经无可奈何，硬的不行，只能这样了。】

初一刚入学时，我在家长会上倡导阅读，并且把家里孩子小时候读的一部分书拿到教室里，还向家长发出可以捐书的倡议。结果，他爸爸在当当网上订了 1200 块钱的图书，亲自送到我们教室。我可以看出他爸爸有多么希望他读书。但大家都读书的时候，他从不读书，他说："我家里什么书都有。"【这又是小飞的一次胜利，你让我读的书我偏不读。】

父母在同一家医院做主任医师，爸爸是外科一把刀，妈妈是内科主任，都很忙。【父母对孩子的期望高吗？】孩子是妈妈自己带大的，外公曾经住在家里帮忙。从有限的一次面谈来看，父母都是性格内向、不善言谈的人。【跟孩子有点像。】我问妈妈小时候是如何陪伴孩子的，她说也陪孩子看过电视【电视是单方面输入，妈妈也是知识分子，怎会如此陪伴？】，现在看来还是忽略了孩子。

他拒绝画五项图，自称从来不会画画。【对画五项图认识有误区？还是自己做不好的事坚决不做？】

我曾经带他到心理咨询室做沙盘游戏，他说"不好玩"，不愿做【他不是内省型的孩子？还是他本就喜欢刺激、波澜起伏的东西（比如读玄幻武侠)？】；后来跟另外两个孩子一起做团体沙盘，他摆上去的是骷髅、黑白无常和一座桥、一座塔、一棵树，他自称是奈何桥。【玄幻小说的影响？小飞对生与死的认识如何？小飞是怎么摆的呢？他对人生意义的认识如何？他自己还没有答案？】我在旁边看得有点胆战心惊。我说这些东西让人有点恐怖，他却笑笑说："就是觉得好玩。"【这些是他独特的符码。】再想带他去心理咨询室，他拒绝。【他为什么封闭自己的内心呢？】

早期记忆：

（1）大概在我 3 岁的时候，我和爸妈、外公一起去逛街，那时我一直在我爸背上。外公说我爸应该累了，让我自己走，但我爸说不累。又过了一会儿，我爸让我下来，我就是不肯。又哭又闹，还抓我爸的头发，把他眼镜弄掉了。这时外公生气了，砰砰砰把我打了一顿，在大庭广众之下，我闹得更厉害了，于是又迎来了一顿打，这是我记得的第一次被打。最后终于老老实实地自己走。【孩子脾气拧，家长应对方式粗暴。】

（2）我记忆中最早的一件事，是和小学同学一起去我妈的科室玩，科室外面有一个池塘，圆形的，中间有一块石头，水面上飘着荷叶。我想到石头上看看，就往石头上跳，不小心掉进了水里。当时我很小，水很深，掉下去可不得了！幸亏同学反应快把我拉了上来，不然我的小命就交待了。当时只觉得我死定了。但我竟然被拉上来了！【探险中遭遇。】

（3）大概小学三年级的时候，期中考试过后，我和一个要好的小学同学在外面玩，我们走到了网吧门口，结果我们看见有一些和我年纪差不多的人进去了。当时我们都很喜欢玩游戏，于是同学跟我说要不我们进去吧。我摇了摇头，但最终在好奇心的驱使下，还是去了，那是第一次去。当时特别怕被人看见然后告诉我妈。玩了一会儿，突然看见我妈的同事了，生怕被看见，就赶紧跑了，到现在都贼紧张。不过现在我妈都知道了。【又一次探险，很刺激。】

（4）小学三年级的时候，有一天晚上我和外公出去散步，我在那里玩运动器材，有一个和我差不多大的小男孩过来和我抢，我被推了下去。我很生气，又把他推了下去，但是不料他的头撞到了上面，起了一个大包，一直流血，他哭得很厉害；当时我外公在后面散步，没看见。我吓得不敢动，这时外公喊我回去，我就赶紧跟了上去，后来晚上一直担心人家找上门来，我不敢跟家里说。结果人家真找上门来了，我被训斥了一顿。我估计到现在他那疤还没好，因为确实很严重。【又一次遇险。】

（5）小学六年级的时候，星期五下午，我们到一个地方玩。当时说好拿上玩具枪和小刀去那里杀猫。到那里之后，果然发现有一只猫。我们就拿枪瞄准它，砰砰砰，那只猫就不动了，应该是晕了过去，然后我们就拿刀去捅那只猫，当然是那种小刀，肚皮都捅不开，我们就切它的尾巴，过程太残忍。然后我们就把它的尸体扔进了垃圾桶。那天晚上就做了噩梦。【他是探索型的孩子？】（雪泥鸿爪）

雪泥鸿爪老师的批注，包含各种疑问和假设，思维开放活跃，很有启发性。建议各位学员都看看。

Part3 诊疗报告

修慧的诊疗报告

1. 小飞的主要问题及产生原因

（1）交流障碍。

从初一开始就拒绝在众人面前展示自己，不能正视自己的环境，包括学校的学习环境和家庭的生活环境。这个问题来自生理遗传和家庭成员的相互影响。父母都是专业技术人员，事业有成，但性格内向。从妈妈所述的早期教养方式来看，陪伴极少，并且在极少的陪伴中也极少给予孩子积极正面的影响，造成孩子的社会交往能力极差。从早期记忆可以看到，小飞的心理存在极为严重的不安全感，而儿童是否有安全感取决于三岁之前的亲子关系是否健康稳固。他的左手总放在嘴边，是一种婴儿吮吸式的动作，很有可能是在口腔敏感期未能获得充分的满足感，这个能够给他带来心灵安慰；他喜欢穿旧衣服，也是表明他在寻求安全感（没找到理论依据，凭直觉我这样认为）。

小飞的各种不良表现，比如不写作业、忘记带甚至丢失教科书、上课不专心听讲，都是在寻求关注。可惜家长对老师的反映和建议并没作出积极应对，甚至完全寄希望于学校和老师。

小飞唯一的朋友是一名留守儿童，两人之间的共同点是游戏和零食。但是那个孩子是奶奶带大的，从来不会夜不归宿，他说"我怕奶奶在家里担心"。而小飞不同，他的妈妈不止一次夜半时分向我打听同学家的电话号码，周末到处找孩子。

（2）上网成瘾。

小飞小学时交流障碍并不是很突出，这从他的早期记忆中可以看出来。小飞在家庭中不能找到亲密的亲子关系，自然会和一些有相同爱好的小伙伴一起寻找共同点。他的小伙伴会对他产生各种负面影响。第一次进网吧是在小学三年级，那时他还有点恐惧，担心被妈妈骂，但后来家长并没有在意。孩子对寻求家长的关注已经完全失去期望，网瘾也越来越严重。而此时，家长开始看到问题的严重性，试图阻止，但为时已晚。家长对孩子网瘾的担忧，依然只着眼于升学的无望，对孩子常说的话也是"考不上高中就不能上大学，不能上大学就不能养活自己"，完全没有看到孩子性格方面的问题，所以孩子才会有"靠游戏挣钱养活自己"的想法。随着网瘾的加深和年龄的增长，这孩子的朋友也越来越少。

2. 治疗方向和重点

必须让家长转变观念。初一就提醒家长注意孩子的习惯，但家长总是以忙为由放弃对孩子的监管。我建议妈妈读书给孩子听时，说过"无论多忙多累，每天坚持给孩子读半小时书，要让孩子感受到你的关心和爱"，显然家长并没有做到，所以孩子才会认为妈妈是在念经，不让妈妈进自己的房间。孩子对家长的无条件之爱已经不抱任何幻想。家长现在如果继续以升学和工作来教育孩子，根本是不可能产生任何效果的。

家庭教育中，家长的观念误区是非常严重的。绝大多数家长并不能认真思考孩子问题产生的原因，更不能站在孩子的角度感受孩子的内心。

作为老师，我虽然多方努力，但是也并不能走进孩子的内心世界。也许是我的方法不对，也许是我的爱心不足。总之我觉得无能为力。我曾经以为孩子是感统失调，并跟家长交流，但作为医生的爸爸却反问我什么是感统失调、如何才能矫正，完全没有主动探索的意识和行动。

小飞完全找不到生命的意义。应该由专业的心理医生进行介入干预。

各位学员，过年好！本来我想明天再提醒各位写诊疗报告，修慧老师提前交了作业，我就把准备明天说的话现在说了吧。

我希望各位在一周之内完成作业。

内容有点变化。这次诊疗报告我们要求最后写出治疗方案，注意治疗方案（处方）一定要具体可操作，不要笼统地说个方向。

报告的格式，可以和上次一样，如果您觉得有必要，也可以改动，甚至自己独创一种格式也可以，只要有利于您更好地分析问题和解决问题。

等到报告交齐之后，就可以会诊了。

无情箭的诊疗报告

既往"病史"：

（1）情结未解开。我推测这个孩子在他的童年中一定有一个特殊的事件，让他的内心受到了伤害，他的经典动作是一种保护的方式，始终在封闭着自己，不愿意展示自己，害怕别人看见他的内心。在他的第一则早期记忆中，有个值得注意的现象：他外公认为爸爸很累，让他下来，他并没有下来。他爸爸让下来，他撒泼，还打掉了爸爸的眼镜，最后是外公在公众场合打他。这和常理不同，应该是爸爸打，外公一般不会当着别人的面打外孙。我读到这儿始终感到有点不对劲，我考虑了他们家庭成员的地位和关系。从反馈的情况看，没有太多用于判断的信息。我现在依然感觉孩子一定在这个家庭中，尤其是家庭矛盾中受到过伤害，他在用自己的方式保护着自己。在早期记忆的第三则、第四则中出现了关于害怕妈妈和外公的信息。综合这些信息，我感觉这个孩子的情结来自家庭成员地位的不平等，家庭暴力充斥这个家庭，孩子也许在家庭大战中受到过伤害。

（2）爸爸的缺失。我没有用爸爸教育的缺失，而是爸爸的缺失。基于我的感觉，爸爸不但没有正面的教育作用，而且有更多的负面能量。在孩子的早期记忆中，出现了对于妈妈、外公的害怕，相反，爸爸累了，让他下来，他却厮打爸爸。我感觉到孩子对于爸爸并不害怕，甚至是一种极为的不尊重。在这么多文字中，很难找到关于爸爸的正面信息。

（3）父母缺乏正能量。孩子的残忍应该是从父母的职业中学来的，可能孩子见过父母某个人做手术的过程，在孩子的心中留下了阴暗的一面。父母没有及时地告诉孩子和引导孩子关于生命、关于自我的调节。

处方：

（1）通过和孩子的耐心谈话，打开孩子的心结。

（2）让爸爸参与到孩子的教育当中，至少让孩子感觉到爸爸的责任和担当。

（3）父母试着和孩子交流一些正面的东西，引导孩子走出心中的阴暗。

有待进一步诊断：

孩子的心结究竟是什么？这会和孩子的一系列事情有关系。

静候佳音的诊疗报告

1. 小飞的主要问题及产生原因

（1）厌学严重，逃避学习。可能父母在他的零花钱方面比较宽松，抽屉里各种各样的饮料瓶和包装纸，这可能是导致他比较肥胖的一个原因，好吃好玩，完全不把心思用在学习上。通过他的词语联想，发现"医院、医生、艾滋病、白血病、阑尾炎、肠子"等医学词汇比较丰富，可以看出与父母从事的工作有着直接的影响。综观他的词语联想，发现他的词汇量比较单一、浅显，几乎没有一个成语，说明他的知识面比较窄，智力一般，而且心灵空虚。

（2）网瘾严重。生活在虚幻的网络世界，而且志向是通过游戏挣钱。为了上网，可以随便旷课、撒谎，而父母忙于工作，也只好放任自流，直到后来的一发不可收拾。据相关资料显示，80%的青少年网瘾都是由于家庭问题造成的，父母的放任自流，使小飞得不到应有的父爱母爱，享受不到家庭的温暖和幸福，促使他借助于沉溺网络来满足心理的空虚和寂寞，从网络中寻求自信。

通过早期记忆，发现他小时候比较贪玩、爱搞恶作剧。还有小飞和小伙伴残忍地杀死一只猫，说明他喜欢寻求刺激，而他迷恋网络，也是一种寻求刺激的方式。后来小飞玩的沙盘游戏，也能说明小飞的心理不健康。

（3）亲情淡薄，父母失责。

2. 诊疗方向和重点

（1）能否打开孩子的心结。父母不可再纵容孩子这么玩下去，多陪伴孩子，带孩子旅游、交朋友、参加活动，尽可能地把他的注意力转移过来。

（2）小飞能够时断时续地坚持去上学，说明他对学校并不排斥，多多少少还是有吸引他的地方，希望老师和同学尽可能地多关心帮助他。

（3）借助比较专业的心理辅导机构，对他进行定期的心理疏导，帮助他从网瘾中解脱出来。

尘一粒的诊疗报告

1. 小飞的问题及产生原因

父母对孩子的"爱"低能。说实话，我不觉得小飞有什么问题！如果真的说小飞有什么问题的话，也都是背后的问题，这些问题是其家庭教育造成的。当然，我不能如此武断地说小飞本人没有问题，因为我对他的了解并不多。单单从修慧老师提供的资料来看，主要涉及小飞的中学生活，以及早期记忆（尤其是三年级，这对他而言应该是不同寻常的一年，有两条早期记忆提到三年级）。我觉得很有必要了解小飞在小学时的情况，最好是接触到他的小学老师。他父母比较内向，小飞拒绝开口是内向的原因还是受长期上网的影响，都是有可能的。当然，他是害怕"大庭广众"的，在早期记忆中提到外公打他，尤其用了"大庭广众"一词。尽管小飞是妈妈带大的，但小飞和妈妈并不亲，甚至可以说跟整个家庭成员并不亲。他提及的回忆，不是家人对他的打就是挨训。我推测，小飞的家庭是缺少沟通的，尤其是和颜悦色的沟通是极少的。小飞的父母都是医生，都很忙，缺少对孩子的监管。更令人无法想象的是，小飞嗜网成性，父母先采取的方式是"堵"——掐断家庭的网络，但孩子的网瘾并没有因此得到"治疗"，反而母子之间争吵，小飞旷课、逃学，最终父母又把网线接上、把电脑装上。之后采取的方式是"放"，小飞在家明目张胆地上网、想方设法（装病）不去学校，躲在家里上网，这些家长都知道。爸爸还把这一切推给了"青春期叛逆"。

2. 解决措施

（1）就小飞的网瘾而言。父母的"堵"和"放"都是无效的，为什么不"疏"呢？小飞如今已经初三了，考上高中是困难的，但学习计算机、网络相关的技术应该是不难的。既然他对网络感兴趣，那就引领他钻研下去，探寻网络世界的奥秘。说不定以后是个网络高手，或者是业界的精英。

（2）就小飞与他人的沟通与交流而言。首先要从家庭做起，从父母做起，从一家人共同吃饭聊天做起。根据他的兴趣，促其参加一些社团活动，哪怕是与网络中的组队伙伴交流沟通（网络游戏有组队功能），这都可以促进他与他人的沟通与交流。

听风掠过的诊疗报告

1. 小飞的问题、症状及成因分析

（1）从表现上来看，小飞最明显的问题是沉迷网络，沉迷玄幻。

为什么会出现这种情况呢？在对网瘾少年进行分析时，心理学家往往从两个角度来寻找成因：一是逃避现实的问题，二是在网络中寻找满足感。根据修

慧老师对小飞的描述,我觉得小飞之所以沉迷玄幻、沉迷网游,原因大概也是这两个方面。从案例中可以看出,小飞从初一到初三,成绩是越来越差的,估计他小学时成绩也不怎么好。而且他和老师、同学们的交往也不顺畅,他不能和老师面对面地交谈,看人的眼神是游移的,在人人都登台的集体活动中,只有他一言不发。虽然案例中没有谈到他和同学们相处的情况,但可以猜测他不太受同学们欢迎,玩得好的朋友不会太多。也就是说,他在现实生活中是一个失败者,或者说他自认为自己是个失败者,所以他对现实生活感到失望。这一点也可从他的词语联想看出来,六组词语联想,很少出现家庭生活和学校生活的词语,大部分都是关于自然、动植物等的基本词语。他本能地在逃避现实生活。那么能逃到哪里去呢?玄幻和网络就自然成了他的归宿。在案例中,小飞曾对妈妈说,他想靠玩游戏挣钱,这也说明网络游戏给他带来了满足感和成就感,他觉得自己可以靠网络游戏生存下去(现实中也确实有靠网络游戏生存的成功人士)。

(2)从心理角度看,小飞有自我封闭心理。

一个人自我封闭,如果不是有先天性的疾病,那估计是在生活中受到了某件事或某些事的刺激与打击,渐渐觉得他人不可信、不可靠,从而对世界开始抱着排斥与逃避的态度。小飞是不是这样呢?

从他的早期记忆来看,五件事都是消极的,受挫的,甚至是危险的。因为不愿自己走路被外公打了一顿,只好自己走路。这件事会让幼小的孩子觉得,身边的亲人并不疼爱自己,并不值得完全信任。在池塘边玩因为淘气差点掉水里淹死,这个难忘的印象让他觉得生活中充满危险,一不小心,连小命都要没了。第一次进网吧,心惊胆战,至少当时他觉得上网不是好事情,可能会受教训,没有安全感。把小朋友推倒受伤,人家找上门来,这是充满恐惧的记忆,无形之中,会让孩子害怕闯祸,害怕与伙伴交往。和伙伴拿玩具刀杀猫,做了噩梦,说明小飞不是本性凶残的孩子,这件事让他后怕,他会不会因此再也不敢参与伙伴们的活动?早期记忆往往影响人一生的发展,小飞的早期记忆里没有一件事令人愉快和幸福的。而且在他的早期记忆里,没有父母的关爱与呵护，没有温馨和谐的家庭生活。生活给小飞留下的都是负面的、受挫的、阴暗的印象。我曾询问修慧老师小飞小学时在校生活怎样，没有得到答复。我在想，是不是小飞上小学时便开始成绩不好，再加上有些不良习惯，在同学中没有好的人缘，又总是被老师批评？我猜测在小学时发生过让他严重受挫的事。如果是这样，那么，幼年期、童年期屡屡受挫，让他觉得这个世界对他不怀好意，他的自我封闭、逃避现实，就不难理解了。

（3）从智力、性格方面看，他头脑简单，性格内向，不善交流。在早期记忆中，他三年级时因为和小朋友抢健身器材而把小朋友推倒，隐约可以看出他的语言表达能力不是太强，因为一般孩子之间出现争执，能说会道的孩子往往不动手，而只有说不过别人才会借助动作来表达自己的欲求。从他的词语联想来看，他的思维是跳跃的，他的知识结构是简单的。比如关于天空的联想，从"蓝天、水、树"到"游戏"，从"美女"到"鸟、猪、鱼"，从"螳螂"到"奥特曼"，从"车"到"草"，从"泡泡"到"蛇"，从"水杯"到"医院"到"怪兽"，都看不出其中有什么明显联系，显得莫名其妙。而且从词语的类型上看，都是生活、自然中的基本词语，没有成语，没有科学词语。他的五组词语联想所用的词语都显得简单、幼稚。作为一个初三的学生，他的词语积累显得贫乏，也可见其智力落后于同龄人。他的成绩差，不仅是由于他学习不努力，智力也是一个因素，就算他很努力，成绩也不一定能好到哪里去。父母的话根本不听，老师谈心也不起效，不愿做心理咨询，不愿画五项图，这些也都表现了他性格中消极、冷漠的一面。他幻想自己可以通过玩游戏挣钱，这并不是经过理性的分析与计划之后作出的人生规划，而只是逃避现实的一个"美梦"。如果真让游戏成为他未来的事业，也会因为他的性格与智力因素而走向失败。

总体来看，我觉得小飞的问题，主要成因还在于小时候父母陪伴不够与教育引导缺失。从案例描述来看，小飞的爸爸妈妈都是事业心很强的人，他们平时工作很忙，而且父母又都是不善言谈的人。小飞是由妈妈带大的，而妈妈回忆起来却只记得自己和孩子一起看过电视，这是很值得深思的。幼儿期，妈妈的陪伴是至关重要的，和孩子一起玩游戏、给孩子讲故事、带孩子旅游等等，都会在孩子社会化的过程中起到积极的作用。而小飞的父母却在这方面做得很不够。小飞哭闹着非要爸爸背的时候，如果爸爸能耐心地告诉小飞，他是小小男子汉了，可以自己走，或者想办法和他比赛跑，让他追自己等等，也许他的记忆里就多一些正能量了。家族教育的关键期在学前，等到孩子开始不服管教了再来感叹孩子难管已经晚了。初一时，老师让妈妈给小飞读书，小飞不愿听。如果在小飞五岁之前妈妈能坚持每天和孩子一起读书，相信小飞一定会很高兴的。有些事错过了就无法弥补了。所以才会有小飞为了上网和妈妈大吵大闹的情形，所以才会有父母只能顺从孩子的无奈。

2. 关于小飞的治疗方案

关于小飞沉迷玄幻，我觉得不妨适度宽容，也可以鼓励他自己写一部玄幻小说，并在班级给他开个作品研讨会。这一方面可以让他从中找到存在感、成就感，一方面也可以从他的写作中发现他思想的偏颇到底在哪里，再进行针对性的纠偏。

关于小飞沉迷网络游戏，他自己既然说可以通过玩游戏挣钱，那就让他自己为自己定个目标，每周或每月挣多少钱，如果他不能达到目标，那么他在游戏世界中的成就感也会渐渐减弱。

关于小飞的自我封闭，这个问题很难在短期内得到解决。我推荐电影疗法，让他观看《当幸福来敲门》《少年派的奇幻漂流》《阳光灿烂的日子》等电影，并和他讨论，引导他表达自己的想法，引导他思考自己的人生。

关于小飞的未来，我觉得如果他上高中，学习成绩越来越差，自卑感越来越重，更不利于他的人格发展。鼓励他上与计算机有关的职业学校，找到了目标，有了兴趣，也许他的生活状况会有所改变。

就眼下来说，指望他父母改变教养方式，多与他谈心之类，不太现实，长年做不到的事又怎么能说做到就做到？所以只有老师在平时多关注（不是以教育为目的），让他感受一些温暖，或许可以让他抛开对世界的戒备心理。在枯燥的生活中，若能有像网络游戏一样吸引人的活动，也许能点燃他的激情，但什么样的活动，还得靠老师结合学生情况发挥创造性了。

雪泥鸿爪的诊疗报告

1. 小飞的主要问题及产生原因

（1）沉迷网络游戏。

产生原因：

从性格上来说，父母都是内向的人，不善于言谈。妈妈对孩子的陪伴也只是看电视，缺少语言上的沟通。大了以后，小飞奚落妈妈读书像是念经，可见有点错过了亲子共读的最佳时期。

父母都是主任医师，都很忙碌。爸爸在孩子上初一时，为班级购买图书。父母是希望孩子多读书的，可以推知，父母在他上小学时，也是如此期望的。这样的家庭氛围，父母对孩子的期望应该是挺大的，至少是品学兼优的好孩子。

父母的养育方式，资料中并未过多提及，可从早起记忆之一看到，外公的教育方式是不能容忍的时候，就打孩子。但父母的应对方式是"没办法"。妈妈简单标签式的看法，说明她不了解孩子，好像也没有这个愿望，或者是根本没有时间。"家长对孩子根本就束手无策。基本上每周一的上午家长都会替他请假。"——甚至家长做帮凶。父母的底线是如此之低啊。

从小飞自身来说，从不交作业、丢书丢本，可以推知小飞的意志力很差；从爱吃零食这点可以看到，他还在满足自己的低层次需要，精神世界没有较高需求。初三了，早读睡觉，看武打玄幻小说，可见他精神世界的贫乏，追求短暂的刺激。而沙盘游戏，则反映的是玄幻小说对他的影响。奈何桥、树、塔、黑白无常，也反映了小飞对生死的认识。很奇怪的是他的早起记忆有三次都与死有关，一次是自己差点死了，一次是撞破了另一个孩子的头，一次是杀猫的经历。他还没有找到人生的意义。究竟怎么过这必死的一生呢？可能也与父母的工作有关，疾病、死亡是个常被提起的话题。

小飞在现实中是失败的，他不是父母希望的好孩子。他非常不自信，比如跟他人没有目光交流，走路把脸埋进袖筒，上讲台拒绝展示自己，歪坐身体，这都是无声的抗议——这意味着他做不到父母希望的样子。搬桌凳发出很大响声，他想确认自己的存在。跑步时，走在队伍的最后，鞋带散开——这是个失败者的形象。他说"没事"，真的没事吗？他也不希望自己是这个样子的，可是他没办法改变。

可是在网络上他是赢家，他说要通过打游戏挣钱，可见他游戏玩得是不错的。对，这就是他的"卓越"之处，他喜欢这样的自己。

推倒小男孩导致人家头破血流，"我估计到现在他那疤还没好，因为确实很严重"。杀猫后做噩梦，被外公打记忆犹新。说明这个孩子本性善良，也很敏感。

通过词语联想看，小飞好像也读过一些科普书籍，这应该是他的一个优点。

（2）不学习的问题。

产生原因：

人是在与环境的互动中形成比较固定的行为模式的。小飞的厌学是从小时候慢慢发展来的。首先是父母的高期待，小飞不能做到的时候，父母是纵容的，没有办法的。父母和孩子是缺少有质量的沟通的。父母在精神层面是没有引领的。其次，小飞是个意志力薄弱的人，被低层次需要驱使，以好玩为目的，而学习显然是需要投入巨大的意志力和耐心的事。

2. 治疗方向和重点

治疗方向：

老师可以让小飞作科普知识小讲座。

小飞现在想通过打游戏挣钱，那就让小飞和父母作一个调查，看看通过游戏挣钱的人的生活境况、这个群体的收入境况，以及与游戏设计相关的专业都有什么、需要学好什么科目、就业前景怎么样。

重点：
发挥小飞的优势，提升小飞的信心。

关于小飞的新材料

下午四点半，约见了小飞的父母。两个人都文质彬彬。爸爸明显不善言谈，说话声音小不清晰，几次说话我都请他重复一遍才明白。我们交谈大约一个小时，基本证实我的猜测。小飞小时候的确没有得到父母的足够关注与陪伴。夫妻感情没有问题。爸爸依然寄希望于花钱解决问题，说要送孩子去戒除网瘾的社会机构。我告诉他千万不要这样做。我建议他读一些心理学方面的书籍，主动了解孩子的网游，争取跟孩子沟通交流。尽量多看到孩子的优点，不要再把成绩挂在嘴上，并给他提供了心理咨询师的电话。希望能够早点让孩子感受到温暖和安全。妈妈还在说中考，我力图让她明白，现在不要再提考试。当务之急是走进孩子的内心，接纳孩子，陪伴孩子走出困境。

妈妈不断流泪，也不断说出灰心丧气的话。我努力想让她明白，无论孩子什么表现，都不能灰心，让孩子明白妈妈是爱自己的！做到这一点不容易！（**修慧**）

修慧老师辛苦了。让孩子走出困境的确是最重要的。

融入是一种办法，但游戏不是最佳选择，陪伴的方式有很多。孩子在用游戏填充什么呢？（**无情箭**）

但是孩子现在除了游戏对什么都提不起兴趣，甚至不愿走出家门，无论是游玩还是赴宴，一概拒绝。只要让他打游戏，立刻开心起来。要融入，就要有

能交流的话题。游戏是唯一的切入点。（**修慧**）

我的诊疗报告

1. 主要问题及原因

看来小飞是一个心理问题生。

他的问题主要在哪里？有人说是网瘾，有人说是厌学，有人说是交流障碍，有人说是情结未解开，有人说是自闭。我的看法：恐怕主要是自卑。据修慧老师提供的材料，小飞小学时交流障碍并不是很突出，他的早期记忆自闭倾向也不严重，虽然可以看出，他在与人交往时更注重自己内心的感受，显得内向。他的心路历程是一步步逃避，一步步退缩，越来越自卑、自闭，幸亏还有一个朋友，不然就完全躲到网上和小说的虚幻世界里去了。网瘾也好，交流障碍也好，厌学也好，自闭也好，都是自卑的结果，所以我说，他的主要问题是自卑，不接纳自我。他贪吃小食品，应该是为了缓解心理压力。

这个自卑是怎么造成的呢？这恐怕首先与他的人格特点有关。我们看他的早期记忆，他记住的都是糗事，没有一件快乐的，没有一件露脸的，缺乏安全感，这就给他的退缩行为打下了基础。可是你会发现他比较好奇，还似乎有点冒险精神，这就为他以后的网瘾打下了基础。我还注意到他的早期记忆好几则都与身体有关。第一则，赖在爸爸背上不下来，这是身体接触。第二则，身体掉进池塘，身体被拉上来。第四则，把伙伴推倒，流血，留伤痕，都与身体有关。第五则，杀猫，对猫的身体的摧残，有具体的描写。这个孩子似乎对身体有一种特殊的敏感。他的招牌动作是用袖子遮住脸，其中必有文章，联系他的爸爸是外科医生，更是耐人寻味。我怀疑他的自卑与身体有关系，他身体上（比如脸部）可能有他自己很不满意的地方，他要加以遮掩，躲避他人。

如果说早期记忆能反映小飞人格的突出特点，那我们会发现，这一特点只是给自卑提供了可能性，并未直接显示他自卑，也未表明他有明显的退缩行为。这就说明，他的自卑是后来逐渐形成的。合乎逻辑的推理是，他从小到大，无论在家庭还是学校，成功的体验太少，而失败的体验太多，于是日益自卑和退缩，最后成了现在这个样子。我想，这种倾向如果得不到遏制或扭转，这个孩子以后有患自闭症、抑郁症的可能，那就更麻烦了。小飞已经进入了青春期，看来他无法吸引女孩子的注意，这个打击是很大的，容易造成青春期自我形象危机。小飞曾留怪发型，而他唯一的朋友明君很喜欢撩拨女孩子，这似乎告诉我们，小飞可能很希望引起女孩子的注意，但缺乏勇气，也缺乏资本。他在否定自我，又不甘心。他做沙盘游戏摆的骷髅、黑白无常、奈何桥，就反映了这种有点绝望的心态。我注意到他的爸爸把他的问题轻描淡写地说成青春期逆反心理，这有可能是这位爸爸的托词，但不能完全排除另一种可能，即这位爸爸小时候有类似的经历，他因此觉得儿子的成长也会有这个过程。希望修慧老师想办法调查一下，如果真有这么回事，那倒是好消息，那就证明小飞以后进步的可能性要大得多。

2. 对策

我认为小飞的主要问题是自卑。如果这个判断不错，那么治疗的方向就很清楚了：不放过任何一个机会帮助他取得哪怕微小的成功，逐渐积累，培育他的自信。

然而，抓手在哪里？

心理治疗吗？他拒绝。目前还看不到有什么办法使他愿意接受心理治疗。发展和鼓励他的特长吗？从目前材料看，找到他的特长也不易。修慧老师认为唯一的抓手是网游，目前搞不清楚网游对他所起的作用主要是逃避现实、宣泄，还是取得虚拟世界的成功。这个应该深入调查一下，找个内行的人，和小飞玩游戏，看看他什么水平，是不是个搞电脑的材料。如果他真是这方面的可造之才，那索性就给他提供一些机会，找几个高手辅导他，争取让他在网络中得到成就感，提高自信心，与此同时，在学习方面就别要求太高，只要他心态变好，将来有一技之长，就是教育的成功。这一点要努力说服他的妈妈。如果他在电脑方面并没有什么发展前途，将来靠打游戏挣钱的想法并不现实，那也不要立刻打击他，因为这起码还能对他有点心理平衡的作用，能防止其崩溃。对于他的网瘾，维持现状，或稍加限制，然后另想办法。

其他方面还有抓手吗？建议教师和家长共同研究一下。我感觉这两位家长还是愿意配合教师工作的，他们只是不知道怎么办。教师与家长仔细分析一下小飞的方方面面，看看能不能找到一个什么突破口，让他不断取得小成功。学习方面也不是不可以，若他在哪一门（不见得是主科，也不是非得有关升学）稍微有点学习愿望，就可以帮他一下，有点进步就鼓励（但不一定在全班表扬）。他不是喜欢读武侠玄幻小说吗？也可以请他给同学们介绍一下（当然，内容至少应该是无害的）。这类办法都未必行得通，但都可以试一试，因为你不知道哪一招可能就管用了。

我怀疑他对自己的身体和颜值有不满，我觉得可以想办法打听一下，这比较难，但是也许能搞清楚。一旦搞清楚，可以想办法缓解。我知道一个案例，有个高中男生，不知谁随便说他一句"鼻子太大"，从此他就中了邪，情绪一落千丈。家长和老师发现此事后，就给他的同学和朋友做工作，让他们找机会"无意中"都说"你的鼻子挺好看的"，终于帮这位同学度过了一次心理危机。这似乎很好笑，但对于青春期的孩子，这是天大的事情。

我还有一招，不知是否可用，请修慧老师定夺。在班里找两个特别懂事、热心又正派的女生（注意至少两个，一个不行），暗中给她们交代任务，让他们找一些借口，主动接近小飞（比如向他请教网游问题），此举或可改善小飞的人际关系，提高其自信，减少其自闭倾向。告诉这两个女孩，掌握分寸，别让小飞本人和其他同学误会了，青春期的孩子，对有些事想象力特别强。

总之所有这些对策都指向一个目标——克服小飞的自卑。当然，这只是我个人的看法，修慧老师可以参考所有老师的意见，自主决定怎么做。过一段时间，请修慧老师把结果反馈给大家，检验一下我们的诊疗。

我还有一个想法，可不可以把我们的诊断跟家长说说或者给他们看看？因为家长素质较高,看了或许有好处。但我对两位家长了解很少,不知这么做是否合适,也得请修慧老师决定了。

  我也在想是否可以把我们的诊断给两位家长看一看,我要征求他们的意见,看他们是否愿意看。关于找电脑高手陪玩观察小飞的建议,我给家长提过,但家长是回避的,也可能根本不愿接触或者接触不到这样的人。

  找女生主动接触小飞的做法,我需要慎重考虑再作决定。因为面临中考,学习都很紧张,如果因此分心,对家长也不好交代。(**修慧**)

Part4　疗效反馈

  作为一个网瘾少年,小飞的改变就如昙花一现,现在基本上每天都在课堂上睡觉。喊起来不能坚持五分钟,转脸再看,又是昏睡的状态。我的感受是,任何一个网瘾少年的形成,就像其他的问题少年一样,背后都有一个问题家长或问题家庭,要改变孩子,必须家长先改变,而这尤其难!

  我在诊疗报告出来的时候,约见了小飞的爸妈,当时妈妈痛苦流泪,爸爸也表示要配合改变对待孩子的态度,回家向孩子请教网络游戏的玩法,争取多同孩子交流思想。此后大概有十天的时间,小飞没有旷课,妈妈说他每天都很快乐。但是妈妈反馈的信息说,小飞拒绝教爸爸玩游戏,甚至不愿意爸爸在旁边看。我就建议他自己摸索,或者找些书看看,看到底是什么吸引孩子如此痴迷网络游戏。但是因为工作的关系,作为外科医生,空闲时间非常少,爸爸表示无法做到这一点,加上他对网络游戏是没有一点兴趣的,所以对孩子逐渐失去耐心,尤其看到孩子打游戏时那种无所顾忌的快乐,终于无法容忍。

我建议他们找专业的心理医生进行系统的咨询治疗。但或许是不愿接受这个现实，或许是碍于面子，也可能是没有时间，他们并没这样做。妈妈说"要到假期，怕耽误孩子的学习"。碰巧他们遇到一位当地"名校"的心理教师，说只有断网这一个办法。结果导致孩子再次离家出走，周末两天晚上没有回家。但妈妈并没有告诉我，而是在孩子周一没来上学，我询问的情况下，才告诉我实际情况的。她说因为把电脑收起来，小飞非常生气，跟家长吵架，扬言离家，爸爸气急败坏地说："有本事你就别回来！"小飞则说："你们有本事就别找我。"妈妈说：我们也没找他。不过我有他QQ号，我知道他在网上呢，所以也不是很担心。当天下午，小飞来到学校，头发乱糟糟，脸上灰蒙蒙，我问他在哪里睡的觉，回答说网吧里。因为中考前有个信息表需要家长签字，我叮嘱他一定要让家长签字，并发信息告诉他妈妈，希望孩子回家后，家长不要再跟孩子吵。那种互相伤害的话实在是没有任何意义。此后，他妈三天两头发信息问我孩子有没有来上学，我就知道他是在网吧里过的夜。我问他在网吧里过夜是什么感受，他说就那样，困极了就在桌子上趴一会儿。他基本上拒绝交流。我就告诫他：无论怎样还是要每天到学校来，因为我们中考前有很多事要做，如果你漏了，会有很多麻烦，会影响你毕业。这样他每天都来，但来了就睡觉。

　　王老师建议让我找个女同学跟他接触，这基本上是没有可行性的。他不跟任何女同学交流。

　　还有就是体育加试的事。小飞从来都不跑步，我们进行过一次模拟测试，他慢悠悠走了半圈，结果是零分。我建议父亲带他练练长跑，但是他拒绝跑步。学校组织的训练，他只参加过一次，第二次就告诉我说只要跑步就会胸口疼，然后就一直站在旁边,整整40分钟,看着其他同学练。他妈妈现在就开始给他办假病历,因为因病不参加考试,可以得到总分的70%。这至少说明家长的教养态度,一直都是给孩子提供各种不需要付出努力的条件,才会导致这个孩子现在的这种状态:一切听天由命,反正我就是不想努力。

大家提供的解决办法,我都在尝试,但均以失败告终。仿佛家长并不觉得这是多么严重的事情,只是在等孩子长大,也许长大了,度过了青春期,就能够自己从网络中醒来。实际上也有这样的人,我也希望小飞能够有一天突然觉得网络不再有吸引力,就像周处那样幡然悔悟,人生从此开启另一扇大门!

个案诊疗,让我明白,对于一个学生的了解,不能只看表面,要从他所来的地方,他所成长的环境,他所面对的日常生活入手;同时,我也感觉到自己的无力,对青春期少年的内心苦闷了解很少,无法帮助他们;对家长们没有说服力,不能改变他们的理念和态度,也就不能介入孩子的成长。

但个案诊疗,也让我明白自己作为老师,不能够仅仅满足于学科教学,而要研究青少年的内心世界。争取做学生的人生导师,就要先完善自我。同时,我觉得,对家长的教育是更为严峻的任务。我读的书太少,以后的路还很长。

现在,我对每个问题孩子,都怀有一种悲悯,真是说不出的难过。就像遭遇病虫害的幼苗,我不知道该给他们施肥还是浇水,也不知道该用什么办法帮助他们。今天我给教室里的两盆绿植松土、施肥,很快就有几个孩子主动上来帮忙,有的帮我提水,有的帮我端盆,都是成绩不那么优秀的孩子,甚至是经常被我找来谈心的孩子。我又想,只要孩子有基本的羞耻心和荣誉感,身体健康,就能够立足于社会,就能够在未来创造美好。那

> 么我们所应致力的方向，就是培养孩子基本的荣誉感和羞耻心。就是小飞这样的孩子，他没有伤害到任何人，只会糟蹋自己。如果学校有足够丰富的课程，说不定他能够成为电脑方面的高手呢！（**修慧**）

修慧老师的反馈，一种科学态度，非常好。可是想到小飞没有变化，心情沉重。我们是不是误诊了？没有抓住问题的关键？还是治疗措施不得力？请各位老师都思考一下，谈谈看法。我也再想想。

各位老师，一定要像修慧老师这样如实反馈。

我对小飞问题的看法：（1）他的问题已经相当严重，不是一朝一夕就可以改变的，所以他没有变化也在意料之内。（2）他也有短时间的变化，但是改变真的很难，这个过程中肯定会有反复。关键是出现反复时家长和老师的应对，要积极继续想办法，而不要绝望。可是小飞的父母显然已失去了对儿子的耐心，亲子沟通问题没有解决。（3）小飞的惰性思想严重，即使他没有网瘾，做事也难以成功。面对现实，作为老师，我觉得能让他顺利初中毕业就行。不如把时间和精力用到其他同学身上。（**听风掠过**）

又把修慧老师的反馈看了一遍。我觉得教育小飞有三种思路：一种是断网，一种是利用网络，一种是着重线下教育。我记得我们没有一个学员是主张用断网的方式来教育的，因为小飞网瘾较深，断网极易引起逆反，弄不好会出事。家长却恰恰采用了这个下策，结果小飞出走去网吧了，这有危险。第二种思路，利用网络，向小飞求教网络游戏，看来这方法有点效果，然而小飞对爸爸有防范意识，这位爸爸又缺乏耐心，结果失败了。我觉得这个思路过些日子还可以试一试，只不过要换人，别用他的父母，而想办法让同学和他讨论网上游戏。第三种思路（线下教育）也有希望。我的经验，线上的网瘾多半要用线下的真实成绩来抗衡。请修慧老师再仔细观察一下，他在生活中还有没有能来点"获得感"的事情，哪怕是很小的事情，一点一点撬动，也许能有进展。总之千万别再来硬的了，当心地雷爆炸。他上网要适当容忍，也要等待。他准备参加中考吗？中考对他可能是一次很好的教育。咱们不灰心，也不放弃。我希望修慧老师一直跟踪这个学生，看他后来究竟怎么样了，这对于个案诊疗很有意义。

让同学和小飞讨论网络游戏，会不会把同学带进去？有危险。（**听过掠过**）

通过读修慧老师的诊疗反馈，我为深陷网瘾的小飞甚为痛心。有因必有果，作为第一监护人的家长应承担主要责任。我们提供的方法和建议，家长并没有认真去落实，爸爸放不下架子，没有足够的耐心，做不到真正地陪伴，借助专业的心理医生配合治疗，家长们也是种种推诿。妈妈也在为孩子铺路，弄个假病历，孩子不用参加体育中考，也可以得不少的分。我在想，没有家长真正的投入，只凭老师之力，希望也是很渺茫的。

我身边有一个真实的案例：我有一同事，是资深股迷，十多年整天整夜趴在电脑上不能自拔，谁说也听不进去，结果他的儿子也染上了网瘾，也是中考前几个月，逃课上网吧，不学习。老师也是天天打电话追，爷俩为此天天在家打架，我同事的脸上整天是伤痕累累，大家都说这个结果是我同事咎由自取。后来我同事痛下决心，卖掉股票，戒掉网瘾。儿子好像也有了改变，最后努力了几个月考上了我市的一所重点高中。我同事也开始了陪读。以前这个同事迷恋股市的时候，整天蓬头垢面的，精神颓废，不与人交流，好像活在自己的世界里。自从他戒掉网瘾后，好像重获新生一般，干净利索好多，对待同事也温和有礼，还发挥出自己在航模方面的专长，成了学校这方面的骨干教师。我有时候在想，小飞没有改变，是不是我们没有找到适合他的突破点呢？（**静候佳音**）

案例 3 **小南**（初三）

Part1 原始案例

小南，男孩，初三。在重点班里，名次靠后，学习上有些失去信心，交朋友上也不自信了，又交了一个比自己成绩还差的朋友，不跟原先的朋友（成绩较好，名次靠前）来往了，心里认为成绩好的同学高人一等。上课时不时和前桌说话，被老师批评。而家长还期望孩子考上较好的高中呢。据妈妈说孩子其实非常敏感，很在意别人的评价，有时因为成绩的原因显得自卑。

家庭背景：妈妈是我们一个学校的初中语文老师，非常爱钻研业务，爱读书，爱学习。爸爸是火车司机，隔三差五回来。孩子是妈妈带得多，爸爸时常不在家。妈妈工作也比较忙，小学的时候没怎么关注孩子的学习习惯。据妈妈说，三年级时还曾经被小学老师"请"到学校，要求管好孩子的学习习惯，并被警告三年级的问题，会在五六年级被放大几倍。妈妈这时才意识到问题的严重性。孩子学习成绩一般，注意力不集中，书写习惯、听课习惯都不太好。

我的做法：从初一开始，经常和妈妈沟通，反馈孩子各科学习的情况，要求他们抓紧孩子的学习，及时跟进辅导。孩子的成绩有时也提升，有时又回落，不算稳定。据妈妈说孩子学东西稍慢些，特别不喜欢背诵的科目，尤其是英语。挺喜欢物理，成绩也好些。这个孩子的成绩在普通班就是中间的名次，不好不坏。但妈妈很急切地期望孩子努力，继续提高。

这次英语考试过后，学习态度又显得不端正了。他只考了49分。课堂上说话，偶尔作业不完成，没有那种积极上进的劲头。但妈妈说孩子这次受打击很大，认为自己已经很努力地在学，成绩还是这么不理想，就有点自我放弃的念头了。

在家经常说消极的话,什么"我(作文)要考零分啦""我上个技校算了""我不想上学了"。妈妈看到孩子这种心态也很着急,急忙找孩子的各科老师寻求办法。各科老师也无非是盯紧孩子的学习及其疏漏处,把每科的学习做扎实。说实话,我也想不出啥别的办法呀。

小南的早期记忆:

(1)我记得小时候妈妈和奶奶吵过架,很激烈。当时我还小,只会哭,但这件事足以唤醒我的记忆。

(2)我记得上幼儿园时,冬天下着大雪,由于雪太大,无法骑自行车,爸爸就用外婆家的三轮车把我接回家中。

(3)幼儿园时曾经开过一次运动会,大家玩得很开心,有个"袋鼠跳"的活动,搞得我很尴尬。

(4)幼儿园吃饭时,我把不喜欢吃的肥肉给了别的小朋友,我挨罚站到一边,看着小朋友吃饭。

(5)幼儿园还有很好吃的鳕鱼块,非常好吃,好像后来再没有吃到过。

(6)记得外公骑自行车带我去过一个铁道边,我坐在车前边,很高兴。

(7)小时候,我咬碎了体温计,妈妈很害怕,我不知道怎么回事。

小南的词语联想:

天空:小鸟、鸟蛋、铁锅、碟子、杂技、小丑、麦当劳、汉堡、德国、二战、小日本、抗日电视剧、生气、跳楼、天堂、上帝、天使、画作、跳舞、扭脚、医务室、酒精、化学爆炸、化学家、科学家、苹果、乔布斯。

人:上帝、圣经、文艺复兴、古罗马、古埃及、金字塔、法老王、金子、豪车、修车店、楼房、房价、蜗居、蜗牛、乌龟、龟壳、搬家、支配、新疆、羊肉串、炭、雾霾、癌症、艾滋病、毒品、鸦片、鸦片战争、清朝、满族、东北人、打架。

可是:造句、语文、课目、学校、社会、抽烟、打架、犯罪、警察、柯南、动画、电影、爱迪生、科学家、太空、火星、外星人、绑架、死人、地狱、叉子。

跑：体育、肺、医生、针、屁股、屁、爆炸、天津市、京津冀、首都、华盛顿、美国、奥巴马、美国人、英语、老师、成绩、高中、悲剧、车祸。

宁静：活跃、QQ、马化腾、腾讯游戏、害眼、手机、国产、三星、爆炸、原子弹、日本、关东煮、香、抽、臭豆腐、辣椒（写的拼音）、老干妈、炒米饭、南方、四川、苗族。

各科老师对小南的学习态度和智力类型的看法：

化学老师：小南上课时手里总要拿个东西，爱走神。学习上不刻苦，记东西不牢，容易遗忘，我认为他缺少学习方法，学习内动力不足，缺少那种我要学好、我要记熟的精神。他倒是听老师的话，但对自己要求不高，老师让学就学，让改作业中的错经常遗忘。智力情况属于正常往上，但不属于特别灵巧的。

物理老师：初三了，学习态度上，没有那种我一定要学会的劲头，缺少主动性，马马虎虎的。智力方面反应不属于特别快的，稍显慢。

数学老师：勤奋不足，上课爱说笑话，注意力不是很集中，学数学较慢。数学基础也不是很牢固。据他妈妈说，小学学计算时，孩子很发愁，算得慢。

语文老师（即我本人）：书写潦草，注意力不是那么很集中，其他的我觉得还行。虽然他的妈妈也教语文，但他语文成绩不算靠前，马马虎虎的，态度一般。因为我和他的妈妈比较熟，他妈妈知道我写了孩子的案例，很高兴，挺主动地提供了很多资料，并且热切希望得到帮助和指导。

小南妈妈的补充：

我也发现了孩子上课不专注的问题，我有时给他补补语文，他手里总爱拿个东西，要不就啃手指甲或者手指背，他一只手中指指关节的皮肤都变了颜色，发红，我很焦心。孩子写作业很拖沓，每天晚上到 11 点。说到这里，其实我也有拖延的毛病，经常深深地自责。孩子的很多问题，都让我反省自身，比如小学时的放羊式管理，导致没有让孩子养成好的学习习惯，原先不善于管理自己的情绪，让孩子的心理受到某些不良影响。上了初中以来没有让孩子有好成绩的自信。对此，我深深地自责和愧疚。

小南解释全家福：中间是我，总是被训；妈妈无语；爸爸爱训人。

小南解释五项图：

中间是一个像章鱼哥的房子，画的是桃花源。另外一个人在拿着电锯锯果树。路右边是路灯和邮箱。书上写着桃花源。我背着书包来到了桃花源。还有个小洞口。（雪泥鸿爪）

Part2 问诊

我想问一下孩子爸爸的文化水平，还有孩子爸爸小时候上学的情况。

孩子爸爸是中专毕业，高中后考的那种。（雪泥鸿爪）

五项图上为什么画一个人在锯果树？

小南说，那个砍果树的是"光头强"，别的就没再说啥了。

孩子爸爸家是特别节俭的一家人。爸爸小时候学习成绩也平常，为了能有工作才上的中专。

我和小南妈熟识，她非常热切想改变孩子的学习。

孩子爸爸是个爱磨叨的人，家务做得多，但也是喜欢指出别人不足的人。（雪泥鸿爪）

我想知道，小南同学是不是那种抗挫折能力比较差，一遇到困难就退缩的孩子？看到五项图上的"桃花源"，感觉他有一种避世的人生态度。（静候佳音）

你说的对。他妈妈是我同事，她说自己平常批评得多，鼓励得少。

学习上也是，数学卷子就特别不愿做最后的大题，认为自己不会做，也不想去挑战。（雪泥鸿爪）

小南的爷爷奶奶和他一起住吗？小南三岁前跟着谁？他自己的理想是什么？（**听风掠过**）

三四岁之前，爷爷奶奶爸爸妈妈小南住一块，不算和睦。孩子是共同带大的。小南说自己的理想是自由自在。（**雪泥鸿爪**）

请问小南的妈妈是个爱读书学习的人吗？有没有引导过小南的阅读？（**修慧**）

她教初中语文，引领过孩子的阅读。他家书不少，小南爱看科普类的书，但学习成绩并不出类拔萃。（**雪泥鸿爪**）

小南跟外公的关系怎么样？外公平常对待小南是什么态度？其他家人呢？尤其是家人跟小南说话时的用词、语气。（**尘一粒**）

大概是三四岁后，奶奶爷爷回农村老家了，外公在市里住，有时接送上幼儿园的小南。外公挺慈祥，小南第一次看到铁道的新奇记忆，就是外公带给他的。老一辈总是很疼爱孩子，爸爸妈妈对孩子要求得多，鼓励得少，疼爱并不溺爱。（**雪泥鸿爪**）

关于五项图，我有几个问题：（1）他是打算去桃花源吗？（2）为什么需要邮箱和路灯？（3）五项图的"另一个人"是光头强吗？（4）去桃花源，为什么要背书包？

（1）他是在桃花源里边了。（2）他没有解释，他说是受见过的一个板报的影响，就画了。（3）是光头强。（4）他在桃花源里旅游，是个背包客。（**雪泥鸿爪**）

孩子的重点班是怎么进去的？靠自己的成绩？（**无情箭**）

教工子弟是可选的。（**雪泥鸿爪**）

早期记忆能不能稍微叙述详细一点？简单的概括语句很难读懂孩子的心理。

是不是可以理解为他没有进入重点班的实力，而是靠妈妈进入的？

从孩子的早期记忆中可以读出他们家婆媳关系不好，是不是爸爸一直在岳父家，和爷爷奶奶有没有继续交往？

词语联想是限定时间完成的？有没有抄课本上的词语？

从全家福中看出，孩子是不是和爸爸关系还可以，不害怕妈妈？

五项图中，还有个小洞口，为什么画小洞口？（**无情箭**）

回无情箭老师：(1)早期记忆我尽量再写详细些。(2)确实是因为妈妈的原因。重点班50多人，他考三四十名吧。(3)爷爷奶奶回农村以后，小南一家自己住，外公家离得不远，有时帮着接送孩子。(4)词语联想没有限定时间，没有抄课本。(5)小南解释说全家福中爸爸是爱训人，所以是张着嘴的，妈妈比爸爸好些，小南认为自己是挨训的，所以是难过的表情。(6)画小洞口表示，小南是从那进来的。（**雪泥鸿爪**）

详细一点的孩子早期记忆：

（1）我记得小时候妈妈和奶奶吵过架，很激烈。当时我还小，只会哭，但这件事足以唤醒我的记忆。我很伤心。

（2）我记得上幼儿园时，冬天下着大雪，我很激动，由于雪太大，无法骑自行车，爸爸就用外婆家的三轮车把我接回家中，一路上景色很美丽，爸爸的头上就像"雪饼"一样。

（3）幼儿园时曾经开过一次运动会，大家玩得很开心，有个"袋鼠跳"的活动，搞得我很尴尬，因为我不喜欢集体活动。

（4）幼儿园吃饭时，我把不喜欢吃的肥肉给了别的小朋友，我挨罚站到一边，看着小朋友吃饭。我很讨厌那个老师。

（5）幼儿园还有很好吃的鳕鱼块，非常好吃，好像后来再没有吃到过。

（6）记得外公骑自行车带我去过一个铁道边，我坐在车前边，很高兴。

（7）小时候，我咬碎了体温计，妈妈很害怕，我不知道怎么回事，看到妈妈惊慌失措，我也吓了一跳。（**雪泥鸿爪**）

    网师又有老师报名参加个案诊疗班，发来一些诊疗报告。报告内容显然比以前更细致规范，分析也有进步。不过有一个毛病还是很明显，即归因一般化、外因化。比如某学生的问题是由于单亲家庭，父爱或母爱缺失，或者祖辈人溺爱，或者从小没养成好习惯，或者青春期逆反，等等。总之都是大家耳熟能详的说辞，而且都是外部影响造成的。这类归因也可能并不错，但是不能解释这样的情况：同是单亲家庭，为什么别人不都这样？都在青春期，为什么很多学生不逆反，或者逆反的对象不同？这么一想，你就只好承认，问题不光在家庭影响，还应该有他自己的内部原因（人格特点）。当然，这里内因和外因的相互作用是极其复杂的，我们肯定无法完全搞清它们相互作用的机制，但只要深入地进行具体问题具体分析，搞清"这一个"学生的心理状况和行为特点还是可能的，这正是个案诊疗的要求。粗枝大叶地看看情况就给学生贴一个标签，那是很容易的，但这种一般化的归因必然导致一般化的应对，失败的概率就很高了，尤其是问题比较严重的学生，结果就是继续以管理代替因材施教的教育。可见，多年来我们学校里普遍存在的以管理代替教育的现象，并不能完全怪体制和校长，实际上多数老师都是这样工作的，换个校长他也还是这样，具体问题具体分析，他不会。

    在个案诊疗培训班里，讨论案例的时候，一定会遇到此种顽症。指导教师能在多大程度上帮助学员克服这种思维习惯，决定着培训的质量。

Part3　诊疗报告

修慧的诊疗报告

1. 小南的主要问题及产生原因

上课不能专心听讲，考试成绩不理想，自卑。

从材料中，我看到一个资质一般的孩子，一个要强的、焦虑的妈妈和一个脾气暴躁的爸爸。小南从小就是一个学得很慢的孩子，学习能力不是很强，而妈妈却是一个很要强的人，虽然引导了小南的阅读，但并没有能够使小南的学习能力得到提升，就是说孩子的表现不是很优秀，甚至在重点班里只能排名靠后。但是妈妈不愿接受这样的现实，依然希望小南能够在重点班里考出优异的成绩，考上好的高中。在这样超出小南能力的高期待下，小南的心理压力很大，其实很自卑。而小南表现出的上课说话，与成绩差的孩子交往，不再与成绩好的孩子交往，都是一个人追求优越的正常表现。

但是，小南的家庭并不是一个很温馨的家庭，爸爸经常不在家，回家就会训斥他，早期记忆中还有妈妈和奶奶吵架的经历，这个经历给小南留下的是"很伤心"的心理创伤。似乎妈妈也不是一个能够很好控制自己情绪的人，如温度计事件中妈妈的惊慌失措，这正是小南敏感的原因。从其他的早期记忆，可以看出小南的需要层次依然停留在生理需求和安全需求方面，有两个早期记忆与吃有关。而在幼儿园被老师罚站的经历，是否也造成了小南对学校的不美好记忆呢？在雪地里，很美的景色，小南说爸爸头上像是"雪饼"，还是与吃有关。"袋鼠跳"活动中的尴尬，是否说明小南的运动能力不是很强？小南向往着桃花源的生活，他对现实已经表现出很强的厌恶了。这的确应该引起妈妈的警觉了。但是妈妈依然没有改变，还在用考试成绩的尺子衡量小南。与各科老师加强联系，目的只有一个，就是提高孩子的考试成绩。

2. 治疗方向和重点：如何让小南找回自信？

我看到词语联想中，小南跳跃性很大，涉及宗教、历史、现实、动物、环境、疾病，领域很广，但似乎缺少逻辑性。这个孩子对理科的兴趣大，理科成绩似乎也较好一些。但是我知道，在普通的学校，这样的兴趣不可能成为孩子找回自信的突破口，学校不会给他提供专门的渠道去钻研自己的爱好，妈妈也不会想办法发展孩子的爱好。这是由学校教育应试为主的目标决定的，也是妈妈的焦虑决定的。要想让小南自信起来，妈妈首先要接纳小南的现状，不要再把成绩挂在心上，而要多表扬小南的长处。另一方面，在小南的阅读方面，要学会深入阅读，妈妈要善于通过书中人物激发小南的精神需求，从而提高其需要层次，把自我实现的需求呈现在人生目标中。只有这样才能使小南产生学习的内驱力，不再把学习当作压力。爸爸更应该避免训斥。青春期少年，最需要爸爸的引领，如果爸爸不能给他树立正确的人生榜样，小南对未来会更加迷茫。

看了修慧老师的报告，我很受启发，也深以为然，但有的地方我不太同意，是不是我表述得不清楚？

爸爸脾气就是爱唠叨，妈妈和奶奶因为孩子小住在一块时，相处不愉快，但都是年轻时的事了。小南妈说自己是和丈夫一起成长的。两人感情也挺好。大部分时间还是温馨和谐的。小南妈给我的感觉是这样的。（**雪泥鸿爪**）

雪泥鸿爪老师，我想知道小南妈妈的个性是不是特要强的那种？工作上一定很出色吧？所以她对自己孩子的期望值就特别高。（**静候佳音**）

属于闷头实干的那种，很热爱自己的工作，渴望出色的那种人。（**雪泥鸿爪**）

小南妈妈渴望自己优秀的同时会不会也把过高的期望值放在了孩子的身上，日常生活中会不会经常拿其他优秀的孩子和小南作比较，久而久之导致小南对自己越来越没有自信呢？

我一直觉得，孩子和谁生活在一起的时间越长，性格方面就会受其影响越大，这只是我的个人观点，也不一定对。（**静候佳音**）

这是有可能的。拿他人作比较的情况是有的，小南妈已注意到了自己这种情况，有在反思和改变。

我同意你说的，小南妈也很苦恼自己影响孩子太多。她爱读心理学和教育方面的书籍。（**雪泥鸿爪**）

其实，我觉得适合自己的就是最好的，如果小南当初不是上的重点班，没有那么多优秀的孩子比着，他的自信心就不会一点一点地消失，俗语说的"能当鸡头，不做凤尾"，也是有道理的。再加上自己的妈妈是老师，心里本身就有压力——万一成绩不好会不会让妈妈没面子之类的小心思，老师们又对他格外关注，可能让他有一种喘不过气来的感觉，久而久之就无法承受了！其实他应该是个不错的孩子。（**静候佳音**）

是，他小学成绩也平常，小南妈一直怪自己小学没管孩子。（**雪泥鸿爪**）

雪泥鸿爪老师，我想知道小南体型如何，胖还是瘦呢？（**静候佳音**）

属于稍胖偏壮型。（**雪泥鸿爪**）

静候佳音的诊疗报告

1. 小南的主要问题及产生原因

（1）小南的学习动力不足，外力强加给他的压力太多。他可能很想把自己的成绩提上去，但是往往事与愿违。一是底子薄，能力达不到。通过小南的妈妈和学科老师反映的情况来看，小南的注意力不够集中，做事比较慢，反应也比较慢，这与小时候家长没怎么关注孩子学习习惯有关，当然也不排斥先天因素。二是做事缺乏恒心，意志力薄弱，有点急功近利，以为只要自己一努力就会学好，一旦成绩不理想，就会自暴自弃。我发现，关于小南的一些心理问题的信息都来自小南的妈妈，如："妈妈说孩子其实非常敏感，很在意别人的评价，有时因为成绩的原因显得很自卑。""妈妈很急切地期望孩子努力，继续提高成绩。""妈妈说孩子这次受打击很大，认为自己已经很努力地在学，成绩还是这么不理想，就有点自我放弃的念头了。"我觉得小南的学习压力应该是来自妈妈方面比较多。妈妈是教师，性格比较要强，再加上周围诸多比较优秀的孩子的比较，肯定对自己的孩子要求就过高。孩子自身作为教师子女，何况还在妈妈的学校就读，大家的关注度也高，无形中形成一种压力。双重压力让孩子喘不过气了。（也通过咨询雪泥鸿爪老师得到了证实。）妈妈爱读心理学和教育方面的书籍，可能也在尝试着用一些科学的方法来激发孩子的学习热情，但收效甚微。

（2）小南的性格悲观、消极。如妈妈在给他补习语文的时候，他手里总爱拿个东西，要不就啃手指甲。爱啃手指甲反映了他紧张、抑郁、沮丧或自卑等不良情绪，再加上早期回忆中妈妈和奶奶吵架时他的哭闹、幼儿园时被老师罚站、咬碎体温计妈妈很害怕等情形，可能小南是一个缺乏安全感的孩子。（但是我也不能确定，只是猜测。）全家福中的他嘴角向下，说明他一直处于悲观状态，后来的五项图中的"桃花源"也证实了他现在存在一种逃避的态度，他背着书包走向"桃花源",是不是想找一所"桃花源"般的学校呢?那里没有繁重的学习压力,没有家长和老师的指责与逼迫。他的消极还表现在经常在家说一些消极的话,如"我(作文)要考零分啦""我上个技校算了""我不想上学了"之类的。他从小应该很喜欢看动画片,特别喜欢《海绵宝宝》和《熊出没》,(五项图中出现了章鱼哥的房子和光头强砍树,推测出来的),这两部动画片的笑点比较多,他可能小时候比较贪玩,或者从小父母的陪伴比较少,他喜欢通过动画片来打发时间。通过词语联想,发现他的知识面还是可以的,涉猎比较广,家中应该有不少课外书,比较偏重于历史、战争、医学方面的书籍。在这一点上我与修慧老师的看法比较接近。我还发现他是个比较好吃的孩子,早期回忆中出现了与吃相关的两处记忆,词语联想中关于食物的也有好几处,如麦当劳、汉堡、羊肉串、关东煮……(其中关东煮,我没弄明白,上网查了一下才知道是一种日本料理的小吃),我初步断定他是个胃口比较好的孩子,口味比较重,喜欢吃洋快餐或特色小吃,应该是体型偏胖的那种孩子。

(3)家庭因素的影响。爸爸是火车司机,隔三差五地回来,妈妈陪伴得多。孩子往往是谁陪伴得多,性格方面受谁的影响就大些。小南妈妈的反思是:自己也有拖延的毛病,有时候焦虑,无形中这些不良情绪会传染给孩子,再加上小学时的放羊式管理,导致孩子没有养成好的学习习惯。孩子的爸爸可能对孩子的陪伴太少,再加上耐心不足,对待孩子的方式属于粗暴型,动不动爱训人,所以父子间的隔阂应该比较大,缺乏一种亲子间的交流。早期回忆中小南的外公骑自行车带他到铁道边玩耍的那幅画面特别温馨,小南应该和外公的感情不错。

2. 诊疗方向

(1)试着让小南获取自信。首先,我觉得小南的妈妈应该学会放下,不要给孩子那么大的学习压力。也不要认为,孩子成绩不好,会让自己没面子,毕竟孩子的心理健康才是第一位的。学习好并不是孩子的唯一出路,孩子虽然勉强进入了重点班，但是班里那些好的学习风气并没有帮到小南，还让小南变得更极端，结交成绩比自己差的朋友，瞧不起成绩好的学生，上课扰乱课堂纪律等。退一步说，就算小南勉强考上了比较好的高中，以他现在的状态，会好吗？我建议小南的妈妈可以和孩子沟通，获取他的同意，转到普通班里去，处于中等水平的他，或许能慢慢找回自信。其次从小南的兴趣爱好出发。小南的动手能力比较强，爱自己琢磨，能不能通过参加相关的一些比赛，比如科技创新、航模比赛之类的活动，让他获得一些小小的成就感？

（2）我同意修慧老师的看法，从改善家庭关系入手，爸爸不要再用这种简单粗暴的方式对待孩子，多陪伴孩子，与孩子交心，以过来人的身份，多给孩子讲述一些励志的故事，试着打开孩子的眼界，不要整天纠结于学习，让孩子有新的人生目标与追求。

我再补充点资料，刚刚记录下来的。小南不怎么积极参加班里的集体活动，抛头露脸的事情不爱干，上周让他做百天领誓员，他不愿意干。妈妈说他学了吉他，让他在众人面前表演，他也不干，只在家自娱自乐。

小南上周的化学单元考试 88 分，按说成绩尚可。妈妈表示不错，继续努力。小南问爸爸：你以前化学考多少？爸爸很生气，说自己哪里记得那么久远的事。爸爸大概是认为孩子故意询问很久前的事，妈妈却能听出孩子实际上是暗暗询问爸爸对他这次成绩的态度，他希望爸爸给予鼓励。（**雪泥鸿爪**）

雪泥鸿爪的诊疗报告

小南的主要问题是不自信，做事态度消极。具体表现如下：

（1）交友上的不自信。比如交往那些学习成绩和自己差不多的学生。我推测父母会拿孩子和别的孩子比较，造成孩子以学习成绩衡量自己的一切。孩子认为如果学习不好，成绩好的孩子会看低自己，或者成绩好的孩子让自己感觉到有压力。

对策：扭转孩子在交友上的认知，明白友情的本质是什么。当然家长也不要和别的孩子比，找到自己孩子的优点，多鼓励，多建议，多给孩子积极正面的引导。

（2）在家长和老师面前的不自信。不积极参加班里的集体活动，抛头露脸的事情不爱干，上周让他做百天领誓员，他不愿意干，妈妈说他学了吉他，让他在众人面前表演，他也不干，只在家自娱自乐。

对策：我觉得这一点老师是可以起到作用的，比如，给他上台展示自我的机会，帮助他充分地准备，帮助他体验成功的感觉。

（3）学习上的不自信。学习让小南苦恼得很，学习上受到挫折打击时，他经常说出一些消极的话。这说明他是很在意自己的学习成绩，家长也很在意，他感到学习是他不能承受之重。可是从他上课情况来看，他又容易走神，和别人说话，不认真听讲。从这个矛盾处来看，他的学习习惯养成得不太好，虽然愿望良好，但要实际操作起来却需要很强的意志力。

对策：鼓励他学习上的点滴进步，展示他的优势和特长，比如物理方面、小制作方面，让他体验成就感。

孩子目前的状态实际上是父母和环境交互塑造的结果。环境不可改变，但可以改变对环境的认识。

他的父母营造的家庭环境是很重要的。从小南的各方面都可以看到，小南一定是被要求和批评得多，全家福也说明了这点，父母不善于鼓励孩子、增强孩子的自信，只是一味地提要求，达不到时挫败感就容易影响孩子的自信心，从而心生逃避感。五项图就是例证。但是想要扭转父母的做法，是挺缓慢的一个过程。但小南妈妈非常愿意配合，自己也在摸索、成长、进步。

看了修慧和静候佳音两位老师的分析，觉得两位老师分析得很到位。尤其修慧老师在阅读方面的建议启发了我，要用阅读引领学生，促进孩子精神的成长。

大概是因为和这个孩子距离近的原因反而分析得不透彻，不知是怎么搞的。

无情箭的诊疗报告

1. 主要问题及原因

（1）缺乏妈妈的关怀、爸爸的陪伴。妈妈是一个很敬业的老师，爱学习的老师，可是自己的孩子的问题那么多，自己却没有及早发现。可以推测孩子与妈妈之间缺乏亲密的关系，从骨子里有一种被遗弃的感觉。孩子一直没有得到应该得到的母爱，这也是他在生活中不自信的原因。缺少爸爸的陪伴，这可以从爸爸的职业推测出。一个男孩子，缺少爸爸的陪伴注定了他性格中的软弱和缺乏阳刚之气。孩子从小需要模仿的温柔与阳刚都缺失。在孩子的早期记忆中，能够读到孩子的不安全感。

（2）自我认识不够，缺乏必要的自我规划。作出这个判断是基于孩子"在家经常说消极的话，什么'我（作文）要考零分啦''我上个技校算了''我不想上学了"。孩子缺乏必要的自我认识和自我规划能力。作为一个初三的孩子，应该形成了一定的世界观、价值观、人生观，也进入了青春的叛逆期，应该有的是叛逆的自主，但在有限的材料里并没有读到，相反读到的是家长的焦虑和孩子的无奈。

（3）家长的期望过高。

2. 对策

（1）妈妈好好地陪伴孩子，了解孩子。爸爸需要和孩子进行一次男人式的交流。父母通过自己的行为让孩子感觉到爱和理解。孩子的行为其实是一种自我的退缩保护，父母要改变爱的方式，让孩子放下包袱去拼一下。

（2）父母和孩子好好地进行一次人生的分析规划。父母和孩子一起分析现在他能够有的选择是什么？每一个选择的后果是什么？每一个选择需要作出什么付出？父母要和孩子尽可能地分析所有的可能，让孩子明晰自己面前的路。究竟选择什么路，就交给孩子吧，父母只是帮着分析一下。

（3）父母听一听孩子的真实想法，不要有过高的要求，所有的目标应该基于孩子的能力，让孩子通过努力能够达到孩子才会有信心。如果孩子没有那个能力，无论怎么努力都完不成，孩子只有退缩和自卑。

3. 我的疑问

（1）据妈妈说孩子学东西稍慢些，特别不喜欢背的科目，尤其是英语。挺喜欢物理，成绩也好些。为什么孩子学东西慢？有没有发生过特别的事情？不喜欢背是什么原因？

（2）他手里总爱拿个东西，要不就啃手指甲或者手指背，他一只手中指指关节的皮肤都变了颜色，发红。这个动作，干什么事情时就会出现？有没有询问过，孩子这样做的心理变化是什么？

回答无情箭老师的疑惑：

（1）小南妈说，孩子学习不专心，容易走神。他认为英语单词难背，背了也老是忘，就不愿意背了。

（2）他啃手指甲或者手指背，一般是写作业时这样，下意识的动作。（**雪泥鸿爪**）

听风掠过的诊疗报告

1. 小南的问题、症状及成因分析

（1）我认为小南的学习问题主要在于他缺乏信念和毅力，有得过且过的思想。

案例中说小南上课有时和前桌说话，而上课说话，要么是对该科的学习不感兴趣，要么是学不会，要么是有重要的事必须说。小南在重点班，与同班同学相比，成绩不好，如果各科课堂都说话，那就是不喜欢学习。

从小南的五项图来看，他把自己想象成在桃花源旅游的背包客，想要摆脱现实生活中的压力，然而又在桃花源入口处画了邮箱和路灯，表明他并非真想独自生活于世外，他还是希望拥有现实的生活享受。这样就出现了矛盾，一方面想要逃避，一方面想要享受。学习中肯定觉得特别痛苦，而很难体验到学习本身的乐趣。这种被逼无奈、不得不学的态度，直接决定了他的成绩不可能出类拔萃。

（2）小南的学习问题还在于他从小没有养成良好的学习习惯。

新教育认为孩子的习惯养成最好的途径是阅读，而从案例中没发现他小时候阅读的经历。阅读的缺失，再加上缺少父母关注，学习习惯不好，导致他在小学时学习问题就已初现端倪。三年级时小南的妈妈就因为孩子的学习问题被"请"到了学校，这说明学习习惯问题已相当严重。但这个问题又没引起父母的足够重视，所以现在到了初中才想要弥补，小南已有了自己的思想模式，对外界的要求未必信服。比如，老师要他背单词，他却认为单词难背，自己背会了也还是忘，因此他不肯下功夫刻苦学习。这个时候再来解决他的学习习惯问题，有些晚了。

（3）小南的问题还有一个原因，就是众人关注过度，给他带来额外的压力。

从小南的词语联想来看，他的思维基本上是线性思维，还有点跳跃思维，他的智力应该一般，用通常的眼光看，他就是一个普通的男生。如果按照普通人的要求来对待小南，他也许能成长得更快乐些。

但因为小南是教师子女，所以很容易使老师由于照顾同事面子，而格外关注他的行为。有些问题如果放在别的同学身上，老师可能根本不会留意，但由于是教师子女，所以老师就留意了，经常"敲打""提醒""鼓励"，无形中增加了他的压力。比如，小南的成绩在普通班都是中等，妈妈却让他上重点班，他怎么能跟得上呢？如果一开始，他就在普通班，也许有些问题还不会如此严重。

尤其是他的妈妈，对他期望过高。小南的妈妈不是根据孩子的现实情况帮他制定学习的目标，而是盲目地根据自己的希望制定目标，小南又达不到，只能引起妈妈的焦虑。妈妈焦虑的后果就是她对孩子更不满，提更高的要求，小南跟着焦虑，越来越没自信，越来越觉得上学没意思，也越来越想逃避这个现实。

2. 针对小南学习问题的诊疗方案

（1）降低期望值。从小南的早期记忆来看，他对人和事物的态度并不是消极悲观的，他很在意别人对他的评价。他需要在别人那里得到肯定和赞赏。而他在学习中几乎没有得到过正面的评价。所以，妈妈不要总在他面前说成绩不好，为他担忧之类的话，这样的话只会打击他的自信心，只会让他觉得学习很苦恼。老师也不要总拿他和重点班其他同学的成绩比较，这样的比较不利于他成绩的提高，只会促使他自我否定，甚至自暴自弃。

（2）让妈妈多带他到大自然中去，让他在自然中放松身心。从他的五项图和词语联想还有小时候下雪天的回忆来看，他对自然比较感兴趣，在自然中他会感到快乐。走进自然，也是缓解压力的好办法。对他来说，即使天天只让他坐在教室里学习，也未必能有提高。而抽时间让他到野外去"疯一疯"，也绝不会影响他的学习。相反，在自然中身心得到了抚慰，反而有利于他的学习。

（3）初三下学期，是中考复习的关键时期，所以老师要多讲学习方法，多总结学习规律，可以选择他比较感兴趣的那一科作为切入点，当他体验到进步和成功的快乐时，他的学习问题才能从根本上得到解决。

我的诊疗报告

1．小南的主要问题及原因

小南是个什么孩子？我的初步印象：这可能是一个内向的、心理和智力类型有点特殊的、慢热型的孩子。

内向是很明显的，他的早期记忆涉及与人交往（注意主要是纵向人际关系），但他关注的重点总是个人的感受。他的现实表现，也是收敛的。老师们把这归结为自卑和退缩，有道理，但我感觉，这种收敛同时也是他自身的心理需要，不全是被迫的。

我为什么说他的智力类型有点特殊呢？因为他并不是什么都学不会，而且他的成绩有高低起伏，说明并非智力低下。比如物理，他就学得不错，而物理是很多人学不好的。他特别不喜欢记忆型的功课，有些孩子确实是这样的。我特别注意到他的动手能力强，这一点很重要，这也是一种智力。他的五项图和词语联想都很奇怪。词语联想几乎没有动词和形容词，而名词则海阔天空，什么都有，似乎缺乏逻辑性。我还搞不清这究竟说明什么，只是觉得有点特殊。五项图画世外桃源，有逃避心理，但也含有寻路的意思，不是完全消极。书本与人相脱离，但也不算远，这是不是象征他对学习的态度？我最不解的是他画了光头强砍树，这个光头强象征他的父母和老师吗？他们在毁坏树木。还有，他虽然把自己画成了寻找自由的背包客，但又画了路灯和邮箱，是不是下意识里希望有人给指个路？总之他的智力类型和心理类型，都琢磨不透。

慢热型，是我的一种猜测。老师们一般会认为慢是因为他习惯不好，或者不求上进，或者懒惰，这都有一定道理，但我觉得也许不全面，还有一种可能，他的个性和思维方式天生就是"慢"的。我见过一些这样的学生，他们总是慢吞吞的，或者只有做某种适合他们个性的事情的时候才比较迅速。

那么，小南的主要问题是什么呢？我认为，不是自卑，不是学习动力不足,不是消极,虽然这些问题都存在,有的还很严重,但并非根本,根本问题是:他对自己太不了解了,从小又没有人在这方面帮过他。无情箭老师诊断说小南"自我认识不够,缺乏必要的自我规划",我赞成这个意见。要知道小南个性和智力类型有点特殊。如果他的个性和智力类型都是常见型的(这种孩子很多),那么即使他们不了解自我,也不会造成太大问题,甭管自愿不自愿,跟着家长、老师的指挥棒走就差不多,因为我们的教育本来就是按照大多数人的情况设计的。然而,对个性和智力类型特殊的孩子,这可就要了命了。他不适应教育,教育也不适应他,他搞不清怎么回事,只会觉得诸事不顺,于是难免自卑、难免泄气、难免退缩、难免自闭。小南声称他的理想是自由自在,很说明问题。他只是觉得现在不自由,却想不到具体的出路,只好笼统地幻想躲到一个像桃花源那样的地方去。很迷茫,很无奈。

下面说说原因。你当然可以说,这个结果首先是家长造成的。家长不想了解孩子,只一味地按应试教育的常规思路要求孩子,这不但不能帮助孩子认识自我,反而妨碍他认识自我,加重了他的迷茫。尤其他的妈妈,一片好心把孩子放到重点班,这种做法是很有害的,正如几位老师所说,如果他一直在普通班,虽然未必能很快找到自我,起码压力要小一点,心理问题就不至于到现在这种程度。不过我们也要体谅家长,这种孩子,要了解他们,需要有一定的诊断能力,我们不能要求家长都有这种能力,对身为教师的家长也不能这样要求。孩子爸爸起的负面作用可能也很大,妈妈给孩子施压用的方式比较隐蔽,爸爸则更露骨一些。我怀疑这位爸爸上学时没能在学习上出多少风头,因而潜意识里想让儿子加以补偿。其实他们都不清楚孩子怎么回事,夫妻联合起来逼孩子走既定之路。犯这种毛病的家长很多,遇到比较特殊的孩子,就会出大麻烦。

2. 对策

如果上面的诊断是合理的,那么对策就很清楚了:想办法帮助孩子认识自我，找到自我。

　　首先要扫除家庭方面的障碍。孩子父母现在的做法，是在阻碍孩子自我认识，所以班主任要劝劝二位家长，立即停止对孩子的自以为是的引导，跟孩子说清楚：你想办法了解自己，也可以向有水平有经验的人咨询，找到自己的未来之路。小南虽然不了解自己，但他毕竟初三了，他大概也隐隐约约想了自己的未来之路。我注意到他对父母说："我上个技校算了。"这恐怕不是简单的泄气话，我怀疑他是在试探父母的反应，说不定他感觉到自己适合上技校。他动手能力比较强，且有兴趣，为什么不可以上技校呢？说不定他在这条路上能走得很好呢！希望班主任劝劝家长，要想通，不要务虚名而招实祸。我要是班主任，取得家长的信任之后，会找小南谈，告诉他：你的问题是不了解自己。现在请你把以前家长和老师的意见全放在一边，仔细研究一下"我到底是个什么样的人，我的强项是什么，我的出路在哪里"，然后按自己的想法去做。可以向他推荐一两本他用得上的心理学方面的书。

　　小南已经初三了，换学校就不必了，除非他自己强烈要求。中考往什么方向，我建议由他自己选定。

　　老师们的诊疗报告和我的这个报告，都可以给小南妈妈看，告诉她，仅供参考。

　　关于小南不了解自己的诊断，我以前从没这样想过，我觉得十几岁的孩子，真正了解自己的并不多，大多都是跟着父母、老师的引导在走。小南不愿意像别人那样顺从老师父母的指引。这是不是太自我的表现？是不是渴望任性而为的生活？

　　我觉得他的词语联想和五项图也表现出一种随意，没有刻意思考，他也许并非没有思考，他想一切都顺其自然。（**听风掠过**）

　　听风掠过老师，您提的这两个问题都很重要，意见也有代表性。

　　初中生，快毕业了，这个年龄，不但应该对自我有个初步的认识，连自己未来适合从事什么工作,都应该有点谱了。不错,我们有许多学生达不到这个水平,高中生也有许多人心中无数,报高考志愿需要家长、教师操刀,这正是我国家庭教育和学校教育最突出的缺陷之一。我们的教育从来都只是让学生关注成人对他们的要求(记住大人的话),而不是让他们认识自我(认识你自己),这种教育的结果就是孩子总是长不大,他们干什么都是"给别人干"的,"奉命"的。学生中大量的心理问题都是这样造成的。你对自我缺乏认识,不等于它不存在,事实上人的自我总是在顽强地刷存在感,自我认识水平高的人,懂得与自我合作,顺势而为,就活得自在;反之,就会不断冲突,造成焦虑。小南就是这样,他并不知道他的问题是自我认识缺乏造成的,只知道不舒服,这就好像一个人只觉得肚子疼并不知道得了什么病一样。这种孩子很多。关于自我认识,建议您读点心理学的书。实际上从幼儿园开始,家长和教师就要努力引导孩子认识自己,这个工作我们做得太不够了。

第二个问题,您说小南的"词语联想和五项图也表现出一种随意,没有刻意思考",如果真是这样,那就太好了。早期记忆也好,词语联想也好,五项图也好,越自然随意,越放松,检测结果越真实,刻意为之倒容易失真。您的意思好像是说随意不好——不,越随意越好。

Part4 疗效反馈

小南妈妈看了诊疗报告后,和我聊了很多,她很认同老师们的意见,她说自己改变了很多,比如接纳自己的孩子是个普通的孩子,在学习上只要努力上进就行。

但是小南爸爸的改变不是很大,比如,有一天,爸爸教育小南说:你妈妈为了你在学校里有多么多么辛苦。小南就很不爱听。因为孩子确实已经非常努力了。

小南在家里还有个毛病,爱上厕所一待就是二三十分钟,还要听着手机音乐。每次说他,他说自己就想听音乐放松一下。可是有一次大人还没说他,他自己说以后不听音乐了,上厕所容易时间长。小南能够反思自己了。中考临近,对于学习上找家教、加课,他也不反感了,也乐于学了。

小南妈妈说给小南买过职业指导的书,他也看。最近又翻了《蝇王》,还看了《简·爱》的电影,并和妈妈进行了探讨。

偶尔小南会和妈妈说说,有哪个老师不公平了,对老师家孩子很照顾,对刚转到班里的学生会歧视。小南妈妈说自己都不知道怎么接这话,只能安慰他,每个人都不是完美的。

小南在班里听课、学习也挺用功的。以前中午不趴桌子上睡觉,现在也能趴桌子上睡着了。下午上课困了,自己主动站着听课。体育训练很累,因为有体育中考,他也很有进步。小南目前给自己的定位是中考 510 分,目前正在努力,刚结束了次文综模拟,84 分,满分 120 分,妈妈比较满意。

小南想学编程,妈妈告诉他中考完就可以学了。心理学书籍看了两本,还是比较喜欢的武志红的《活出你的小宇宙》《你就是答案:活出独一无二的自己》,并且也建议妈妈看看,妈妈还没来得及看呢。

我觉得这次个案诊疗效果不错。(**雪泥鸿爪**)

案例 4　小东（小学五年级）

Part1　原始案例

小东是我四年级的时候接手过来的一个学生（我现在教五年级），一看成绩单就是那种差得要命的孩子。我以前在办公室见过这个孩子，经常被他的老师利用副课叫到办公室补作业，后来不见了。无意中和其以前的老师聊起此事，说他的妈妈和舅妈曾来学校闹过事，嫌老师逼孩子补作业，老师比较生气，最后放弃了这个孩子。一接手，我特别希望和小东的父母好好谈谈，看看小东不爱学习，问题到底出在哪里，还有什么可以补救的方法。可是小东给我提供的号码，要不就打不通，要不就是没有人接听，我让小东捎信让家长来一趟，他回家也不说，最后不了了之。

小东的个子高高的，比较瘦，眼神比较迷离，右眼下方有一道疤痕，小东告诉我，是小时候不小心被电蚊香的底座划破的。我问他流血了吗，他竟然摇摇头。疤痕比较深，不可能不流血，要不就是年龄太小，记不得了，要不就是他的认知有问题，不然怎么会说没流血呢？小东爱好体育，一开运动会就特别活跃，神采飞扬，指挥同学干这干那的，但是几乎没有人听他的。他的体育成绩并不好，每次都是倒数。小东有两个习惯动作，要不背着手，要不把手插在裤兜里。我问过家长他们家里有谁喜欢这个动作，孩子妈妈说，小东的外公喜欢背着手，我觉得小东的外公对他的影响比较大，可能从小和他外公生活在一起。他妈妈后来证实了这件事。

小东在学校里，课堂作业能胡乱写一点，但是回家后，几乎不写。我每次查他作业，他不会很直接地说没完成，而是装模作样地翻书包找作业，左找右找，拿不出来，你不说停，他可能会翻半天，还会和你说，写完了找不到了。一两次还是正常的，如果每次都这样，肯定是撒谎了。我让他意识到学习的重要，他每次都答应得很好，但是左耳听右耳冒，几乎没有什么效果。我找一名学习成绩很优秀、很负责的学生给他当"小老师"，课下监督他学习，可是没过几天，那位同学死活不干了，说他根本不配合，下课了就找地方躲起来了。而且让他背课文，一半天背不会一句话，老是惦记着外边。上课几乎处于游离状态。一共开过两次家长会，一次家长直接没来，第二次来了，是他的妈妈，两个多小时的家长会，玩了两个多小时的手机，几乎没抬头，桌子上摆的孩子的作业本、试卷什么的也不看，她这种状态像极了小东上课的情形。我猜测，小东的学习能力太差，与家庭一定有很大的关系，我想找机会和他妈妈谈谈，可他妈妈不愿交流。班级里建图书角，孩子们都纷纷从家里带书，和同学分享，而小东一本书都没带，我问他怎么不参加班级活动，他摇摇头说，家里没有课外书，妈妈不给买。我为此给家长打电话，好不容易打通了，跟他妈妈说了建图书角的事，他妈妈说不知道有这回事，孩子回家也没说。顺便问起学习的事，他妈妈说，小东在家里也不爱学习，就爱干活，一说学习就愁得慌。小东是独生子，爸爸是电工，妈妈在家里开小卖店。

我让小东画五项图，他画了两节课，画了擦，擦了画的，也没画出什么来，最后也没交。我让他写词语联想，告诉他怎么写，给他出了五个词语，他用了整整两节课，也没写出几个词来（而且在写的时候，还不停地偷偷翻语文课本，在书里找词语）。具体如下：

（1）天空：白云、小鸟、燕子、太阳、月亮、树、小草、花、房子、星星、流星、大地。（写出这些后，后面的就费事了，半天写不出一个词语来。）

（2）人：老师、爸爸、妈妈、外婆、外公、舅舅、舅妈、爷爷、奶奶、大姑、大伯、叔叔、阿姨。

（3）网：铁网、钢网、软网、石网、电网、丝网、网子、渔网。（虽然我一再告诉他，想到哪些词语就写哪些，不要组词，但他只能很艰难地写出这些。）

（4）跑：跑步、健身、跳远、跳高、跳绳、打篮球、踢足球。

（5）平静：安静、悄悄、俏静、静静、静觉、静欲、平地、平声、平流、静声。

通过这些词语，我发觉他的词汇量很少，智力很一般。我让他回忆小时候印象深刻的几件事，他描述能力比较差，每件事就用了一句话，我试着让他写具体点，他摇摇头，说不会了。具体如下：

早期记忆：

（1）在小学的时候，我和小景一起打篮球。

（2）小学，我和同学在打架，然后被老师发现了。

（3）小学，我和我的同学一起抱东西到老师的办公室。

（4）在幼儿园，我和童小超滑楼梯，我不小心滑倒了，同学把我扶起来。

我想请各位老师帮着分析分析，小东是不是学习有障碍的孩子呀？在他身上，我怎样才能找到帮助他的突破点呢？（非常迷茫，好像我在他身上下的功夫都是徒劳的。）

补充材料：

最近，发生了一件事情，让我对小东有了新的认识。有同学侧面和我反映，小东欠邻班同学好几百元钱。我很奇怪，好好的孩子凭什么会欠别人这么多的钱呢？我找到小东，问他有没有这回事，小东一会儿摇头，一会儿点头，嘴里还不知道嘟囔着什么，看样子好像不是被胁迫的，另有原因。结果邻班的孩子告诉我，小东中午刚刚给他 100 元钱。我问为什么要给他钱，邻班孩子告诉我，他给小东糖吃，小东就给他 100 元，这钱是买糖的钱。什么糖这么贵？而且小东的家里开超市，应该不缺糖呀！再进一步调查发现，小东曾给过邻班不少孩子钱，100 元、50 元、10 元不等。别的孩子说，这都是小东自愿拿钱买他们的东西，小东曾用 100 元买了 4 本漫画书，用 10 元买了 1 个破碎的小魔方，还用 50 元买了 15 盒牛奶（是孩子订的饮用奶，2.5 元一盒）。小东的这些举动让我很诧异，他家虽然开着超市，但是也只是一般收入家庭，而且他都是拿着钱买人家不想要的东西，他的这种举动说明了什么？希望能得到大家的分析帮助。我问小东这些钱的来源，小东告诉我，是他妈妈给的。我有点不相信，给他妈妈打电话求证，他妈妈说，没有这回事，根本不可能一下子给他这么多的钱。最后，小东说了实话，直接从他妈妈的钱包里拿的。他妈妈答应亲自来学校一趟（以前是怎么叫，都不肯来的），并且还让孩子的舅舅一起来。通过交流，我发觉他妈妈是一个很没有主见的人，比较依赖孩子的舅舅。都是舅舅在教训小东，妈妈只是偶尔插上几句气话。通过舅舅的话语得知，好像一家人对小东比较宠溺。小东比较怕他舅舅，他舅舅让小东把拿的钱数一一列出了，然后让他加在一起，算算总钱数。小东算了半天，也不知道怎么算，还是他的舅舅在旁边指导着加起来，差不多500元了。对于五年级的学生，连最基本的加法题都不会算，我感觉他智力上应该有问题。

通过这件事，我有点担忧，抛开学习层面不说，随着年龄的增大，他的这种性格会不会轻易地染上不良习惯呢？（**静候佳音**）

Part2 问诊

静候佳音老师，您能不能给小东做一个"心中家园"测试？

还有几个问题：

（1）小东测过智商吗？各科老师对小东的智力评价如何？

（2）家长对小东的期望值是什么？

（3）静候佳音老师，您对这个诊疗的期望值是什么？

关于"心中家园"测试，方法是这样的：和学生说玩一个游戏。让他闭上眼睛，设想一个他最心仪的"心中家园"。那里面可以有山水，有树木，有动植物，有房子家具，有路有车桥，还有他最喜欢的人，家人外人同学老师大人小孩熟人生人都行，什么职业的都行。还有他自己，在那里面干自己最喜欢干的事情。注意，每一样都必须是他确实喜欢的，不喜欢的就可以不想它。可是有一样是必须的，那就是他自己，必须在其中，而且必须是在里面干自己最喜欢的事情。

教师可以让学生闭着眼睛（不愿闭眼也行）想象，一样一样说，按顺序记下来。

如果有可能，最好让学生事后把这个"心中家园"画下来。如果他不愿意画或者不会画，那就只能靠教师记录了。

　　王老师，我找时间和他进行了测试（见下图）。他没有测过智商，他的数学、英语成绩很差，也就二三十分吧，学科老师反映，他上课几乎不听课，游离于课堂之外，作业几乎不写，写了也看不懂。家长也知道他不爱学习，管也不听，很无奈，他舅舅就明说，不指望他学习，只希望他好好做人。可是上次发生的在家偷钱事件，让我担心他将来能不能好好做人。一年半以来，我在他身上下了很大功夫，想慢慢地激发起其学习的热情，能有一点点的进步，可是到头来还是徒劳的。我也不指望他的学习能有什么大的改变，我希望通过这次诊疗，能帮助他找到一点点方向和动力，起码将来能有个一技之长，能在社会上立足。（**静候佳音**）

小东不学习、成绩差的情况是从什么时候开始的？是一年级就如此还是后来才成了这样？他上幼儿园时情况怎样？（**听风掠过**）

幼儿园的情形具体不清楚，小东从一年级开始就不爱学习，可能家里人也没有注重从小培养孩子学习的习惯，天天不写作业。他以前的老师还经常让他上办公室补作业，也是写个字玩半天的那种，后来家长找老师吵架，老师一生气也就不管了。我猜测他的父母应该是那种没有什么文化的人。

小东现在上五年级了，而且是很情愿用钱来做这种不公平的交易的，他对钱的概念很模糊。我找他沟通，他还不情愿说，而是通过别的孩子才调查出来的。他妈妈很感激老师，是因为老师及时发现，帮她家挽回了损失，要不一个学期下来，小东会从家里偷拿多少钱呀！他妈妈没有去反思自己家庭教育的问题、孩子身上的问题。我在想，万一孩子上了中学，他的这种情形再恶化，这才是最令人担心的。（**静候佳音**）

Part3 诊疗报告

修慧的诊疗报告

1. 小东的主要问题及产生原因

小东属于比较严重的"问题生"，存在的问题如下：
（1）学习障碍。
词语联想和早期记忆都说明他几乎没有逻辑思维能力，语言单调，词语贫乏。
体育学习的问题：爱好运动，体育成绩却不好。有可能是身体不协调？很多身体协调性差的孩子学习能力也欠缺。

（2）交流障碍。

喜欢在体育课上指挥别人，却没有人听他的。在学校里被"讹诈"，无法为自己的利益作抗争。

2. 治疗方向和重点

从妈妈的表现可以推断，小东的家庭早期教育存在很严重的问题，所以其学习能力的低下与家庭教育有关。智力是否存在问题？也许刚出生时并不存在太大的智力问题，但作为五年级的学生，智力是偏低的。

有一个整天玩手机的妈妈，家里没有任何书籍，可以为了作业到学校找老师闹，这些都说明妈妈几乎没有教育孩子的能力，不能给孩子树立良好的人生榜样；也不知道阅读对孩子成长的重要性，同时对老师的教育采取不配合的态度。这样的学生要改变，必须家长有改变的意识，并作出改变的努力。而我所遇到的家长，如小飞的父母那样的，都很难作出改变，对小东的妈妈我们能期待什么呢？

如果我是小东的老师，我只能尝试帮助小东学会保护自己，至于作业，他根本不会做，怎么可能完成？也许应该尝试让小东的妈妈感到老师的善意。我曾经也遇到过对孩子的文化课完全失去信心和期望的妈妈，对老师所作的努力，她觉得是在白费力气。这样一来，老师做什么都的确是在白费力气。

小东是在花钱买友谊吗？（**修慧**）

那些孩子好像也没把他当什么朋友。只是觉得从他身上有便宜可图吧。（**静候佳音**）

我说的是小东的感受。为什么案例中有舅舅却没有提到爸爸？（**修慧**）

我听孩子舅舅说，是他把小东一家弄到这边上学的，小东是外地的。小东家和他舅舅家住得比较近。通过上次的偷钱事件，感觉小东一家比较依赖舅舅，她妈妈也是做事没有主见的人。而且平时日跟小东的交流特别困难，问他什么也说不出来。（**静候佳音**）

案例里只提到小东的爸爸是电工，他爸爸平时在不在家，和孩子相处怎样？小东的早期记忆全是和同学伙伴在一起的情景，没有爸爸妈妈，这一点也值得注意。（**听风掠过**）

和小东的言语交流很困难，他一会儿说爸爸干电工，一会儿说不知道。（**静候佳音**）

小东和同学们相处怎样？大家喜欢他吗？他是不是怕老师？（**听风掠过**）

和同学相处一般，曾经找同学帮他辅导学习，他也不配合。我班读书学习氛围比较浓厚，显得他特别格格不入，所以他爱到别的班找那些调皮捣乱的孩子玩。比较爱干活，跑个腿什么的，也不怎么怕老师。他现在给人的感觉是：我就是不学习，你也拿我没办法。

我今天问他放学后都干吗，他说写作业。我让他把作业拿来我看看，他拿了个空白的作业给我。我问他家长管不管他的学习，他摇头说不管。（**静候佳音**）

他也许不是不爱学，而是真学不会。（**听风掠过**）

我对他要求不高，让他每天坚持写会几个词语，背会几句话就行，关键他不干啊！找同学监督着他，他也不配合。他也没有厌学的倾向，好像还很喜欢

上学，就是来混日子的那种。(**静候佳音**)

在其他方面，比如待人接物、规则意识等方面怎样？(**听风掠过**)

就是那种愣头愣脑的孩子，有老师监督着还行，没有监管时很好动。上课自己不学习，还爱影响别人，找人说话。路队时也随便乱队。比较爱干活，教室里的垃圾桶满了，他都爱去倒掉。他家长也说，让他干活愿意干。(**静候佳音**)

静候佳音的诊疗报告

1. 小东的主要问题及产生原因

（1）学习的无力感。说实话，如果小东真的是那种智能障碍的孩子，我可能完全没有必要为他的不爱学习而纠结，只要他每天快快乐乐，能像个正常孩子一样享受上学的权利就好。我觉得他肯努力那么一点点，也能让我看到希望，我不希望他能有多么大的进步，起码能多认识几个字，能够喜欢读读书，有个兴趣爱好，将来学会个一技之长踏上社会也是不错的。我从不对他提过高的要求，只是让他每天认会三五个词语，试着把它们写会，每次听写我都会帮他把不会的词语圈画出来，让他慢慢地写会。可是我说我的，他玩他的，根本不会往心里去。我试着找几个和他水平差不多的孩子和他比赛，看看每次谁听写记得最好，别人都进步了，而他还是那样。每次发下试卷，我试着让他把最基础的字词改改，他也懒得改，试卷很快就藏起来或扔掉了。我找班里最认真负责的孩子，去帮助他，去感化他。(我班的另一个孩子在日记中就曾写道：老师帮小东找了一位这么负责任的小老师，可是他就是不配合，偷懒不学，真可惜呀！) 我觉得他是那种一看到学习就头疼的孩子，能躲就躲，他可能从来都没有感受到学习的乐趣！最后，这个帮扶计划不得不落空。上课的时候，当他发现老师在看他时，就会装模作样在学习，可是你走近一看，就是拿着笔在玩，本子上什么也没留下。我们班有着良好的阅读氛围，图书也很多，我对他说，他的阅读量太少了，不愿意学习，可以多看看书，可是他也不爱看。我让他画"心中家园"，他画了两次才成功，之所以能画苹果树，是因为上次我让他画五项图的缘故，可能有点印象。他之所以划掉旁边那个人，我问过，是因为没画好，彩笔又擦不掉，只好划掉了。

（2）比较混沌、迷茫。小东很爱乱花钱。据同学反映，小东身上经常带钱，喜欢在上学路上的摊点旁逗留，爱买一些乱七八糟的小玩意或零食。上次偷拿钱事件后，没过两天，还带了个听歌的小 MP3。我问他怎么来的，他说花十块钱买的。我问他钱哪来的，他说他自己的。我问他谁给的，他就不说话了。上次从家里偷拿了那么多钱，都是他自己心甘情愿的，不存在校园欺凌或讹诈。我在调查的时候，他还不情愿让我帮他，而是拿钱的学生主动说出来的。我让家长来，他一点也不害怕，看到家长比较淡定，别的拿钱的孩子都吓哭了，他好像在看人家的热闹。所以我觉得他的家长对他的管理一定是比较松散，造成了他乱花钱的恶习。随着年龄的增长，我担心他会不会更严重呢？至于小东爱好体育活动，是因为可以经常参加体育训练，就不用学习了，而且他参加的项目是长跑，别的孩子根本不愿参加。他虽然每次都是最后一名，而且还会比别人落下大半圈，但他能坚持跑下来，应该也是比较有毅力的。

（3）家庭的不重视。妈妈说爸爸忙，听口气，好像她比较依赖孩子的舅舅，他舅舅好像是一个很精明的人，包工程的。我跟他舅舅说起孩子的学习，希望能够得到家长的配合与支持，可是他舅舅就明说，不指望孩子学习好，只要好好做人就行了。可见对孩子的学习是早已不抱希望了。

2. 诊疗方向和重点

（1）通过他画的"心中家园"，觉得这应该是我见过的他画得最好的一幅画了吧！他说他想成为房子设计师，可是从他画的小房子来看，好像应该没有设计房子的天赋吧！几乎没有什么想象力。具体的想请王老师和其他学友一起帮助解答，现在我有一种"当局者迷"的感觉。

（2）我比较同意修慧老师说的，小东的家庭早期教育存在严重问题，他学习能力低下一定与家庭环境有着很大的关系。当无力改变家长的时候，也等于无力来改变这个孩子。

（3）作为老师，深知要对每个孩子负责，尽自己最大的能力来保护他，引导他，不能因为他学习不好，而不待见他，否则的话，没有必要提供他的案例出来。如果不是无意中的一句话引起我的重视，我也不会查出小东偷钱的事件。我觉得小东很快就要进入初中了，到时候环境相比小学来说，肯定会复杂一些，以小东这样的情形，他会何去何从呢？考学肯定是没有希望了，最起码他对自己的未来有个小目标，到时候去上个技校，学个一技之长也是不错的。但是小东目前只是安于现状，不思进取，我需要怎么做，才能帮助到他呢？

听风掠过的诊疗报告

1. 小东的问题、症状及成因分析

（1）我认为小东突出的问题是智力发育迟缓造成学习困难。

这个问题的主要表现有：

① 小东从上一年级开始就学习吃力。从一开始上学就落后，原因可能有以下几种：父母老师对他关注不够，不在意他的学习问题，他自己不爱学习，或者智力有问题，学不会。从案例中看，父母关注肯定是不够的，但不是他学习成绩差的主要原因，因为从低年级开始，老师并没有放弃，能利用副课时间给他补作业，说明老师在想办法让他跟上大家的步伐，但他还是学不好。一年级的孩子一般不会一开始就厌学，他一年级就差，说明很可能是智力差。

② 四年级以前老师利用副课时间给他补作业。小学时期所学的大多都是基础知识，在四年级以前就开始整天补作业，说明他学习问题已经相当严重。

③ 上五年级了，连百位的加减法都算不明白。如果只是不肯写作业，只是完不成学习任务，可能只是态度不够端正，对学习不感兴趣。而如果到五年级了还连最基本的加减法都不会，那就可能是智力低下的问题。

④ 词语联想用的都是基本的词汇，除了对领起词"跑"的联想是表示动作的最简单的词外，其他的大都是基本名词，还要翻着课本才能写出来。隐约可以看到他的内心犹如死水，就是静候佳音老师说的"愣头愣脑"。学习生活、社会生活没有经过他大脑的思考沉淀下来有思想的内容。

小东智力低下的原因，一方面是先天性的智力低下。我觉得更主要的是他幼年时父母教养不当造成的。案例中提到小东喜欢背着手或手插裤兜的动作，这是在模仿他的外公。一般小孩子都存在模仿和学习身边大人的言行举止的情况。小东小时候和外公待在一起的时间多。由外公带大的孩子并不多，这本身就说明这个家庭的特殊性。

小东的妈妈开小卖店，忙于生意也可能是疏于对小东管教的原因，但更主要的恐怕是她没有意识到做妈妈的责任，与其说是他先天智力低下，不如说是智力没有得到后天开发。我想小东能用100元钱去换同学的漫画书，正表现出他对阅读有一种饥渴感，他觉得这些书比100元钱更好，可惜他的父母却错过了用阅读来促进智力发育的机会。

他在学校里还胡乱写一点作业，但回到家里，却几乎不写作业，这恐怕也与妈妈既不要求也不辅导有关，或者他妈妈文化水平低，根本就辅导不了他。

从小东的"心中家园"图和他的早期记忆来看，他比较喜欢和小伙伴在一起，没有一般孩子对家对父母的依恋，这也从另一个侧面说明在小东成长的关键时期，父母是不在场的（案例中没有介绍，但我猜是这样）。

（2）我觉得小东身上还有另一个问题：他对交流的渴望未得到满足，压抑了他的天性。

这个问题主要表现在：

① 他的早期记忆共写了四件事，这四件事都是和小伙伴在一起时发生的，他的"心中家园"图画的也是和自己的小伙伴捉迷藏的情景，可见他对身边

同龄人很在意，很喜欢和伙伴一起玩耍。但在现实中，他爱好运动，喜欢上体育课，在体育课上他总想指挥同学，可大家都不听他的。估计他也没有真正的朋友。

② 案例中还提到一件事，小东从妈妈钱包里拿钱，用来买同学们不想要的东西，如饮用奶、漫画书、糖等。小东妈妈是开小卖店的，家里应该不缺吃的喝的，他却愿意花大价钱和同学交换，我觉得在别人眼中难以理解的事在他心里也许很简单：拿自己的钱换别人的东西，这本身就是一种交流和交往，可以取得与同学接近的机会，会得到同学的欢迎。可是同学们却不这样想，大家心安地拿了他的钱，他们心中没有对小东的亲近感，而是觉得他好笑，他的钱好赚。从这点来看，小东是个可怜的孩子，可怜就可怜在以他的年龄和智力意识不到自己可怜。

③ 老师找同学帮助小东补课，没过一段时间，那个同学死活不干了，认为小东不配合。老师有老师的道理，同学有同学的道理，只是大家都没考虑小东自己的道理，他学不会，他不想学，他宁可干活，宁可给大家服务。他觉得学习不如和同学一起玩游戏。

造成这个问题的原因，我认为是周围人对待小东的态度。

从家庭来说，小东处于一个问题家庭，这个家庭的问题恐怕还很严重。小东学外公，怕舅舅，似乎和他有关系的都是妈妈的娘家人，他的爷爷奶奶和爸爸似乎在他生活中隐身了。在这样的家庭里，小东所得到的要么是教训，要么是漠视，要么是物质上的满足，没人管他心里想什么。所以他的早期记忆与"心中家园"里都没有家人出现。

小东学习不好，体育不好，习惯不好，这样的同学在集体中往往处于弱势。老师出于职业责任感，并没有放弃他，但老师考虑问题的出发点和归结点往往是提高他的成绩，而他希望得到的，恰恰不是对他学习的重视，而是关心他的内心体验，满足他的内心需求。既然想得到的得不到，他就会想别的办法引起大家注意，比如上课说话。

老师对一个学生的态度往往直接影响其他同学对他的态度，尤其是小学时期。小东总是完不成作业，上课又说话，老师安排同学给他补课，这些都让小东在同学们心中降低了地位，所以同学们显然也会疏远他。比如上体育课，他想指挥大家，没人听他的。换个同学说同样的话，也许大家就听了。同学们越是不待见他，他越是想融入其中，越是渴望，就越会采取极端行为，比如拿钱换东西。

2. 针对小东问题的诊疗方案

我对小东的前途不乐观，但也不悲观，他就是学习不好，性格与品质没有问题，将来至少能成为一个自食其力的劳动者。至于他拿妈妈的钱换同学的东西，是出于交流的冲动，这个不少小孩子都做过，不能算大问题。主要的问题是小东不大可能学习好与周围人都希望他学习好之间的矛盾。

（1）我认为给小东补课没有意义，甚至要求他保质保量完成作业也没意义，他能顺利完成义务教育就不错了。这个社会同样需要体力劳动者，小东的妈妈似乎也能接受儿子只爱干活的事实，那不妨就降低对他的学习要求，将来让他成为一个自食其力的劳动者就行了。

具体来说，可以同意小东不写作业，鼓励他上课认真听，听会多少算多少，有了有趣的问题可以让他参与其中，让他快乐一下子。

（2）班级的集体活动会是对他进行教育的良好契机，所以要有计划地开展一些集体活动，比如集体类的游戏，最好能在游戏中让他扮演与别人合作或者帮助别人的角色，让他获得与同学交流的机会和快乐。

（3）老师应改变对小东的看法，不提过高的要求，适度宽容，遇到机会多表扬他的优点，比如他爱劳动、爱助人、为人大方等。也要教同学们多和他一起玩耍，不要排斥他，当他再拿钱换东西时，可以不要他的钱，而是把自己的东西与他分享，让他知道大家都在乎他、喜欢他，他就是集体的一分子，和大家一样。

（4）还是要找机会和家长沟通，比如小东的妈妈不肯到校，那通过微信等平台联系，时不时给她发一些家庭教育的好文章，给她推荐几本家庭教育的好书，给她发一点孩子在校表现好的消息、图片等。这一切要做得自然，让她感觉不到老师在有意想教育她。家校共育真的是很重要的，如果父母不改变，孩子很难根本上发生改变。

我以前也遇到过这样的孩子，他从小就学习差，在同学中显得格格不入，只是除了学习，其他方面都没什么问题，现在已经结婚了，学习修汽车，干得挺不错的。

刚看了静候佳音老师的诊疗报告，觉得小东的家庭教育是不是给他灌输了学习无用论？

他想设计房子估计也是受包工程的舅舅的影响，他大概觉得将来可以像舅舅一样生活。事实上也确实有可能。（**听风掠过**）

小东理解的设计房子，跟我们所理解的"设计"不是一个概念。他能够像舅舅一样从事建筑行业当然是有可能的。事实上现在上技校的门槛很低，就从他想设计房子的想法来说，可以鼓励他向着自己的理想迈进。（**修慧**）

为什么从学习的角度来分析小东？并不是因为老师只关注小东的学习，而是好多东西都是相通的。小东除了运动会之外，几乎什么活动都不参加，说是不感兴趣，比如学校的兴趣小组活动，他参加的是围棋。我问他，喜欢吗？他摇摇头，说是别人让他参加的。我问他喜欢什么，也是摇头。我让他负责给教室里的花浇水，每次都得我提醒他，他才会主动去浇，要不花早就干死了。他做事没有主见，而且不靠谱。他在班里，也没有谁会去欺负他，班级比较融洽。他偷的钱送给的是别班的练体育的孩子（据老师反映，也是一群不爱学习，整天惹是生非的孩子，我还担心小东和他们纠缠在一起会不会学坏，所以让他远离那群孩子）。运动会上比较活跃，是因为他喜欢凑热闹，满操场乱跑，不守规则，而且是瞎指挥人，所以同学都不爱听他的，好几次都比赛了，还得

同学满操场找他。我问他，最得意的是什么？他想了半天，说是踢毽子，一分钟踢了 30 来个。(**静候佳音**)

无情箭的诊疗报告

1. 存在的主要问题及原因

（1）学习基础太差，对学习没有任何的自信。小东成绩差，不仅是智力问题，还有可能是我们的教育方式存在问题。对于一个小孩子来说，他的注意力的集中是有限的，利用副课补课本来就是不对。教师面对孩子知识存在问题的时候，习惯于用时间去拼，好像时间耗的多了，成绩就提高了。孩子学习成绩出了问题，需要找原因，需要具体措施，而不是花时间补知识。我的推测是，小东从幼儿园注定是一个"后进生"。因为我们现在的幼小衔接的问题，孩子在幼儿园就需要学习一年级的东西，所以，一部分幼儿园没有学到一年级知识的孩子，从一年级开始就是"后进生"。这个恶性循环跟着这个孩子，孩子就成了永远的"后进生"。我还猜测，家长溺爱孩子，在幼儿园阶段没有让孩子学到知识，而是快乐地玩耍。我们可以想一想，一个从小就有了"后进生"的标签的孩子，能够对学习有兴趣吗？能够自信吗？会喜欢学校吗？我猜测孩子对于读书是很厌恶的。

（2）父母对孩子过分溺爱，孩子的表现让父母失望了。妈妈很爱孩子，却不会爱，这是我们年轻一代父母的共性。父母看到孩子的作业很多，很心疼孩子，只是用了错误的方式来表达，而让老师引起了误会。我猜测这个学校的作业很多，而且成绩对于老师很重要，如果作业适合，家长不会做出无礼的举动。

2. 解决措施

（1）不要急于给孩子补知识，而是让孩子喜欢上学校，培养孩子的学习习惯和学习兴趣。我们要有准确的定位，小学阶段关键是培养孩子的学习习惯，培养孩子的生活习惯，培养孩子对于学习的兴趣。只要有好的习惯，孩子会随着时间的推移，弥补在小学欠下的知识。

（2）让家长看到孩子还有希望。我们如果站在家长的角度，一定会好好呵护着这个孩子。作为老师，从各个方面发现孩子的优点，给家长和孩子多多的表扬，多多的鼓励，可能会有效果。

尘一粒的诊疗报告

1. 小东的问题及原因

从材料看，小东的问题主要是学习。（这是表象）无论是小东四年级的表现还是五年级的表现，显然是一个学习不好的孩子。他的学习问题，不是从四五年级才出现的，而应该是长期以来就存在的问题。他这种情况，到底是什么原因造成的呢？应该不仅仅局限于某一方面，是家庭、学校、社会以及小东个人等多种因素综合造成的。我也不知道该怎么具体分析个中的原因，只是觉得小东太可怜了。

小东的行为问题。小东用 100 元买 4 本漫画书，用 50 元买 15 盒牛奶等等，他与同学进行一系列的不等价的交换，老师们分析为小东渴望与其他同学交流。我的思考是，会不会存在这样一种可能：在小东的脑海里根本就不知道 100 元的价值、50 元的价值，他只是想得到自己所心仪的东西。哪怕是旧漫画、破魔方，他只要能得到就足够了。我这样判断的原因我也说不上来，我只是这样去猜测。

2. 小东的诊疗方案

常听说"每一个问题孩子的背后都有一位问题家长"，我对此也感同身受。

那么小东的治疗真的是从家庭入手就能解决的吗？修慧老师提出主要的原因在家庭，而且认为家庭不改变的话孩子就不可能改变！可是我觉得，一些问题孩子的改变从家庭开始是徒劳的，像小东就是这样。

我是不期待小东在学习上再有什么进步，只要他能够健康地长大就行了。他不是不爱学习，而是他早就跟不上老师教学的节奏了！应该发现他在学校生活中、家庭生活中的闪光点，比如他喜欢劳动、做家务，要通过多让他做事来不断增强他的能力。当他能够专注做事的时候，能够把事情做得足够精致的时候，这对他以后的人生也许会有所帮助。

我想再多说一句。看了小东的案例，想到了我教室里的一位小男孩。梦是二年级插班到我们班的，如今三年级。当时梦虽然读二年级但什么都不会，我给他从一年级的拼音开始教起，六个单韵母他只认识 a、o、e、i，其他的都没有认识的了。我每天都教他拼音，教了一学期他还没有学会，至今还是没有学会。我又采取认汉字学拼音的方式，每天教他一个汉字，可惜他学着后面的忘了前面的。家庭也不好，从小爷爷奶奶带大，爸妈离婚，受爷爷下河摸鱼逮虾的影响，喜欢到沟边钓龙虾。人看着特别精，就是啥都不会。平常说话还行，找他谈话就闭口不言。我也拿他没办法，心里煎熬得很。对于小东的案例，希望大家多多建言，我从中学几招，然后再根据梦的情况进行教育，希望他也能好点儿。

我特别理解静候佳音老师！不是想放弃小东，更不是不作为，而是很无奈！

我教室里的梦，我每天辅导，两年了，可是没有效果，看不到希望。当他能读出前一天的字，我都为此欣喜得不得了。

如果不辅导他作业，又该辅导他什么呢？（**尘一粒**）

是啊，有时候真的不是老师之力能改变的。

我是班主任兼语文老师，我想教他做人、做事，有最起码的担当，能尽可能地多认个字，会写个简单的句子，将来踏上社会，不至于是个文盲。我在班里搞了丰富多彩的活动，阅读、演讲、好书推荐、护蛋行动、漂流日记、职业课程……可是他什么也不参加，我觉得他不爱学习，起码对自己的未来有个方向也好啊！所以才花费心思整理他的案例，寻求大家的帮助。我实在想不出老师还得需要怎样的作为，家长置之不理，只凭老师之力真的太苍白了！（**静候佳音**）

我的诊疗报告

首先要对静候佳音老师的认真负责精神和爱生的拳拳之心表示敬意。尘一粒老师说他班里也有一个类似的学生。难为你们了！

这个小东是个什么学生？他的主要问题在哪里？

有的学员认为主要是学习障碍，或智力发育迟缓，有的认为是他的交流渴望未能得到满足，有的认为他缺乏自信，有的认为他整个处于混沌迷茫状态，有的则认为主要问题在家庭教育，不在孩子。

我认为这些说法都有各自的道理，但都不够全面。据我看这个孩子是个"双低生"——他不但知识化水平低，社会化水平也低。他的问题不是哪个方面的问题，而是全面的问题，但还说不上有品德问题和严重的心理问题，他的心理状况整体看还是很阳光的。拿家里的钱跟同学买东西，与其说是道德事件，不如说是"不懂事"。说他是一个混沌未开的孩子，可能更接近事实。

有一种孩子，学习成绩很好，但人情世故不懂，行为显得傻，他们的知识化水平高，社会化水平低，我们称这种孩子为"书呆子"。此种倾斜，只要不到极端的程度，他们凭应试能力，未来总能找到一份差不多的工作，通常是白领。还有一种孩子，学习成绩很不好，但人情世故通达。这种孩子，老师可能不看好他们，但他们长大之后，一般都能适应社会，有的甚至能当个老板什么的，令老师刮目相看，他们社会化程度高。当然，也有学习成绩又好，社会化程度又高的"双高生"，这种学生老师就不必为他们将来的发展担忧了，他们需要警惕的是未来一旦有了权有了钱，别走邪路。像小东这种学生比较悲催，学习学习跟不上，人情世故也不懂，哪样都拿不起来，前途堪忧。作为教育者，用忧虑的眼神看着他们，是完全可以理解的。造成此种结果的原因很明显：家长素质低。先天就不足，后天家庭教育又不给力，整个一个没基础。

可是你会发现，老师着急，家长未必着急，学生本人更是"少年不识愁滋味"，此所谓"皇帝不急大臣急"。孩子无知，且不去理论，家长的想法可能是这样的：孩子爱劳动，长大了怎么也能自食其力，学习也就这样了，较劲也没用。家长的想法不是完全没有道理，其失误在于，孩子作为下一代，被家长惯得傻兮兮，将来要想自食其力，也不容易。

面对这样的孩子，教师很难乐观，不过我想，摊上了这样的学生，教师还是想开点为好，经验告诉我们，小东今天情况不好，未必长大了一定生活得不好，因为影响人生的因素非常复杂，不是我们能预测的。再说，这种孩子，到某个年龄忽然开了窍，学些本事也是可能的。同时也要明白，即使面对眼前的小东，我们也不是无所作为，只是期望值不要太高就是了，有些事情还是可以做的。

于是就说到了对策。对于小东，我们应该做什么？能够做什么？有的学员首先想到的是指导家长，帮助家长提高认识，更加重视家庭教育，多陪陪孩子，多和孩子沟通交流等等。据我看这些愿望可能都属于奢望。当然也不是说家长无事可做，我若是班主任，会建议家长首先管理好家庭的钱财，避免孩子乱拿；另外，防止孩子交不三不四的朋友，保证孩子按时起居，不要随便离家。这些是家长不难做到也愿意做的，做好了就是对学校的帮助。

改变这种孩子，主要靠学校。班主任可以做些什么？前面说过，小东属于双低学生，我认为，目前我们的工作重点，应该是克服他"低社会化"而不是"低知识化"。也就是说，学习上，不要对他有多少要求，而在社会化方面，可以多下点功夫，估计小东也能接受。比如，日常语言的辅导，情境化的口头语言指导。结合具体情境，掰着手教他如何说，如何做。他想搞好同学关系，就可以教他如何与同学打交道。如果有条件，可以经常有人监督他朗读一些最浅显的故事以训练他的语言。老师若时间不够，可以考虑找他的好朋友帮忙。经验证明，语言训练对社会化作用很大。再有就是人情世故的辅导。小东遇到生活中的普通问题，可能有些不知道怎么看，更不知道怎么办，他需要具体的帮助。教师看能不能安排几个"志愿者"主动接触他，教他如何"过日子"，如何生活，结合具体情境教给他，给他演示，慢慢提高他的社会化水平，这个对于他，比学习成绩更重要。

总而言之，我们既不要悲观，也不要盲目乐观，实实在在地帮助他，一边耐心地观察和等待他的变化，我想这可能是比较正确的策略。

仅供各位老师参考。

一直期待王老师的分析！特别感谢王老师的理解和对策，让我知道如何对待教室里的梦：多在他"社交能力"方面下功夫。我班的梦这方面还可以，他课间会跟同学们在一起玩游戏。希望梦和小东，都能够渐渐好起来，能够"开窍"！（**尘一粒**）

谢谢王老师，我准备按您的指点，对小东进行社会化方面的训练，教他怎样待人接物，教他怎么辨别是非，就算将来踏上社会，也不至于无所适从。（**静候佳音**）

Part4 疗效反馈

我觉得比较幸运的是，小东是个快乐的孩子，而且本质也不坏，无忧无虑的。自从上次发生偷钱事件之后，小东好像也得到了教训，不再随便乱花钱了（目前为止）。最近小东比较忙，被选拔到区里参加运动会了。小东报的项目是1500米，因为几乎没有孩子愿意参加，正好小东比较感兴趣，能吃苦，体育老师就把他选了进去。每天跟着体育队训练，一段时间下来还是比较有效果的，起码每天的生活比较充实。上次学校的运动会上，他跑1500米，开始跑的时候还不错，两三圈之后就没有耐力了，最后便跑跑停停的，勉强坚持下来了。对于真正的比赛，我觉得他并没有什么优势，但是他既然喜欢，那就去做吧！起码他还能有一点小小的成就感。作业不会做，我也不再勉强他，并找了一个性格开朗、热爱阅读的同学——小源，每天负责选一个故事讲给他听，同时从故事中提两个问题，让他来回答，好像每次只能回答出一个问题来。我告诉小源每天给他一颗星，并让他慢慢地参与进来读故事。我特意告诉小东：你看小源每天陪你讲故事，你也要为小源做点什么呀！后来，我看到小东一看到地面脏了就主动拿起拖把拖地，因为小源是卫生委员。我曾给他听写词语，我找了几个和他成绩差不多的孩子进行比赛，他一听比赛，很感兴趣。第一遍听写了16个词，他勉强写对了4个，我表扬了他。我说：给你们30分钟"补救"，老师再听写一次。我看到他在拼命地写，没有玩。第二遍听写的时候他对了6个，别的孩子有一下子进步五六个、七八个的，而他只进步了2个，我也很高兴的。我让小东当"护花使者"，负责给班里的植物浇水，可是他老是忘记，有些花已经枯萎了。我没有生气，而是和气地告诉他：这些花草也是有生命的，如果你对它们照顾周到，它们就会长得繁茂，你不给它们"喝水"，它们就会活活干死。小东听了不好意思地笑了笑。于是我让他的同桌也参与进来，帮助他负责这些花草。这个孩子欠缺的东西太多太多了，我能做的就是慢慢讲给他听，让他学会去思考，说不上哪一天能开化。

  我觉得参加这次个案诊疗收获很多，对我的心态影响挺大的，不再为孩子纠结、焦躁。每个孩子都有着属于自己的发展轨迹，我们强求不得，只是希望他在自己的轨迹上走得端端正正的，别跑偏就好。我也认识到了家庭教育的重要性，每一个问题孩子背后都有一个问题家庭，如果我们的个案诊疗能让部分家长参与进来，或许能够起到更好的警醒作用。通过这次学习，我学会了从多角度去观察、去思考，弄明白问题学生的根源所在，不但知其然还要知其所以然。说实话，个案诊疗是一个漫长的学习摸索的过程，我觉得自己在这方面欠缺的东西太多，有些问题自己能考虑到，却不知如何下手去分析，而且这方面的理论知识太少，需要多多充电学习。（**静候佳音**）

案例 5　小智（小学三年级）

Part1　原始案例

智，10岁，三年级，个子偏高，皮肤白皙，一个帅气的小男孩。作业干净整洁，每一个汉字都是一笔一画，尤为认真。（这学期开学一个多月后，笔画开始出现勾连。）他是一个尤为听话的孩子，让老师省心，我对他的关注并不是很多。他二年级时成绩开始不断下滑，家长不断跟我沟通的时候，我才稍稍把目光放到了他的身上。渐渐地，我发现智在课堂上的精神是恍惚的，老话说"人在教室心在外"，用当下流行的话说就是"生命不在场"。他的心思在哪里呢？处于游离在教室之外的精神状态，怎么可能把注意力集中在学习上呢？怎么可能会提高学习成绩呢？

智还有一个哥哥，琦，12岁，读五年级。聪明，记忆力极好，学习效率高，唯一的不足就是字迹潦草，仿佛内心长草。他作业都是以神速完成，然后就跑出去玩耍。

智的家长，尤为关心孩子的学习。上至爷爷奶奶，下到爸爸妈妈，我都接触过。从不同家庭成员身上，我能隐隐约约了解到孩子的更多信息。

智奶奶：这家伙性子小。有一天中午吃饭的时候，他爸和他妈没在家，他不好好吃饭。他爷爷说：琦（智的哥哥），你好好吃饭，别像恁小弟一样瘦哩跟个精猴哪。他把碗一推不吃了，谁劝都不吃，咋劝都不吃。（这事之前听智爷爷讲过，好像劝他不吃时，还挨了一巴掌。大概因为儿媳妇在，智奶奶没有讲。）

智爸：现在这一阶段家庭的看书氛围，学习氛围挺好哩。天天晚上，他妈他哥还有他都在看书。前一段时间不是买书桌嘛，我就说：给你们买桌子可以，但你们必须有点回报吧，学习什么的、考试分数什么的，得有所提高吧。琦满口答应，但智就是不发表自己的观点，最后说什么"你想买就买，不买算了！"其实智就是个实在人，不会像其他小孩拐弯抹角。小家伙比较胆小，谨慎得很。我就想怎么把他胆量锻炼大一点，带他多接触接触生人、见见场面什么的。我发现我们家里的小孩跟城里的小孩没法比。暑假带他俩去上海他大舅那，他大舅那小孩说话做事都不像个小孩啷，甚至比大人都会来事。

智妈：不管啥事，你都得依着他的性子。不能说他一个"不"字，有一点不称意他就跑屋里哭。要是啥不会，他也是急得哭。以前在家背书的时候急哭过。有一回做作业，头天晚上没有找到作业本就没做，第二天早上找到了一看没做，当时就哭了。开家长会的时候，他不让我进教室，直把我往外推。（妈妈凑在他耳边说：你看，我都没有去给你哥开家长会，就来给你开。）他前一段时间跟我聊天，说想当个作家还是画家什么的，我记不清了。平常读书的时候，有时是他读他的，我读我的，有时是挨边坐我读给他听。

智爷爷：小孩跟小孩不一样，脑子有聪明哩有不聪明哩。就像俺队里那谁的孙子，他老两口一个字不识，但人家孙子学习成绩好，他家哩你说谁辅导过他！智胆小，也不知道是不是小时候被吓得。记得他两三岁的时候，我带他出去，邻居家的狗一口咬到他的肩膀，吓得他哭死连天。

智的周记：今天下午，全校开会。我说，妈妈不要去，我去上学了。开会的时候，我跟妈妈说：你快走。（应该是院内大会结束时，校长让家长到各班去跟老师沟通一下。）开会时，妈妈去了，班里好多人拿到了奖状，我很不开心。

智做起事来特别认真，有股劲头在。孩子是很聪明的，不会背书的时候，会主动提前跟老师说明，哪里会背哪里不会背。背书的时候会很紧张。无论是在家庭还是在学校中，他都有给家人和老师呈现一个完美的形象。

看过智的周记，中午找智聊天。问他心情怎么样，回答说还好。又问他前一天呢，他保持沉默，眼珠打转眼眶里明显开始积水，良久说了一句"俺哥得了奖状"。我问：你是不是觉得家里人很在乎你得不得奖状？回答说不知道。你是不是很在乎、特别想得到奖状？他毫不犹豫地重重"嗯！"了一声。我劝他说：无论你拿不拿奖状，家里人都会一样爱你疼你的。你的学习，你的努力，老师都看得到。放轻松点！

那天智爷爷跟我吐了很多掏心窝子的话，他对儿子儿媳对两个孙子粗暴的教育方式极其不满。智爸看到孩子写作业不认真，就罚写五遍。"琦去屋里写作业的时候，屋里传来琦叽哇喊叫的声音！"智爷爷说，"老话说得好，罚了不打，打了不罚，他是又打又罚。"还讲起很久以前，大概是2015年上半年的时候，智爸有一次把智打得上学都走不好路。智爸呢，还不能听到琦和智哪里有做错的地方，听到了就要揍一顿。"去年，琦在厨房里拿了刀喊着要自杀。"我听他如此说，不禁心打战生寒。智爷爷说完儿子，又谈儿媳妇："俺这个儿媳呢，跟人家不一样。不一样在哪呢？她不喜欢讲话，但她一讲话就容易冲人。"智爷爷还回忆道她曾经罚跪的事情："琦犯了错，她也不讲，就一个劲地罚跪。你光罚他跪，他就知道错哩？我没说两句叫小孩起来哩，她说了句：'俺小孩俺不管，赶明个长大了不听话不孝顺，俺找谁去？！'"她这一句话让智爷爷奶奶的话全都咽回肚子了。还有一次智爷爷在门口跟邻居聊天，说到小孩学习的事："有的小孩他是盖猪窝的料，你非让他建大楼，这怎么可能？"恰巧智妈刚好从他身后路过，听到这句话就给身边的智一记耳光，"没出息的料！"智爷爷说："要不是我忍了性，我就跟她吵起来了。我又不是说自己小孩，只是讲小孩学习这个事，有的好有的孬。哎，你咋就无缘无故打孩子呢？"智爷爷讲述着家里的教育，我就这样安静地听着、回应着。"两个小孩呢，琦从小就跟他奶睡，智就跟他妈睡。智的性格跟他妈像得很，不能听赖话，不能讲他一个'不'字。"从智爷爷的讲述中我对智的家庭教育有了更多的了解。

之前我跟智爸妈沟通的时候，试图寻找智害怕的原因，也问过他们是否有打孩子的行为。但他们否定了，说没怎么打过孩子，要是说打孩子的话，智没怎么打过，琦打得多一点。当听到智爷爷讲两个兄弟挨打的经历，我不禁说："是打得太多了，不知道该说哪一次！"不过，我确实相信智应该没怎么被打，但他时刻生活在那种怕打的状态里。因为哥哥琦挨打，他就想到了自己，如果表现不好就会被打。他时刻在警惕着、小心着。用智爷爷的话说"打了骡子怕了马",这句老话恰恰说明了智害怕的原因。也可以说智爸"杀鸡"就是"杀鸡",可是他却没有意识到已经起到了"儆猴"的效果,而且这效果无形中变成了恶果。当智看到琦挨打的时候,当智听到琦叽哇喊叫的时候,他把这种挨打的痛想象得比深渊还要深!

其实智也非常想证明自己,比如坚持参与班里发起的"挑战读书100天"的活动,他在努力地证明自己。可是,他挑战失败了!

智画的果树图:

他的表现就是学习的内容记不住,记忆力特别差。从很小的时候就是,电话号码都记不住。

他特别容易害怕,课堂上不在状态。

他当时没有说小树代表什么,只说自己想那么画。

他平时是和邻居家的两个孩子,也是我班的学生,在他家里写作业。另外两个孩子的成绩都比较好。

我拍过他读书时的视频,视频中他好像总在偷偷地瞄别人在干什么。(**尘一粒**)

Part2 问诊

智的记不住与他内心的恐惧有没有关系？琦的成绩是不是一直比智好？智小时候是由谁带大的？（**听风掠过**）

据智爷爷的描述，智妈不善言辞，出口容易伤人，我们老家的话叫冲人！

智爸妈非常关心孩子的学习，智妈去年常找我沟通关于智的问题。但这学期没有以前勤了，这学期只找过我一次。

据智爷爷跟我反映，智小时候就记不住东西。比如记电话号码，他反反复复记不住。幼儿园写拼音的时候，他哥俩一起写作业，哥哥琦一写完，智也就不写了（智没写完）。如果家长让他继续写，他就会哭。爸妈为此，常让琦多做些作业。（**尘一粒**）

嘉宾赵老师，看了这个案例之后，想了解以下情况：

（1）父母为什么要生老二？

（2）智6岁和9岁时是否发生过对于他比较重要的事情？

（3）同学怎么看他？其他科任老师怎么看他？

看得出，赵老师的提问属于"有假设的提问，有目标的提问"，她是心中有了想法再问，她的问题是在验证自己的某种假设，不是漫无目的地询问。

有时候，观察一个人怎样提出问题，比观察他怎样回答问题更能看出他的水平。

数学老师对智的看法是，上课神情恍惚，他不是在听课，而是在防着老师抽他回答问题，害怕老师抽他回答问题。这是那天考完试时，数学老师谈到他成绩时说的。

后来数学老师说，智最后被他激励得也敢站起来回答问题了。只要他站起来回答问题，数学老师就让全班同学给他鼓掌。

每周一节的安全课的老师，也就是智的爷爷，也发现智上课神情恍惚，好像不是在听课。

我上课，之前还找他回答问题，但发现他回答问题时非常紧张，嘴唇简直在发抖，我就很少找他回答问题了。我们每周的作文课，都是学生到前面展读自己的作文，他总是最后才上去读，而且读得磕磕绊绊。

每天大课间做广播操，他至今还没有记住动作，看别人先做然后自己跟着做，动作不协调。

智爷爷从一年级就开始代我们班的课，每周两节，要么美术要么安全（本学期一节）。琦的课也是这样，三、四年级都是爷爷教他数学（之前的情况我不知道，还没有参加工作），如今琦上五年级，爷爷不再代他的课。（**尘一粒**）

智存在什么具体问题？（**无情箭**）

记不住学习的内容，胆小，恐惧。

我询问清明假作业完成情况，有三位同学没有完成。当其他同学举手解释原因时，智举手主动说："老师，我作业重写。"我问他原因，他说他的字太潦草了。（我当时并没有看到任何一位同学的作业，只是在班长收作业时了解一下情况。）

类似的事情之前也有过。指名学生背书，检查背诵情况时，老师还没有指名他背书，他就事先举手告诉老师他哪一段会背，哪一段不会背。顺势就让他背他说的会背的内容，但背得断断续续，出现背漏、背错的情况。

关于嘉宾赵老师的提问，我当时就转发给了智妈，并给智爸打了电话。智爸当时在开车拉石子，智妈第二天晚上给我回了微信："现在没在家，回家跟他爸商量后给你回话。"至今我还没有得到答复。

部分学生吃过中饭已经来到学校，我找个别同学聊聊他们对智的印象。（**尘一粒**）

同学对智的评价（印象）：

多和龙经常去智家写作业。多的评价："智写作业的时候不认真，一边写作业一边吃东西，还讲话。"龙对智的评价："他的成绩应该再好一点。有时候考试才考50多（有时候更低，40多，20多），要考80多、90才行。他喜欢和他哥哥对着干。吃饭的时候他哥哥只拿自己的碗，他有时候给爸爸妈妈爷爷奶奶端碗。有一次哲（同班同学）跟别人打架（不是在学校，在智家旁边），他看见哲被人打得肚子疼，他也上了。"

怡是智的同桌，她说："智有一点不好，他特别喜欢抄我的数学作业。其实，不管他抄谁的作业，他都只抄那一个人的作业（就是把当次的作业抄完）。智也有一点好，他数学课很认真，做错了就改正。今天上午老师讲试卷的时候，智说'你全对了我就去死'，我那一页错的比较少，他说'我不死了，我不死了！'"（尘一粒）

智妈刚才来学校了。为什么有了琦又生了智？是因为想要个女儿所以又要了一个。在怀智的时候，也做过检查，发现是男孩后本去打胎，后来又被家人半路劝了回来。在智的成长过程中，智爸也拿这说事："本来就不要你的，都走到半路了又回来了。"

在智6岁和9岁时，是否有发生过对于他比较重大的事件，智妈没有具体指出。谈及小时候，当智惹她生气的时候会讲"恼了我掐死你！"还讲到智在小时候被狗吓到，吓到腿走路跛跛的。智爱生气（哥哥说智一个月生气10~15次的样子，让他举例他说太多了举不出来），容易哭，哭的严重时手伸不直，按摩一会儿才好。

智体质不知道是不是有问题。去年跳绳的时候，他跳得腿站不好了。我以为是崴了，后来他爷爷捏捏说没事，让他休息一会儿就好了。他在周记中也写道：体育课学跳兔子舞，跳了一会儿我就腿疼了，然后体育老师就让我坐在那休息。到放学，我收拾收拾就回家了。

智最近偶尔会讲"活着没意思"。他跟同桌说过"你全对了我就去死"，后来同桌没全对,他又说:"我不死了,我不死了!"(我把《天蓝色的彼岸》这本书推荐给智妈,希望她读给孩子听。)

智妈还谈到,她感觉自己是不是性格有问题。我问为什么,她说她感觉自己就很压抑,不愿意向别人敞开心扉。她自己都想去看心理医生了。

这是智妈第一次这么说。智爷爷也谈到过儿媳妇的脾气不好,说话冲。(尘一粒)

Part3 诊疗报告

修慧的诊疗报告

1. 思维过程

初读这个案例,我感到这个家庭有点问题。尤其是祖孙三代生活在一起,而爷爷跟妈妈之间似乎在教育孩子的理念上存在差异。妈妈是一个内向的人,总是用罚跪来惩罚孩子,自认为"很压抑,不愿意向别人敞开心扉。她自己都想去看心理医生了"。而爸爸是个脾气暴躁的人,喜欢用暴打来表达自己对孩子的不满,虽然没有打过智,却经常打他的哥哥琦,甚至琦曾经因此要拿刀自杀。爷爷是孙子学校的老师,但在孩子妈妈跟前并没有威信,曾经在跟他人说孩子学习的时候,被儿媳听见,儿媳一巴掌打在智的脸上。

智两三岁时被狗咬的经历很重要,这其实在他记忆中留下了恐惧的阴影;而后来又生活在哥哥的阴影下,不断被哥哥显然比他优秀的成绩比下去,让他自卑,又经常被哥哥挨打的场景吓到,这只能加重他的胆小自卑和恐惧。家长又总是拿他的成绩和学习说事,买个书桌也要跟学习和成绩扯上关系。但是智又是一个有理想的孩子,曾经跟妈妈聊过自己的理想,可惜妈妈不记得了。按理说，对于一个学习力不是很强的孩子来说，孩子愿意谈论理想，妈妈应该高度关注，因为孩子的学习内驱力可能就来源于此。似乎妈妈在教育孩子方面并没有什么科学方法。

智的个性表现又是怎么来的呢？当爸爸说要学习好、成绩好才配买书桌时，他会说不买算了；当不能顺心如意的时候，又总是表现得很倔强，不能听一点孬话。根据阿德勒的观点，家长如果不断地指导和监督孩子，无穷无尽地指示和不断提醒，父母和孩子就会进入到强迫和抗拒的循环，这样"孩子要么顺从别人的指示，最后形成温顺窝囊的性格，要么主动反对，公然挑战，与父母言语对抗，要么消极抵抗，磨蹭，做白日梦，健忘，阳奉阴违"。

关于记不住这一点，老师并没有详细说明他到底是怎样记不住。在一年级的时候，他的成绩还是可以的，表现也很乖巧，字写得也很工整。一般小孩都是在刚入学校的第一年不适应环境，智却是到二年级才开始成绩下滑，并且是在家长频繁来校，对成绩表现出关注时，老师才注意到他的问题。我的经验，小孩子在低年级刚开始背课文时的确会存在差异，即使一些记忆力很好的孩子，也会因为缺乏耐心和信心，对背课文之类的作业充满了焦虑，以至于真的记不住。如果家长或老师能够想办法展开对话，让语言变成画面，孩子记住课文内容也不是太难的事。不知道老师有没有尝试过低段读写绘课程？

关于那张果树图，我不知道为什么是很多树。王老师的书里面是让低年级的孩子"画一棵心中的果树"，所以就问尘一粒老师是不是要求孩子"画一棵心中的果树"，他回答说"是的，是读了王老师的书以后，按照书中的内容做的"。我想，如果确实是要求"画一棵心中的果树"，而智却画了那么多，就说明智在理解老师的话方面是有问题的，很可能他平时都听不懂老师在说些什么；如果是老师并没有明确表达"一棵果树"，则就不能够按照王老师的书中提供的方法对这幅画进行分析，它对于这个案例的意义就不是很大。

另外，我觉得案例资料就是把平日里与家长接触时的记录进行复制，没有进行条理化的整合。这样做一方面让我们看到很真实的原始资料，另一方面也让我觉得案例写作者没有认真参照前面的案例。我们学习个案诊疗，就是在模仿中学习。以前大家都没有经验，现在有王老师指导，是很难得的机遇。如何用科学语言写我们的案例，就像个案诊疗一样，也是要认真学习的。

2. 智的主要问题及产生原因

智是一个任性的孩子，心眼小，同时自卑胆小。

自卑胆小的一个原因可能是他是家庭中的第二个孩子。阿德勒认为，出生顺序会影响一个人的生活风格。根据阿德勒的自卑与超越理论，老二是竞争者和超越者，么子是特立独行者和失败者，智是家中的老二，也是么子。他显然在竞争中失败了，没有能够超越哥哥。他是一个失败者，这是他对自己的定位，所以他更加自卑。

同时影响孩子的个性风格的另一个原因是家庭环境。爸爸的暴力（虽然这个暴力不是针对他的），使他生活在恐惧中。"儿童的发展既不是天赋决定的，也不是客观环境决定的；儿童自己对外在现实以及他与外在现实的关系的看法才决定了儿童的发展。"智看到爸爸对哥哥的暴打，会认为自己也有可能遭受同样的待遇。小时候被狗咬的经历也是他恐惧的原因之一。

可能是因为他年龄小，加上比较瘦弱，所以家人虽然在学习上对他有要求，但在生活中更多地顺从他的需求，才导致了他的任性吧。我不能确定，因为没有这方面的信息来源。爷爷说小孩子有聪明的有不聪明的，妈妈的一巴掌加上一句"没出息的料！"可能对智造成心理暗示，认为自己不聪明，以致在学习中不愿跟自己较劲。

3. 治疗方向和重点

我觉得这个孩子需要从童年阴影中走出来。那次被狗咬的经历，是爷爷的叙述："记得他两三岁的时候，我带他出去，邻居家的狗一口咬到他的肩膀，吓得他哭死连天。"一个那么小的孩子，被狗咬到肩膀，的确会造成非常大的心理阴影，胆小的根源很可能源于此。如果能够找心理医生咨询一下，或许可以得到帮助。

同时爸爸要停止暴打孩子，无论是哪一个；妈妈要读育儿书，了解孩子的心理，要能够倾听孩子，真正走到孩子心里去。

三年级的孩子，没有找到学习方法，关于记不住，要看到底是记忆力的问题还是心理的问题。

这个孩子的胆小恐惧，已经到了对自己完全丧失信心的地步了。只有多方努力，让他找回自信，才有改变的可能。

尘一粒的诊疗报告

1. 思维过程

智记不住学习的内容，并不是从二年级开始的，而是从二年级时我才感觉到问题严重的。他在小学一年级下学期时就出现了背不会课文的情况。我记得他爷爷当时跟我说过，那天他和智爸妈开夜车到外地拉水泥，当天晚上他检查智的背书情况，气得他还给了智一巴掌。最后智是含着泪把书背会的。他还说，发现自己的小孙子从小就跟别的孩子不一样，从记不住电话号码他就看出来了。大孙子不费劲就把号码记住了，但小孙子记号码非常吃力。

我发现智记不住学习的生字。我就每天辅导他四个生字，每个生字写两行（他自己说写两行的），一边写一边读。他当天记完这四个生字后，再读给我听。当时读的时候就要停顿思考一会儿，很多四声的字声调咬不准。这样一学期下来，效果并不好。我也不知道该怎么办，就更加留心他的表现，也逐渐跟他的家长接触多了。

我发现智在课堂上不在状态，他的神情仿佛是在害怕什么。之前我一直都没有注意到，直到三年级上学期。老师上课的时候，尤其是提出问题的时候，他要么低头沉思，要么就向左右瞟一眼。在做练习的时候，他向左右瞟一眼的问题就更明显了，不是在专注地做自己的练习，而是瞟一眼别人。这一点数学老师也认同，只是我们不知道该用哪个词更好地描述他上课的那种状态。

在智6岁和9岁的时候有没有发生过对于他比较重要的事件？我一直也在思考这个问题，他的家长说好像没有发生过什么重要的事情，我就从自身上想了想。智6岁时刚好上一年级，遇到我应该也是重要的事情吧。那时他们刚上一年级，我也是第一年上班，面对教室里这一群小屁孩，我这个男老师很容易发火。开学的前半个月，在教室里说话声音比较大，学生犯错了会大声吵他们。智9岁时，因为我观察了智的情况，也了解了智的家庭教育情况，便与智的家长沟通少打骂孩子，无论是智还是他的哥哥琦。他的父母也听从了我的建议，基本上不打孩子了。尤其是智妈，我还推荐她阅读了《走对小学的每一步》《孩子，别慌》和《正面管教》等书籍。

智妈说，她感觉孩子的问题可能和自己的性格有关系，她自己都想去看心理医生了。我是非常惊讶她能说出这番话的，说明她在反思她自己。她说她非常压抑，不愿意与人交流。当我想再深入了解时，她沉默了。我们又转移了话题，继续谈孩子的情况。

随着跟智家庭的接触，我发现其生活在一个问题家庭里。智爸妈与智的爷爷奶奶是缺乏沟通的，而且教育孩子的观念不同。智爷爷对智爸教育孩子的方式不满，但这不满只放在心里没有表达出来。智爷爷宁可向其他人（比如我和其他同事）诉说，也不愿意对儿子儿媳说。智爷爷对儿媳不满，认为儿媳太懒，只知道享受不去劳动挣钱。家庭里婆媳关系也不好。智爸则认为智爷爷上了一天班，而且五十多岁临近退休，孩子的问题便不想麻烦自己的父亲过问。智爸平时比较忙，当天夜里外出拉水泥，第二天早晨回来，白天睡觉。当智爸听到孩子在学校表现不好，或者看到孩子作业写得潦草不认真时，就会采用打、罚跪的粗暴方式解决。（之前是这样，后来要好些。）

智画的果树图，我是明确要求画一棵果树的。当时是全班同学一起做的，包括智在内有三位同学画了不止一棵树，其他同学都是画一棵果树。我当时问他什么原因，他没有说。我是这样推测的，另外的小一点的果树，是不是他的哥哥或者其他跟他一起写作业的同学？他希望自己能够比哥哥、比其他同学更优秀。所以他把自己画得比较大，比较突出，而其他树比较小。这是我的猜测，不知道是否合理。他的果树周围都是心状物，我当时也很好奇地问他，他回答说是爱心。我问他为什么画爱心呢，他沉默不答。

2. 智的问题及产生原因

智的问题主要是恐惧、害怕。从智两三岁时被狗吓了一次（家人后来明确说没有咬到他，是被狗吓的），便注定了他生活在恐惧之中。在后来的生活中，爸爸对哥哥的施暴行为，使他在家庭生活中也担惊受怕。所以当哥哥因字写得潦草挨打时，他却把字写得工工整整，他极少犯错，尤其是避免犯哥哥所犯的错。他又极力去模仿哥哥。（家长没有举出具体的事例，只是这样说。）他生活在哥哥的影子之下。他这学期以来字开始变得潦草，应该与爸妈不打罚哥哥和自己有关，他开始不再像以前那么小心翼翼了。在教室，无论是我还是数学老师（我一直是班主任，带了他三年。数学老师前两年都是到我们学校支教的教师，一年换一个。我们班的数学比较差，今年我强烈要求陈老师带班，他今年刚满六十，工作极为认真负责），都比较严厉，这无疑使他担心回答问题不正确而遭到批评。

智记不住学习的内容。智说话，并不像个有问题的小孩，但就是不明白他为什么记不住学习的内容。从小时候记电话号码，到一年级生字的学习、课文的背诵，他就是记不住。我不知道他记不住学习的内容与他的恐惧之间是否存在什么关系。但我发现，他做广播体操的动作还没有记住，做操时很不协调。如果说他因为恐惧的心理而记不住学习的内容，那么运动是自由的，为什么他还没有学会做广播体操呢？（广播体操不是体育老师教的，是一年级时，他们站在高年级队伍后面学的。）

智的自尊心极强。我不知道用"自尊心"这三字是否合适。比如爸爸说关于买书桌的事，谈到以成绩为交换条件，他只是说"想买就买，不买算了！"

吃饭的时候，爷爷劝他哥俩好好吃饭，只是说他瘦了些，他却生气地离开饭桌不吃了。在学校读书时，他给我的印象是"不懂装懂，不知道装知道"。比如读书的时候，明明读的是第 45 页的内容，他翻到第 38 页也是嘴一开一合地在那读。他为了避免被老师发现，把平摊的书竖起来。（我看到了他的举动，并帮他把书翻到正确的页码。）

3. 智的治疗方向和重点

给智营造一个安全的环境，帮他摆脱恐惧的阴影。自从慢慢深入了解了智的情况之后，我就陷入了自责之中。我在他们刚上小学一年级的时候，尤其是前半个月里，不该发那么多、那么大的火，这无疑给智本该恐惧的心又添了一把"火"。我极少在课堂上找智回答问题，也找他私下说过："老师批评谁，吵的就是谁，不是你。"我也极少在教室发火批评人。在与家长沟通中，推荐家长阅读有关育儿方面的书籍，劝导爸爸少打罚孩子。

只有当智摆脱童年恐惧带来的阴影，才能体会到家庭生活的快乐和幸福，才能安心地在教室里学习。只是我不知道他什么时候才能走出这阴影，怎么才能帮助他走出这阴影。

尘一粒老师诊疗报告中说"最后智是含着泪把书背会的"，就是说最终他还是能够背出来的？记忆力是智力的重要组成部分，人的记忆力存在差异，记忆力其实是可以通过训练得到改进的。（**修慧**）

是的，他背出来了。他能背会，但需要付出更大的努力（时间和精力），但他不愿意这样做。幼儿园时，哥哥作业写完了，他也不愿意写了。（**尘一粒**）

的确，孩子的成绩跟智力有关，但更跟意志力有关。一个不愿吃苦，没有毅力的孩子，总会用记不住为借口的。非智力因素在人的成长过程中比智力因

素更加重要。现实中有太多的"聪明不干"的孩子！但智的成长过程中，非智力因素并没有得到重视。(**修慧**)

听风掠过的诊疗报告

读了尘一粒老师关于智的案例，第一印象是智是个很正常的孩子，没什么问题，只是家长对他的关注有点过度了。他的字写得很漂亮，二年级以前成绩也不错，只是三年级开始字变潦草了。我觉得可能是到了八九岁，自我意识强化之后，开始不太愿意听从大人的管教，而表现出的随心所欲。看智画的心中的果树，一棵大树周围有好几棵小树，褐色的树干、绿色的树叶、红色的果实，色彩搭配正常，大树上环绕着一圈爱心形的果实，给人感觉是温暖的，而且左右两边基本是对称的，布局也没什么问题。

后来看到王老师问"大树若是他自己，小树是什么人"，我开始思考，大树是他自己吗？会不会是指他家中最权威的那个人，比如爸爸，或者妈妈？而爱心下的两棵小树也许是指他和哥哥，如果是这样，那表现的就是他渴望得到大人的关爱。

从资料可以看出智似乎确实存在记不住的问题：很小的时候记不住电话号码，幼儿园时写作业慢，课堂上老师提问答不上来，上台读作文磕磕绊绊，抽查背书断断续续，出现漏背、背错的情况，课间操记不住动作。但仔细思考之后，我觉得案例中很多材料并不能表明智记不住：很小的时候记不住电话号码，我不知道这个"很小"是几岁，如果是两三岁，记不住电话号码也是很正常的事，并不能说明记忆力差；幼儿园时写作业慢，这只是写字速度问题，可能是他为了写工整，所以写不快，不是记忆力的问题；课堂上老师提问答不上来，包括背书断续、背错，可能是他没有理解所学的知识，也可能是他不善表达，但不一定是记不住，知识需要融会贯通，只记住也没有用，所以探究智在知识理解迁移运用方面的问题，也许比纠结于他记住记不住更有价值；课间操记不住动作也可能是他身体协调能力差。

一开始，我也没从案例中读出尘一粒老师说的"胆小、恐惧"，后来从尘一粒老师补充的资料中，确实感觉智内心有恐惧感。"发现他回答问题时非常紧张，嘴唇简直在发抖"。我认为，这种恐惧感应该主要来自家庭生活，也与学校生活缺乏成功感有关。造成他恐惧感的第一个原因是两三岁时被狗咬的经历，其次是爸爸妈妈对他和哥哥要求很严格，尤其是对琦，动辄打骂、罚跪，虽然对智打得少，但他心理上肯定会受到影响，以至于总怕出错，怕受到惩罚。而在学校里，他的成绩也不太好，比如，智在自己的周记里写道："班里好多人拿到了奖状，我很不开心。"他的失败感也会导致他自卑、胆怯。所以需要改变的不仅是家庭教育方式，还有学校的教育方式。案例中，数学老师在课堂上鼓励智勇敢回答问题，并让全班同学给他鼓掌，他就敢在数学课上回答问题了。如果每个老师都能这样耐心地引导与鼓励，智估计渐渐地就会变得不那么胆怯了。这至少说明有些家庭教育的不足，是可以通过学校教育弥补的。

反复思考之后，我觉得相比智的"记不住"与"胆小"，还有更重要的问题需要关注，是他的性格问题或者说是心理问题。首先，如果深究恐惧的原因，一方面是怕表现不好受惩罚，另一方面是面对困难和挫折时的态度与毅力问题。智听不得赖话，比如，家长让哥哥不要像他那样瘦得精猴似的，他就不吃饭了。这明显是赌气。换一个孩子，听了这话，也许会赶紧吃饭，好摆脱"瘦得精猴似的"的评价。还有，和哥哥一起写作业，哥哥一写完作业，他就不肯写了，家长再让写，他就哭；很多同学得了奖他自己没得奖，就不开心；有段时间还说"活着没意思"之类的话。这些都说明，智在面对问题时是消极颓丧的，他不是那种愈挫愈勇的人。这很容易使他陷入恶性循环，越失败越不积极，越不积极越失败。这种心理如果不加以矫正，恐怕会导致他人生的失败与不幸福。

综合以上分析，我觉得智的主要问题是缺乏安全感和抗挫折能力。造成这些问题的原因主要是家庭教育的失误。智的家庭不够和谐，爸妈与爷爷奶奶之间沟通不畅，教育观念不一致。爷爷奶奶相对宽容一些，但没有权威，他们的意见得不到尊重。爷爷虽然是智的老师，但似乎只是停留在观察到智上课不专心听讲上，很少从教育者的角度去引导智。爸爸妈妈对孩子是爱之深、责之切，一旦发现有过错就是重罚，就是打骂，使孩子生活在惊吓之中。也可以说，智不管是在学习方面，还是在生活方面，都是胆战心惊、小心翼翼的，生怕出错被打被罚（他三年级以前字写得很工整应该也是怕写不好受罚）。在家长的这种教育方式下，智将来可能会出现两种情况：一种是形成懦弱的性格，对什么事都逆来顺受；一种是自我意识强化之后开始极力反抗。从案例中智的字三年级时开始变潦草、爸爸提出买书桌的条件时他的反应可以看出，他已有反抗的意识。

  智性格中含有消极因素，应对挫折的能力不足。这个问题应该有一部分源自遗传。案例中智的妈妈认为自己心理有问题，压抑，不善与人交流。所以智可能是天生忧郁性格，一遇到问题不是积极想办法解决问题，而是消极逃避，自我颓唐。另一方面，也是环境影响的结果。智的哥哥很优秀，各方面都比自己好，这很容易造成智的自卑心理。我想智的字写得工整，是不是也有"自卑而超越"的意思，在其他方面比不上琦，总要在写字上超过他吧。此外，他没有得到正确的引导，生气的时候，爸爸会说"本来就不要你的"，这话杀伤力是很大的，只会使本来就自卑的智更加自卑。妈妈生气时会说"恼了我掐死你"，这当然不利于智的健康成长。在学校里，一年级时，老师由于自己工作的压力和不良情绪，在教室发火，令孩子害怕，觉得自己根本就不可能达到老师的要求，所以也不会尽全力去学。

  怎么解决智的问题呢？我认为要从家庭和学校两个方面入手，家校共育，正确引导智健康成长。

  首先从家庭方面来说，智的爸爸妈妈应该是比较开明的家长，对老师提出的建议是愿意听的，那就要多发挥老师的影响力，向他们提出具体要求，除了不打骂、重罚（一般性的惩罚不算）之外，还要改善亲子关系，可以多和孩子一起读读书、讲讲故事、看看电影等，在宽松的氛围里和孩子沟通交流，让他知道父母对他的爱和希望，让他明白不管自己是否优秀父母都一样爱他。不过我认为智的妈妈由于性格原因，不一定能做得到，但至少要控制自己的情绪，不要轻易对孩子发火说狠话。

案例中，数学老师已经开始改变对智的教育方式，鼓励他大胆回答问题，这是良好的开端。各科老师都要多一点耐心，不能怕他答不好影响教学进度，要多给他创造回答问题、上台表达的机会，锻炼他的胆量，并增强他的自信心，让他多体验成功的喜悦。尘一粒老师是语文老师，可以通过口头作文等形式鼓励他大胆表达。但不要刻意地降低难度，不要专门把简单的题目留给他，那样还是会让他觉得自己不如别人。当他回答不出问题时，老师先要明白他为什么答不出，也要让他明白自己的问题出在哪里，怎样通过努力解决问题。对于小孩子来说，故事和游戏永远是最好的教育手段，尘一粒老师不妨利用故事培养他积极面对失败和挫折的意识，改变他消极的态度。

同学们对他并没有恶意，也没有疏远，说明他的人际关系并没有大问题。只需要让他明白，如果觉得自己不如别人，不必不开心，把他们当成榜样，尽自己的努力向榜样学习就好了。

您的建议，我和家长也在做。但我和孩子沟通后，发现家长做得并不好。就拿读书而言，智妈说有时候陪孩子读，有时候让他自己读。通过孩子了解到，妈妈陪他读的次数并不多。写作业时，他和同学边说话或者边吃东西，妈妈忙自己的，也不管他。（**尘一粒**）

无情箭的诊疗报告

1. 思维过程

我看过相关的材料，每一个人的记忆特长是不一样的，有的人善于图画记忆，有的善于声音记忆，有的善于视音频结合，有的善于数字记忆……这个孩子会是什么类型呢？我读完材料之后，并没有发现可以支撑"孩子记不住"这个观点的相关论据，我很纳闷，我怀疑是提供材料的老师没有搞清楚孩子的真正问题是什么。我也问过该老师，他的回答还是孩子的问题是记不住。虽然老师后来提供了相关的支撑材料，但是还不足以证明孩子记不住东西，尤其还不能够清楚地看出孩子对于哪一方面的信息是记不住的。这个值得思考，由于时间问题，没有和相关的老师沟通。

后来，我又读了几遍相关的材料。我感觉材料虽然比较多，但是信息量比较分散，不能够给人一种直观的印象。从这些材料可以看出提供材料的老师没有分类的意识，也没有论点需要相关的论据支持的意识。而且材料的提供有几处是方言，我感觉作为讨论的材料，书面语言比方言更加容易理解。

我读的过程中，始终感觉到这个孩子就是一个正常的孩子。他的毛病是正常孩子都有的毛病。老师对于他的关注是源于成绩的下滑。二年级到三年级，尤其是三年级，是小学孩子学习的分水岭，成绩下滑属于一种正常的现象。三年级的课程、老师的教学、学生的身心发展都比一二年级有了更高的要求。因此，对于成绩的下滑这种必然的现象不应归于孩子出什么问题，而是要发现孩子在这个跳跃的过程中什么地方落下了，比如说基础知识、学习习惯、考试习惯等等。

我对于这个家庭的成员对于孩子的教育有点担心。爸爸对孩子粗暴，更重要的是他把教育简化成了成绩。我也感觉到爸爸似乎对于这个孩子的学习有一种放弃的感觉。明显的歧视，这是最致命的伤害。妈妈认为惩罚是最好的教育方式，而且也许认为惩罚是对于孩子的一种爱。妈妈的惩罚没有一点教育意识，只会伤害孩子。爷爷是一个知识的象征，但是我发现爷爷并没有给孩子带来希望，爷爷的教育观念似乎是随遇而安吧。我看到，哥哥比较优秀，却换来更加严格的教育。这会让孩子看到落后其实是一种自我的保护。成绩的下滑可能还真的有这方面的原因。

孩子心中的果树挺有意思。我感觉最大的树是爷爷的象征，下面的两棵是父母，漂浮的是兄弟俩。父母有自我生长能力，有决定自己命运的权利，所以他们有根，但是他们不会超过爷爷。哥俩的命运自己不能够主宰，因此飘浮在空中。有一棵小树上面有粉色的东西，可能是孩子认为哥哥比他优秀的标志吧。另一棵小树和粉色的东西有一定的距离，可能代表孩子对于自己的怀疑吧。

2. 孩子的问题

（1）孩子尝到了拒绝后该用哭或者是不满意获得大人的支持的甜头。"智妈：不管啥事，你都得依着他的性子。不能说他一个'不'字，有一点不称意他就跑屋里哭。要是啥不会，他也是急得哭。以前在家背书的时候急哭过。有一回做作业，头天晚上没有找到作业本就没做，第二天早上找到了一看没做，当时就哭了。""智奶奶：这家伙性子小。有一天中午吃饭的时候，他爸和他妈没在家，他不好好吃饭。他爷爷说：琦（智的哥哥），你好好吃饭，别像恁小弟一样瘦哩跟个精猴唧。他把碗一推不吃了，谁劝都不吃，咋劝都不吃。"我感觉这个孩子挺有心机的，非常的可爱。

（2）孩子似乎有点自卑，源于教育方式问题。爷爷说他瘦得像个精猴，他便耍性不吃饭了。可以看出他极强的个性，就是典型的自卑的维护者。"但智就是不发表自己的观点，最后说什么'你想买就买，不买算了！'"这也是一种自卑后的自我保护。"智胆小，也不知道是不是小时候被吓得。记得他两三岁的时候，我带他出去，邻居家的狗一口咬到他的肩膀，吓得他哭死连天。"这可能是自卑的源泉吧。

3. 解决办法

（1）家长开始拒绝孩子的不合理要求，家长开始对于孩子给予合理的负面评价，让孩子适应这种生活。可能，开始孩子不适应，家长不要理会，让孩子慢慢适应。

（2）孩子比较自卑，家长可以刻意收集孩子表现好的事情、表现好的行为、写得好的作业、老师的正面评价等等，让孩子看到自己的努力有效果，自信会一点点培养起来。

静候佳音的诊疗报告

1. 思维过程

我曾教过一个类似于智这样的孩子——臻,也是老二,哥俩的年龄差距挺大的,他上一年级的时候,哥哥都大学毕业了。臻的学习状况和智差不多,也是记不住,学习拼音、生字的时候,忘得比记得还要快,背课文更是费劲,几乎背不下来,就是有时候勉强背下来,也很快忘记。上课的时候,我特意观察过他,他也是几乎不听课,坐在那里走神,是一个注意力极不集中的孩子。据妈妈说,孩子生下来体质比较差,所以父母格外宠爱。他的家庭条件特别好,父母经商。孩子上幼儿园期间,父母是比较由着孩子,想上就上,不想上也不勉强。孩子比较有礼貌,而且也挺会说的,爱炫富,我觉得这与家庭环境有很大的关系。其实,我多次与家长沟通,反映孩子的问题,可是家长不太在乎,觉得有钱就能解决一切,孩子学习跟不上,家长就给请了家庭教师,一对一辅导。虽然每次勉强把作业完成了,可是考试照样不会,就是记不住。我当时就在想,孩子的记忆力差会不会与先天性因素有关?臻与父母的关系比较好,都三年级了,放学时,只要见到父母来接,就会大老远跑过去扑到父母的怀里,父母有时候也会抱起来亲亲孩子。

智就没这么幸运了,父母粗暴,他有一个只大他两岁的哥哥,哥俩年龄差距不大。其实他一直试图来模仿哥哥,如:哥哥写作业,他也跟着写作业;哥哥拿着奖状,而他没有拿到奖状,心里会特难过。其实他是渴望上进的,渴望被家人认可的。哥哥琦在家经常挨打,当智看到哥哥琦挨打的时候,当智听到哥哥琦叽哇喊叫的时候,他把这种挨打的痛想象得比深渊还要深!其实智爸这种"杀鸡儆猴"的做法极不妥当,无形中给智的心灵埋下了恐惧的种子,加上小时候被狗咬过的经历,所以智的内心敏感而脆弱。

智从小被妈妈带大,性格受妈妈的影响比较大,心眼小,比较任性。用爷爷的话说就是:智的性格跟他妈像得很,不能听赖话,不能讲他一个"不"字。如他爷爷说:琦(智的哥哥),你好好吃饭,别像恁小弟一样瘦哩跟个精猴嘟。他把碗一推不吃了,谁劝都不吃,咋劝都不吃。爸爸给哥俩买书桌,让哥俩好好学习,琦满口答应,但智就是不发表自己的观点,最后说什么"你想买就买,不买算了!"爷爷对儿媳妇有意见,但是却不敢当面提出来,可能心里还是比较怵这个儿媳妇的,也可能为了儿子孙子,只好忍气吞声。

通过智画的心中的果树,我在猜难道中间最大的那棵是他自己吗?他渴望自己被一家人宠着爱着?一大堆的红心应该说明智也是一个渴望被爱的孩子吧!希望家庭和谐幸福。

2. 智的问题及原因

(1)智敏感、脆弱、渴望被爱。

智在家里是二胎,妈妈在怀他的时候,经历过什么,那就不得而知了。从爸爸妈妈对智的态度来看,那个过程肯定也是不易的,看到孩子不够优秀,无形中时不时会有一些怨气发泄在孩子身上。孩子的性格主要在后天环境中形成的,一旦形成具有一定的稳定性,但是也有一定的可塑性。智父母教育孩子的方式极不科学,粗暴,动不动打骂、体罚孩子,我不知道他们的童年经历会不会也如此。感觉他们爱自己的孩子,却又不知道如何去爱,心情好了,可能会陪着孩子读书学习,但是孩子一惹事了,就会火冒三丈,暴跳如雷。智每天的生活应该是战战兢兢的,提心吊胆的。通过上述案例,发觉智的性格受妈妈的影响特别大,心眼小,任性。孩子的记忆力不好,小时候电话号码记不住,只凭这一点并不能说明问题。他一年级的时候学习很认真,书写整洁,一笔一画,应该成绩也不错,那为什么到了二年级的时候成绩下滑了呢?是因为被父母打击得太多,产生了自暴自弃的念头,还是经历了什么呢?觉得哥哥学习好,一样要挨打,内心不免恐惧,所以学习的兴趣消失了?

（2）家庭关系不和谐。

智的爸爸妈妈和爷爷奶奶生活在一起，通过案例发觉这个大家庭并不和谐，妈妈应该是那种比较强势、自我的人，不懂得尊重老人，也可能有一些家庭矛盾吧！爷爷奶奶看不惯儿媳妇的行为，但也是敢怒不敢言。他们在教育孩子方面的分歧，有可能让孩子产生一种无所适从的感觉。

3. 诊疗方向和重点

（1）增强自信，培养兴趣爱好。

智在一年级的时候，成绩还是不错的。后来成绩越来越差，可能是因为学习的难度越来越大，再加上孩子对自己越来越没有自信。干什么事都缺乏意志力，想去做好，却不想付出相应的努力。比如班里组织的"挑战读书100天"的活动，他在努力地证明自己，可是他挑战失败了。（我觉得老师在组织这样的活动时，可以适当地给他降低一点难度，让他抱有希望比较好。）哥哥聪明，成绩又好，无形中会给他造成压力，想超过哥哥，却又超不过，久而久之一定产生了自卑的心理。我觉得智的书写越来越潦草，是不是也在模仿哥哥呢？我觉得尘一粒老师可以发掘一下，抛开学习这一条来说，智最擅长什么？从这方面入手来培养他的自信心。比如他想当作家或画家，这也是一个不错的契机。老师的关爱说不定也能打开孩子的心结。当然智老是记不住也不排除受先天因素的影响。妈妈对智的性格影响太大，我觉得妈妈应该试着改变自己的性格，别老是压抑自己，妈妈阳光了，可能孩子也会变得阳光。

（2）改善家庭关系，改变教育方式。

温馨和谐的家庭环境更适合孩子的健康成长。希望智的爷爷奶奶和爸爸妈妈不要再互相指责，而是放下成见，齐心协力为了孩子的健康着想。爸爸妈妈要学会控制自己的情绪，不要动不动打骂孩子，让孩子理解父母生活的不易，从内心去感化孩子。有时间多带孩子走出去看看外面的世界，干什么事要有耐心，不可以三分钟热度。孩子的心态好了，内心强大了，成绩自然而然也就会提高上去，即使成绩不好，孩子有个健康的心灵也是很重要的。

关于智画的果树，他自己是怎样解释的呢？如果大树指他自己，那么是不是代表他渴望自己变得强大？如果大树指父母，那么表现的可能是自己渴望得到爱。（**听风掠过**）

雪泥鸿爪的诊疗报告

读了智的案例，我脑子里呈现的是《儿童的人格教育》里的一些例子、概念（自卑、超越），还有自己的成长经历和武志红说的"原生家庭对孩子的性格养成有多么显著的影响"。很多外界的"环境"对孩子进行着无声的塑造，我们往往不能察觉，孩子已然长成这样了。

首先，我觉得案例的主题应该叫"恐惧的智"，我看到一个被恐惧心理攫取的孩子。那我们就要问了，这个孩子他在害怕什么？他在恐惧什么？

他的恐惧源于什么呢？看看他的家庭结构，关注学习的爸爸妈妈，性格内向不善表达的妈妈，跟妈妈长大的智，跟着奶奶长大比他强的哥哥琦，同在一个学校教着书的爷爷。智和妈妈像，爸爸妈妈与爷爷奶奶、琦构成一种奇特的对立。爷爷有文化，琦聪明；而爸爸妈妈和从小记不住东西的智，明显处在下方。

观看爸爸教育孩子的方式，可以推测爷爷对儿子（智的爸爸）的期许。爷爷是老师，对自己的孩子一定有着更高的期许，只是随着教学时间久了，他认识到人的天资各不相同，即使自己心比天高，自己的孩子并没有成为自己所期望的样子。这个可从爷爷夸某某家的孙子中看出。爷爷的言外之意是人有聪明和愚笨之分。表面上好像爷爷接纳了一切，但其实能看出他的不甘心，也可推知，爷爷要求自己的孩子优秀的初心还在。智的爸爸也非常关心孩子的学习，和爷爷比，智的爸爸就粗暴得多，有打有罚不容许孩子犯错，这是对孩子过于苛刻的要求。虽然这些是对琦，但这给智造成了很大的心理阴影，因为哥哥聪明尚且如此，何况自己呢？

妈妈呢？本该是最疼人的妈妈，性格内向，不善于与人交流。妈妈的高期待可以通过那计耳光表现出来，她多么希望智像他的名字一样聪明，可是她又是多么失望。智习得妈妈的性格，容不得别人说他，否则哭个没完。为什么？因为他已经竭力做到最好了，还是达不到妈妈的目标。妈妈的惩罚方式是莫名其妙的"罚跪"，也是一个不容许孩子犯错的妈妈，错了就要比别人矮半截。

琦曾经威胁要自杀，和智的"你全对了我就去死"是一样的应对这种苛刻要求的方式。可见家庭教育出现了严重问题。

智还有一个优秀的哥哥，父母、爷爷奶奶无意中就把两个孩子进行对比，对比招致的是什么呢？

哥哥聪明，记忆力极好，学习效率高，唯一的不足就是字迹潦草。智是字书写得好，还可以抗衡哥哥一点的。哥哥有奖状，自己没有。哥哥身材高壮，自己瘦猴似的。

不仅有聪明的哥哥，还有大舅家优秀的表亲。

他们统统让智感到一种威压、恐惧害怕，为什么优秀的总是别人家的孩子？

对比导致的是仇恨和绝望。他一定不喜欢自己的哥哥（他喜欢和哥哥对着干）。

在老师眼里他是渴望优秀的。在背书时紧张是因为极端渴望自己的优秀。越在意越紧张。自己主动要求重写作业，努力背诵，都是因为他自身错误地认为如果我不优秀，我是不被接纳的，后果是不可想象的。

爷爷说智记不住电话号码。爷爷潜意识是把智和琦进行比较的。智也许偏向于形象思维。他实际上认为这个孩子智力一般。智在爷爷眼里是不如琦的。老师们看到他的紧张，他害怕让人看到一个不优秀的自己，因为父母不接纳这样的自己，自己也不愿接纳这样的自己。

还有人生最初的安全感的缺失。爸爸说"本来就不要你的"，妈妈说"恼了我掐死你"，小时候被狗咬到过，哭、疾病让他赢得关注。所以他要极力让自己优秀，可是这个愿望强大到超越自己的能力，那他剩下的就是恐惧、害怕。

对于一个未成年的孩子，回避犯错的自我保护措施就是：(1)极力认真地做好。(2)逃避回答问题。(3)限于能力所限，实在做不好，哭，以寻求安慰，避免被打。

他的图画，除了有一处图形不相似外，就是一幅对称图，对称图的特点是稳定，大树被一圈心包围，说明这个处于恐惧心理的孩子对安全稳定的需要。

那么治疗方法就是首先让他正确地认识自己，认识到自己有自己的优点——偏向于形象思维。用作家梦和画家梦来激励他。引导他继续读书，并和他交流书中的内容。（妈妈做不到这点）背课文时，给他一些小方法，让他明白他只是自己认为不擅长背诵，有了方法他一样可以。和家长沟通交流，孩子的问题与父母的教养方式紧密联系，可以指导他们看看《正面管教》。

嘉宾赵琳的诊疗报告

1. 智的行为

智现在表现出来的行为有爱哭，记不住事情，会说活着没意思的话，数学学习有困难等等。

2. 智对于这些行为的感受

面对这些行为表现，我猜想他的感受会有对周围人的恐惧，对自己的悲伤，对某些人的愤怒。

3. 他会产生的观点与看法

智对于家里人既有愤怒又有恐惧。他会认为家里人其实并不爱自己，因为他们想再要一个女孩，结果发现怀的竟然是个男孩，于是对自己的态度是拒绝的。虽然在别人的劝说下勉强生下了自己，但是他们并不欢迎自己的到来。

分析：婴儿完全没有生存能力，他们完全靠父母对他无限的爱才能生存。智作为第二个男孩，作为一个不被欢迎的孩子，他是靠什么生存下来的呢？讨好，只有讨好父母才能生存。所以，智后来在学习上的努力都是想讨好父母，他想向父母证明自己学习很好，所以有资本获得他们的疼爱。

智的观点是：只要我学习好了，父母就会爱我了。

4. 他产生的期待

智认为，只要自己学习好了父母就会爱自己，就不会打自己，自己会获得幸福。于是，他会期待自己能够学习好，期待等自己学习好了父母会疼爱自己。

5. 他的期待是人类共有的哪部分

我想，有被爱、被接纳、被认同，以及自己是有价值的、自己的人生之路是有意义的。

6. 分析

孩子的根本需要是爱与安全感。他希望通过学习好来赢得父母对自己的爱，赢得在家庭中、班级中的安全感。但是，就他目前的学习成绩和学习能力来看，似乎他还不能通过学习成绩来获得爱与安全。

那么，他还可以通过什么来获得呢？

（1）做家务，听话，有礼貌？这些都是缺乏自信、低自我价值的体现，也容易产生悲伤、焦虑、压抑、愤怒等负面情绪。

（2）指责别人，打架，用自杀来威胁别人吗？这是在通过看似强势的态度，表现出自己的无助、失控，把焦点放在了对他人的期待上。人也容易有挫折感，容易出现事故。

（3）接纳自己的与众不同，看到自己的努力及获得的成绩。虽然父母对自己的降生有些失望，但是毕竟还是生下了自己，而且养大了自己，送自己上学，严格要求自己，说明父母还是爱自己的。可能他们的态度有问题，但是抛开父母这个角色，他们还是善良的，他们也有自己的压力，也希望能够通过孩子的出人头地，改变自己的生存状态。从这个角度来讲，两兄弟其实也是父母生存下去的信念支撑，他们对于这个家庭是非常有价值的。

7. 对策

老师需要帮助智认清自己。

智需要被爱，被家庭接纳，被老师、同学接纳，他需要被别人认同，需要认为自己的生命是有价值的。这些都是人类共同的渴望。

那么具体到智这个孩子，他更加具体的期待是父母能够关心他的身体、肯定他的努力、说喜欢他，以及老师、同学看到他的长处，他需要别人说他是好孩子，学习好的孩子。

如何实现这些期待呢？一方面，帮助智找到自己具备的优秀的品质、能力，肯定他现在的一切都是他自己努力的结果，所以，他很棒。

另一方面，和他一起讨论，帮助他了解，要想获得父母的关爱，除了学习好，还可以怎么做？（做好自己，快乐成长）

又及：

智的问题，除了让他自己发现自己的生命力之外，还需让其父母了解，对孩子的爱是无条件的，不要把自己的很多期待堆砌到孩子身上。

嘉宾周文利的诊疗报告

智的老师一共发过来四份资料。

第一次：老师眼中的智，智的基本家庭情况，智的图画。

第二次：智小时候记忆力不太好，智的爷爷也在智学校当老师。

第三次：补充了智上课时的一些表现，智的同学对智的看法。

第四次：回答了赵老师的一些问题。

综合上述资料尝试总结如下：

1. 图画告诉我们的

智的图画有几个明显特点：（1）对称性。基本上小树是对称的，树上的果子是对称的，大树旁边的橘红色的东西是对称的。这种对称性实际是个性比较刻板的一种表现。小树树干的线条也显示了这种刻板性。这种找中心、找平衡的感觉在一般孩子中是不多见的，可能显示他内心的不安全感非常强烈。（2）填充性。他在画面上画了很多小树，这种把画面填满的冲动，一方面可能是幼稚性的体现，一方面是情绪混乱的体现。（3）大果树四周围绕着9颗红心，不知道是什么意思，希望获得关爱？这需要问问孩子。（4）一定的防御型和攻击性也可以从画面中看出来。（5）整个图画从构图上看向下，看出心理能量可能不太足。

2. 智的智力情况

智从很小的时候就记不住电话号码，从这点看，可能听觉记忆不太理想，因为小时候可能是大人说号码让他记，不太像写出来让他记。所以背诵课文对他有些难。机械记忆也一般。写字很整齐，图画线条比较流畅，看起来视觉学习还可以。

学不会广播操，动作不够协调，可能感统方面有些问题。

虽然不知道一年级情况如何，二年级哪些科目落后，总体看，智力一般。

3. 个性特点

智的个性可能和妈妈类似，内向、要强，不善语言表达，所以情绪来的时候就着急，哭。

4. 智的在校表现

老师眼中的智，挺聪明，虽然记不住东西，数学课回答不出问题，作文写不好。学习态度也积极，例如主动提出背书。

同学眼中的智：学习并不太认真，他还抄别人的作业，但他每次只抄一个人的。他对学习似乎又是在乎的，这是一种矛盾的心理，他似乎还没有全面承认自己在学习上的失败。

5. 家庭教育氛围

（1）作为第二个孩子，智似乎从小就在和哥哥争夺在家中的地位，本质上是争夺父母的爱。这从他心眼小，不能听赖话上就能看出来。缺乏这种安全感的人，可能认为只有表现好，才能得到父母的爱，所以被别人评价低的时候，反应非常激烈。智帮家长端碗，在学校主动提出背书，也似乎在取悦成年人，希望得到成年人的爱。

（2）父母不良的家庭教育增加了智心理上的紧张。例如爸爸说要学习好才能买书桌，这对智来说是雪上加霜。他心里也大致明白自己学习能力不足，但又非常希望自己学习好，这令他焦虑。父母对孩子存在家庭暴力，增加了孩子心理的压抑。

6. 给智家长和老师的建议

（1）根据智的智力水平，家长要降低期望值，不要给孩子过多学习压力。老师也同时降低期望值，背诵方面，可能让他抄写、想象画面背诵更有效。经历学习失败的孩子，很多都是走过了和智相同的道路，努力—见不到成效—撒气儿—彻底放弃。最后的结果不仅是学习落后，连心理也会有问题。合乎智水平的正常期待对他才是合适的。

（2）在家庭中，家长要给他充分的爱，对哥哥和他一视同仁，避免比较。无论学习好坏，都不是评价爱的标准，爸爸妈妈的爱是无条件的。平日多和孩子沟通、拥抱，让孩子渐渐建立安全感。（这点很难。看起来智的家长生活得也不算如意，妈妈的个性有问题。）

（3）和孩子一起学习怎样控制情绪。在孩子生气的时候，充分理解孩子，懂得妥协和退让，给孩子做榜样。（这点很难，妈妈本身就是个坏榜样。）

（4）加强运动，跳绳、踢球、打球，增加身体协调性。（感统测试要去专业机构，比较麻烦。实际上运动就是感统训练。）

（5）发现他其他方面的特长，加以培养，例如画画。

从资料收集的角度补充一点：老师的深入探究能起很大作用。例如图画，是可以和孩子聊一聊的，为什么这样画？画的时候想到了什么？画完了，心里高兴吗？这样对图画的解读很有帮助。

如果看到孩子有焦虑，也可以和孩子聊一聊：学习对你来说困难吗？在什么地方？听老师讲课，哪里听不懂？喜欢用什么方式背诵课文？你觉得自己学习能提高吗？如果提高不了，最害怕什么？和哥哥相处，最高兴的是什么，最不高兴的是什么？希望爸爸妈妈怎样做？边询问边观察孩子的表情，这样更容易探索孩子的内心世界。

我的诊疗报告

  智的问题,从现象上看,主要是胆小和记不住东西。看了各位的诊疗报告,我反复思考,得出的结论是:问题可能比各位估计的要严重一些。他的问题带有某种根本的性质:他的人生缺乏意义感,他感觉不到自己存在的必要性和价值。当然,这么点的孩子绝不会想得这么清楚,也不会如此表达,但他有感觉,他的感觉就是活着没什么意思,有时候甚至感觉不如死了好。对于这么小的孩子,这很严重,趋势不好。可贵的是,他还没有绝望,他还在挣扎。

  妈妈告诉他,本来想要的是个女孩,这等于说,你是不必要的,多余的,一下子就抹杀了他生命的意义。这种话本来是绝对不可以对孩子说的,有可能造成孩子终生的心理创伤。既然已经说了,孩子已经知道了,还可以补救。如果孩子在生活中发现自己受到了和哥哥同样的重视和关爱,如果他在家庭和学校中不断地获得成就感,他就会逐渐建构自己生命的意义和价值。可惜,缺乏这些条件。因为哥哥比他优秀,他的感觉是家长关爱自己不如哥哥(他和哥哥对着干,就是一种发泄)。在学校里,他也难以出头。他像一棵小树,周围都是比他高大的树木。在家里,哥哥高他一头,家人都俯视他;在学校里,爷爷身兼家长和教师,自然高他许多。老师又偏偏找一些好学生帮助他。自然,这是好心,然而他的感受是什么?他只会感觉自己一直生活在山谷,周围都是高山,他还会感觉高处有很多探头,在监视着自己。这是多么难受的生存状态!生活在此种情境中,他怎么可能不胆小!他的果树图,中间一棵大树,周围很多小树。我觉得这棵大树是他自己,而周围的小树是那些实际生活中比他高大的人,他在想象中把情况颠倒过来了,这也是一种发泄、逆反和挣扎。大树树冠周围有一圈心状物,我猜这有两种含义,一种是希望得到关爱,一种是希望得到保护(保护罩)。尘一粒老师在网上发了一个小视频,是智在做作业。他显然很不专心,有点心虚的样子,又好像在窥探周围是否有人看着他,脸上的肌肉还不时抽动。他的注意力重点显然不在学习内容上。如此心理状态,你怎么能期望他记住知识呢！他对同学说"你全对了我就去死"，可不要小看这句话，非常重要。这是什么意思？一方面，说明他已经有死的意思（活着没劲），另一方面也表现了孩子顽强的生存欲望，他显然是估计到对方不可能全做对，才打这个赌。鉴于孩子不只一次声称他想死，我认为这不是偶然的玩笑。智是一个心理问题生，比中度还要重一些。他还小，如果不及时采取正确措施，我怕他到中学以后就可能走向抑郁，那可就麻烦了，弄不好甚至会出现可怕的状况，对此不可掉以轻心。

我思考的另一个问题是，他的记性不好与他的心理状况是什么关系？从逻辑上说，有这样几种可能。第一种，他记不住完全是心情不好闹的，一旦心理状况得到根本改观，记忆力就会恢复。第二种，这两件事之间没有关系，心情归心情，记性归记性，即使他的心理问题完全解决了，他的记性也好不到哪里去，记性问题要另行治疗。第三种，二者有关，但不是一回事。也就是说，他记性不好确实有部分原因是心情问题，但也有他的思维方式和记忆方式的问题，需要两方面同时努力。我持第三种看法。但我认为当务之急不是记性问题，而是心理问题，对于他的学习成绩，现在千万不要期望值太高。

于是就说到治疗方案了。这个智，有法治疗吗？怎么治疗？

说实话，难度很大。按说这么小的孩子，调整家庭教育效果应该是最好的，但是坦率地说，这几位家长能不能配合，能不能统一认识，我真是缺乏信心。智妈在智的教育中可能起的是主要作用，然而恕我直言，她几乎完全不清楚孩子的处境，只顾按自己的感觉和愿望行事。我希望尘一粒老师告诉这位妈妈，她正在把孩子赶向深渊，如不改弦更张，以后会有很大很大的麻烦。如果她问怎么办，告诉她：多关爱智，千万不要再用哥哥的优点与智的缺点相比较，在学习上，降低对智的要求，同时增加一些帮助，但不要让哥哥帮他。智的爷爷比妈妈明白一些，但他把智放在自己所在学校，这对孩子也是一种压抑。如果不能转学，建议这位爷爷尽量少过问智的事情，尤其不可以安排好学生帮他，至少目前不适合这么做。那位爸爸，我主张不要插手管智，只要关心就够了。

我不知道智的家长指得上指不上，但愿尘一粒老师能说服他们，但愿他们能搁置分歧，朝正确的方向努力。但是作为教师，我们还是做最坏的打算为好，经验告诉我们，指望家长常常会落空，因为家长的相互关系和教育理念往往已经固定，改变起来非常困难。教师能做些什么？首先不要安排成绩好的同学帮助他，甚至可以考虑在有些事情上特意找一些不如他的同学让他去帮助，以帮他找到点比别人高明的感觉，能发现他的理想和特长最好，以此为抓手，帮他找点成就感和获得感。至于他记不住，可以换点方法让他记记试试。有一首外国歌曲我百听不厌，叫作《斯卡布罗集市》，可是我一直记不住这个名字，后来我灵机一动，这不就是"四个菠萝"吗？一下子记住了，估计从此还就忘不了了。把生疏的东西挂在熟悉的东西上记，是个好办法。当然我的意思不是要智一定这样记，我只是说，要多想点办法，不要总是硬记，有些人硬记能力很强，另一些人则不然，他们的脑袋长得不一样，要区别对待。

关于智的案例，我目前想到的，就是这么多。

Part4 疗效反馈

改变，何其难！

（1）"智考多少分？"我正在跟任课教师谈期中考试情况的时候，智爷爷突然问。

"我不告诉你！"我半真半假地说。

他不死心，又问："恁班的试卷哩？"

我依旧不给："在抽屉里，我不能给你看！"

他还是按捺不住对孙子成绩的好奇，径直自己动手开抽屉拿试卷。我也不好意思再阻拦他，随他拿去。

智的成绩自然是不理想的，无论是数学还是语文都在班里排名倒数，分数也都没有及格。看罢智的成绩，智爷爷叹道："这咋弄?!"

我顺势接腔道:"专家都说了,现在不是关心智的分数多少的时候,不是关心他成绩的时候!"他反驳我:"我不关心他成绩,我关心他啥?!"我没有丝毫的让话:"现在关键在于让他无论在家里还是在学校里,避免内心的恐惧,让他能够安安心心地在家里、在学校里待着。"他不讲话了。

(2)其实我清楚地知道,智爷爷的改变甚至是其他家庭成员的改变是何其之难!当我接到王老师的诊疗结果之后,第二天下午放学我就到智家去了,跟智的家人一起讨论智的事。在沟通之后,我感受到智爸妈是十分配合的,希望通过家庭的努力来改变智的情况,然而智的爷爷奶奶却不那么愿意主动改变自己的行为。之前在收集有关智的资料时,我对智奶奶与智之间的关系所收集的资料是不足的,我本以为智只是由妈妈带大,应该跟奶奶之间不会发生太多关联。但智妈当时说:"就她奶,天天老是拿成绩说事。不考100分就怎样怎样!"智奶奶解释道:"小孩学习不就是个激劲,你越激他不就越好?!俺心里就这样想。"智妈和智奶奶的言语之间,我能隐隐约约感受到一点点火药味,就接过话:"我们都是为了小孩好。无论是两位老人哩还是智爸妈都希望智能够好,这一点是毋庸置疑的,在这点上全家都是一致的。只是小孩和小孩不一样,智不能再激了。这不是激励了,是打击!"智奶奶表示以后不再这样说了。

因为智爸还要出车去拉水泥,我不便久坐(已商量了一个多小时)。在离开的时候,我再次强调不要因为家人对智的教育观念不一样而造成家庭矛盾,全家人要保持一致:关于智在家庭生活中,一定要让他感受到爱,家长爱孩子是肯定的,但这爱一定要让他感受到;要让智体会到他在这个家庭中的位置和重要性,这个家是不能没有他的；对于智的"治疗"，家长一定要有一颗耐心，智的恐惧状态不是一天两天形成的，是一个长期积累的过程，他的转化和改变可能也需要一段很长的时间，这一点家长要作好充分的准备。

从智家走出来的时候，漆黑的村庄里几点灯火人家。智爷爷执意要送我几步。一路上他一句"我看这小孩，就顺其自然吧"，深深地印刻在我的脑海里，我不知道这一句"顺其自然吧"所传达的是什么！

（3）无论是王老师的提醒，还是我自己实践的感触，都一次一次地"抽打"着我——问题学生的改变依靠家长的力量是极不可能的。我也清楚地知道，问题孩子的背后往往是站着问题的家长，也正是问题的家长才造就了问题的孩子！为了让智的家长认识到问题的严重性，为了让他们充分参与到智的"诊疗"中来，我把网虫小飞的案例拿给家长看，希望他们能够全力配合"治疗"。小飞就是因为家庭这方便的配合不力，取得的效果并不好。我多么希望这个"反面教材"能够引起智家人的足够重视，毕竟智是幸运的，他如今才 10 岁，还能够一点一点地改变。

面对智的生存状态，我又回忆起自己的成长经历，并把自己的成长经历记录下来，发给了智爸，希望能够对智有所帮助。发完信后，我又再次强调：您要处理好智妈和智奶奶之间的关系，避免家庭矛盾的产生和恶化。对待智的问题上，一家人要保持一致：不拿兄弟俩对比；不拿智的成绩说事；让智感受到家人对他的爱，让他知道这个家有他很必要而且很重要。

但是智爷爷拿起智的试卷，盯着他的分数，一句"我不关心他成绩，我关心他啥"，戳在了我心里，也戳在了他心里，更戳在了智心里……（**尘一粒**）

第二次反馈：

下午放学，智妈到学校向我反馈儿子近一个月的诊疗效果。当我问及智在家的表现时，智妈说"好些了"，脸上也挂着笑容。

我继续追问她："好些了，表现在哪些方面呢？"智妈告诉我，儿子近来再也没有说过一句不着边际的话了（诸如死啊活啊之类的话），也没有以前那么动不动就生气了，他以前听不得半句赖话，说他个"不"字他就生气，现在好些了。儿子也大胆了些，从他要零花钱就可以看出来：他向妈妈要零花钱，妈妈不给他，他不生气，而是换另外一个人（奶奶）要，甚至上奶奶口袋里自己掏。有时候妈妈说他的时候，他反过来对妈妈说："你不是教我学脸皮厚吗？"这是他改变好的一面，当然也存在一些问题。他与哥哥之间的矛盾增多，吃饭的时候你挠我一下，我挠你一下，谁也不愿意吃亏。有一次哥俩闹了起来，智生气地对爷爷奶奶说："弄啥事恁都向着俺哥，都怪我，这回恁都看见了吧，这还怪我吗？"智妈接腔："我不还永远站在你这一边的吗？"（智妈没有讲她哥俩是因为什么事闹矛盾，只是把智和自己的话复述了一下。平常智哥眼皮比较活，且老人带过，一直都向着智哥。）

我问智妈，对于智的这些改变，家庭成员都具体做了什么。智妈说，自从我那天跟他家里人一起交流过之后，无论是她和智爸还是两位老人，在家里都不谈学习成绩。她现在最大的希望就是孩子能够有一个健康的心理。在家庭中，智慢慢体会到成功的快感。她陪智下五子棋，但她本身不会下，当智赢了她就会特别得意，大笑（智妈无法用语言表达儿子的笑，但我能从她的面部表情和手势上感受到智赢棋时的高兴劲）。智还专门拿着他写的字给妈妈看,并让妈妈猜是谁写的。妈妈说"猜不出来",他依旧让妈妈"你猜猜耶!"妈妈问:"这是你写的吗?"他会有点儿不好意思,又有点儿自豪的样子,妈妈便夸他:"你怎么把字写得那么漂亮。"(他的字确实写得好。)妈妈还会给他读书,只是在听书的时候他注意力不集中,不是看这就是看那,要么抠指甲或摸脚。这是智在家庭中的表现,在学校中的改变并不明显。

  在学校,我已经接过了他爷爷的那节课,也就是说他爷爷不再上我们班的课了。在上课的时候,他还是习惯性地注意别人。我之前没有翔实统计过他关注别人的次数,下午我讲练习题时留意了一下,他向周围扫视了两三次。他去看别人的时候,一般都是在学习遇到困难的时候。前一天的作文课上,刚开始他写不出来。后来我给其他同学批改作文,他有侧身听,作文书写的最后两句话与我面批的那位同学的句子基本一样。可能是由于家庭不谈学习的原因,他的作业书写更加潦草了,那天我专门找他谈话,并把他的课堂作业与家庭作业作了比较,后来他又书写工整了。班级也举行了两次亲子活动,我不能说是专门为了智而举行的活动,但当时进行活动的时候就是想着他。先是进行周末远足,她妈妈陪着参与,一起用花草给提前画的人"穿衣服"。后来又举行了持续一个月的"爱要勇敢做出来"的活动,并邀请家长参与总结,汇报结束之后我们又一起到河头做"石头画"。

  看到智在家庭中得到了好的转变,智妈无比欣喜。我感到欣慰的同时,更感到自己的重任,为什么智能够在家庭中得到改观,而在学校中并没有发生太大的变化?这是不是由于我的原因造成的?还有就是智在家庭中的表现(上奶奶口袋里掏钱、学着厚脸皮)会不会发展到另外一个极端?最后就是他的学习成绩,我该怎么做呢?他的恐惧与他记不住学习的内容有没有直接的关

> 系呢？王老师，我下一步该怎么做呢？期待王老师的进一步指导。感谢！（**尘一粒**）

感谢尘一粒老师的二次情况反馈。看来我们的诊疗有些作用。我想您不必太急，只要方向是对的，坚持下去，到期末再看。

案例 6　壮壮（小学三年级）

Part1　原始案例

壮壮，男孩，9岁多，在读小学三年级。爸爸是铁路工人，妈妈是初中语文教师（我的同事），父母都是大专学历，夫妻感情很好。爸爸常年在外工作，节假日才偶尔回来。壮壮6岁之前由妈妈和爷爷奶奶一起带，妈妈通情达理、为人和善，与奶奶关系也不错。壮壮小时候，家人都很疼爱，也可以说有些溺爱，要什么就给什么。6岁后为了上学接送方便，妈妈带着他住在初中学校里。壮壮妈妈说，壮壮从上幼儿园时就不省心，老师说他上课坐不住、和同学闹矛盾、字写不好，妈妈显得比较焦虑，对他要求很严，犯错时批评不听，就会动手打，亲子关系也开始紧张，她常常因为儿子生气，感觉自己很失败。

从2016年开始，壮壮妈妈多次找我询问孩子的教育问题，从她那里，我了解了壮壮更多的情况：

壮壮在家里很任性，脾气倔。很多时候不愿听家长的话。大概壮壮上一年级的时候，因为他犯错，爸爸打了他一顿，他不服，又哭又闹，爸爸生气把他关在屋里（七楼），想让他承认错误，他仍然不肯认错，趴在窗前向外大喊大叫，说爸爸把他关在屋里，要别人帮他打110。

平时父母规定他每天可以玩一小时手机电脑，规定的时间到了，很多时候不能按照约定的时间关掉，一直让父母再等会儿，父母等不下去了，强行关掉后，他就开始发脾气，有时还会用头撞墙，伤害自己，以此来激怒父母。

春节前壮壮想让家长给他买个电话手表，家长说如果三科成绩到90分就满足，结果只有一科达到要求，其他科都差几分。家长不给他买手表，他闹着非要买，家长不肯买，他就开始自己打自己的脸。

与他的任性相矛盾的是他的胆小。

壮壮在家不敢单独去厕所，让妈妈在外等候，并且要在厕所里不停地喊妈妈，妈妈要回应，如不回应，就会马上跑出来。

他经常和一个六年级的男生玩，有一次那个男生说壮壮家阴气很重，吓得他不敢独自待在家里。

有时不停地说有鬼、有怪兽，自己吓自己，担心自己被坏人抓走，被人拐卖，自己会想象一些坏结果或镜头。尤其是和妈妈生气的时候，就会变得很恐怖的样子说不认识妈妈了，妈妈是鬼，他看见妖怪了之类。刮风的时候，他不敢睡觉，问妈妈风会不会把汽车刮走，一会儿又双手乱比画着，说是驱鬼驱妖驱邪，把妈妈吓得以为他精神不正常。

他常说妈妈不理解小孩子的心，经常与妈妈赌气。但又对妈妈很依恋。他不肯单独睡觉，和妈妈睡一张床，两个被窝。刚开始还是自己睡，睡着睡着就挪到妈妈被窝里了。但他又不愿和爸爸睡，爸爸常年在外，有时回来想和他睡在一起，被他拒绝。

壮壮遇到问题总是要妈妈帮他解决，比如他想调座位，闹着让妈妈去跟老师说，妈妈不肯去，他就撒泼，赌气问妈妈自己是不是亲生的，说"如果不帮我，我就气死你"之类的话。妈妈说："他现在似乎就是大王，我必须听他的，如若不然就开始大动干戈。"

一天下午，他因为忘了作业，非让妈妈给老师打电话。妈妈说：老师就在这儿，你自己去问问。他就开始大闹，说妈妈不是亲妈，不肯帮他，不爱他，把自己反锁在屋里，捶墙、砸门，指着妈妈愤怒地说："你看着吧，你不打电话，我今天非气死你。"一直到晚上九点多，还在屋里闹，相邻住的同事都来劝也不行。我劝他妈妈先别理他，给他一个发泄的时间，等他平静下来再跟他沟通，他妈妈就一直坐在外面，非常痛苦地给我发了个短信：感伤自己尽力去养育孩子，为什么回报却是这样？

可是壮壮在学校的表现与在家里截然不同。各种活动中表现积极，班级有朗诵、唱歌等活动他都能勇敢地上台表演，表现得很大胆。遇到老师批评，如果他认为自己真是错了，会接受批评；如果认为自己不是完全错时，也接受惩罚，但有点不情愿；如果觉得老师嘲笑或讽刺他时，心里对老师有恨，但不敢在老师面前耍脾气。

各科老师的评价：

语文老师（班主任）：听从说教，积极做事，但作业不美观。每次提醒说："你看，这样写好看吗？"回答"不好看"。"那以后不这样好吗？"点点头，但常常还是照旧。

数学老师：与去年相比有进步。上课能做到注意听讲，所学知识能领会，但懒惰，经常会忘带上课用的学习工具，还有时家庭作业没完成，粗心与慌张，成绩不理想。

英语老师：能背诵短语和课文，但书写能力差。考试时连线与选择题能做出来，但遇到填单词及补充句子则不行。作业还脏。

和同学们的关系：

他曾说不愿跟静静（班干部）坐同桌，说静静用脚踢他，他报告老师，老师不相信。他不敢再跟老师多说，却向妈妈抱怨说老师都是偏心好学生。静静却跟妈妈说是他表现不好，管他还不听。

去年有次在操场他想和一群高年级的同学一起玩，人家不让，他就故意捣乱，结果有个高年级的同学把他打了一顿。

有一次我看到几个初中生在前面笑着跑，他在后面追，一看到我，他就跑过来说："姨姨，他们几个欺负我。"想让我帮他教训那几个初中生。我问他："他们为啥欺负你？"他说了一句什么，我没听清，他就转身跑走了。

早期记忆：

事件1：我去小宁家玩，玩着玩着玩到了纸，然后闹矛盾了。我拿着自己的纸不给他。他奶奶骂我，然后我爬到很高的地方。小宁和他奶奶找不到我了，我就跳下来跑回家，然后小宁和他奶奶也回家了。我回家给我奶奶说，我奶奶说不要我与他搁气（方言，闹矛盾的意思）。我说不，我奶奶一直说不要我与他搁气，我最后答应了。然后，我又拿着纸去他家玩了，我们俩叠飞机，我们和好了。

事件2：3岁时，我也不知咋了，招惹到我爸了，我爸大显神威，把我打得屁股像开了花，鼻涕直流，也不知过了多长时间，估计一小时，我爸才消了一点点气。然后我爸在地上给我画了一个圈，让我站在里面并说只要圈在这，就不准动，动了就打我。然后我脑子一动，想了一个办法，开始执行，不顾疼痛地把爸爸画的圈擦掉了，然后我爸说："这孩子咋动了？"我欢呼着说："圈没有了，圈没有了！"我爸笑了，我跑了。

事件3：有一次，我吃完饭去健身器材那儿玩，碰见小鑫，我们玩了很长时间，一直玩到该吃下一顿饭时，他说让我快点吃，他在那等我。然后我回家吃饭，吃得很快，吃完去找他，那没人，我大喊也没人。不知怎么办，我回家了。问我妈妈他来找我没有，我妈说没有。

壮壮的妈妈一直都觉得儿子有心理问题，不然为什么有时候很胆小，有时候又喜欢自虐？我之前曾建议她不要再打孩子，要多陪伴，和他一起游戏，一起阅读。她说壮壮不喜欢读书。我推荐了郑渊洁的童话系列，她买了几本，壮壮开始喜欢读书，有一段时间亲子关系开始缓和。但还是时不时因为孩子不听话生气，孩子发起脾气来就闹得天翻地覆。我劝她遇事不要生气，做孩子的榜样，要让孩子理智，自己要先学会冷静。她说看到孩子的表现实在忍不住。她希望大家讨论一下这个案例，给支个招，她该怎样引导壮壮摆脱任性和恐惧？

壮壮画的五项图：

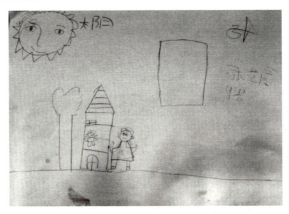

房子外面的人是壮壮自己，房子是他的朋友小宁家的两层楼，房子里的小人是他的朋友小宁，在楼上，他想进楼去找小宁玩。房子旁边是一棵树，右边的长方形是书，他说不知道怎么画，就随便把书画成了长方形。太阳是他自己想添上去的。他有彩色的画笔，就是不想用。**（听风掠过）**

Part2 问诊

这个孩子您教吗？
孩子婴儿时，是不是爱闹？
能不能问一下孩子1岁前的表现？（**无情箭**）

这个孩子不是我的学生。1岁前的情况我可以问问他妈妈。（**听风掠过**）

他们家是不是喜欢吓孩子？（**无情箭**）

壮壮妈妈的话：他婴儿时很好，从不闹。出生时由于缺氧住了半个月的院，好了后我定期给他检查，到1岁半时医生说很好。1岁之前很乖。
他爸爸和妈妈都会打孩子。2016年，我告诉他妈妈千万不要再打了，从那以后有一两次实在忍不住又打过。春节以后不再打了。（**听风掠过**）

壮壮这么胆小，是不是与爸爸常年在外，缺乏父爱有关呀？
请问听风掠过老师，壮壮平时爱看动画片吗？喜欢的话看什么样的？（**静候佳音**）

也喜欢看动画片，如《熊出没》《猪猪侠》。凡是动画片，我觉得他都挺喜欢看的。但像《花园宝宝》之类的，很幼稚的，他不喜欢看。平常喜欢看搞笑

的，爱打架的。（**听风掠过**）

壮壮家住的是套房吗？您说的害怕独自上厕所，是到房子外面的厕所还是套房内的卫生间？他们住的学校周围是空地吗？会刮很大的风吗？

妈妈生气的时候，是不是经常说"再这样就不要你了！"之类的话？（**修慧**）

壮壮家是套房，在学校是单间宿舍。在家里和在学校上厕所，都要妈妈陪。学校里厕所离住处距离大概一百米。校园里路灯很亮，四千多学生的校园并不显得空旷。刮风的时候就是和妈妈在一起他也怕。刮大风的时候不是很多。

妈妈生气的时候会说他是白眼狼，至于"不要你"的话，也说过。（**听风掠过**）

壮壮那么爱"闹腾"，不听妈妈的话。请问当壮壮爸回到家时，壮壮是什么情况呢？是依旧我行我素，还是有所收敛？我觉得，关于爸爸这方面的资料太少了，能不能再提供些爸爸在家时的资料？（**尘一粒**）

爸爸在家时会有所收敛，但一生气照样闹，爸爸就打他，让他跪下，他不跪，爸爸能一直把他打跪下。有一次他爸带他在学校琴房练钢琴，他不想弹，爸爸哄他说弹完一节就行了，他还是很不情愿，很随便地在应付。当时我也带女儿在那里练琴，就鼓励他不要急，弹得挺好的，但他还是不肯认真弹，爸爸就想吵他，看到我也在那里就强忍住没再多说。由于他爸爸平时不在家，所以他很少跟爸爸相处。爸爸回来他也要跟妈妈睡，不愿跟爸爸一起睡。（**听风掠过**）

各位学员，如果没有问题，可以交作业了。我还是希望您简单谈谈自己对个案的分析过程，开始怎么想的，该想法后来是证实了，还是推翻了或者修改了。这个思维过程其实比最后的结果还重要,因为这是"渔"而非"鱼"。我们培训班的主要目的,就是帮学员学会思考,掌握思考的路子。这是能力,不是知识。此事极其重要,希望各位学员仔细体会。这个问题想不明白,可以说就没有入门,更不用说登堂入室了。

有的学员可能会问:我们还没有进行干预,没有实践,怎么能证明自己的想法(即所谓假设、假说)是对是错呢?

是这样的,所谓证实,有两个层次,第一个层次是理论上的证实,第二个层次是实践的证实。

理论上的证实,指的是我的解释完全说得通,与案例提供的任何材料都不发生冲突,我的解释是完整的、严密的,至少目前找不出破绽,绝无自相矛盾之处。到这种程度,就可以说理论上被证实了。学术语言叫作"自洽",也就是"能自圆其说"了。要做到这一点,你提出一个假设之后,必须从各个角度对它进行"自我攻击",你必须把它弄到尽可能"坚不可摧",才算放心。这就要求你有相当强的逻辑推理能力和辩驳能力,这是很多老师学习个案诊疗遇到的最大困难。

当然,理论上证实只是第一步,真正重要的是在实践中这种假设确实起了作用,有效果,所谓"实践是检验真理的唯一标准"。不过教育这件事因为极其复杂,往往不能简单地看眼前的效果,所以理论上的自洽就很重要了,你得先做到别人驳不倒你,再说其他。

Part3 诊疗报告

修慧的诊疗报告

壮壮是一个非常任性的孩子,同时又非常胆小。看似矛盾的表现,其实反映的是一个问题:这孩子在骄纵下长大,缺少安全感。洛克在《教育漫话》中说:"被溺爱、娇宠惯了的孩子必然学会打人骂人,必定会哭闹着索要他想得到的东西，必然会悍然做他一心想做的事情。"同时因为一切快乐和舒适都已经有长辈准备好了，他从未从克服困难中体会到自己的力量。所以他对自己没有信心，也不会与人相处。他在学校的表现（基本上能够听从老师的话，也愿意积极参与学校的活动）说明他还是有着积极向上的要求的，他的理性正在与从小以来养成的随心所欲作斗争。

壮壮生活在祖孙三代同堂的家庭，3岁之前是有求必应的。这样的成长经历只能给他带来伤害。这种教养方式的问题最直接的结果就是幼儿园里表现不佳，坐不住。他的心里其实是非常惶惑的，他不知道为什么在这里不能乱动，也不知道什么是表现好，为什么要写字，为什么要跟小朋友友好相处。尤其是当老师向妈妈告状时，妈妈回到家会惩罚他，他就想通过以前的任性来抗拒妈妈的惩罚。

6岁以后，壮壮被妈妈带着住进了学校宿舍。如果说之前被妈妈惩罚还可以得到爷爷奶奶的庇护，这时则只能忍受妈妈的责罚了。也许妈妈曾经因为他的任性恐吓过他，告诉他外面有鬼，有妖怪，专门抓不听话的孩子；也许妈妈威胁过他，如果再不听话就不要他了，就让老拐子拐走他。加上他喜欢打游戏，喜欢看《熊出没》，这里面有一些恐怖的场面和形象，他会把自己的行为、妈妈的语言、可能的后果联系在一起，于是他对未知的世界充满了恐惧，他不敢一个人睡觉，不敢一个人去厕所，听到风声也会很害怕。他其实在寻找控制妈妈的武器。他想控制妈妈，而不是被妈妈控制。妈妈非常焦虑，在壮壮说有鬼怪时，以为壮壮神经不正常，急了还会体罚孩子，这些都是妈妈被壮壮控制的表现。壮壮曾经很好地控制过家里的每一个成员。我可以想象，一个幼小的孩子，在家里四个大人的围观下，有求必应的那种骄傲劲儿。只要妈妈焦虑、担心害怕，并且惩罚他，他就能体会到小时候的那种骄傲的感觉。所以他会威胁妈妈"如果不……我就气死你！"

为什么壮壮会一次次违背规则和承诺，而至最后通过撒泼耍赖来跟父母对抗？这其实源于他小时候的记忆。他清楚地记得，有一次爸爸打了他，给他画了个圈，不许他走出圈外。可是他想出了一个办法——把爸爸画的圈擦掉，这样他就可以想去哪就去哪了！这件事非常重要，孩子得到的结论是，大人制定的规则是可以破坏的，他不会受到任何惩罚，并且可能会得到赞赏。爸爸的笑就是一种鼓励。这让孩子误以为破坏规则是可以得到赞许的行为，并因此而感到自豪。

实际上，壮壮的内心是混乱的。他虽然可以控制自己的爷爷奶奶，甚至自己的妈妈，但是他知道，妈妈并不了解他内心的混乱与惶惑。他的生活里似乎缺少阳光，所以他要在他画里画上太阳。所以，他生活中的重要他人不是爸爸妈妈，也不是爷爷奶奶，而是他的朋友。但是我想，也许因为表现不佳，尤其是跟妈妈对抗，他并不能够得到朋友家长的接纳，朋友的父母也许并不很愿意自己的孩子跟他做朋友。这是他的五项图中出现他在门外，朋友在房内的原因吧？

不过这个孩子总体上还是乐观的，他追求太阳，他脸上挂着笑容，同时他还很聪明。所以，我觉得壮壮的问题依然还是要从妈妈着手。妈妈首先要能够沉静地面对孩子的任何表现。当孩子再说起妖怪、鬼魅的时候，要做出理解的样子，不要表现出害怕。其实也真的不必害怕。如果妈妈从现在开始努力去理解孩子，就应该对孩子表现出追悔和歉意，而不是责罚。另外对孩子反映的学校问题，要充分理解，哪怕是撒谎，也要问问为什么，孩子到底想表达什么。虽然孩子的问题是整个家庭的问题，不能完全怪妈妈，但是毕竟，妈妈是老师，壮壮不良的个性，妈妈有着不可推卸的责任。壮壮不爱读书，说明妈妈可能也不是很爱读书，也许家里没有给他营造读书的氛围，也可能没有引导孩子读适合他年龄和兴趣的书。有很多孩子的问题，是可以通过相关的主题阅读来解决的。壮壮的年龄还小，现在开始关注还来得及。妈妈已经开始求助同事了，这就是改变的开始。

现在开始，坚决不要再打孩子。孩子的成绩一时半会儿不能提高。妈妈要尽量不去关注成绩，而要关注孩子的需求。要跟孩子一起制定明确的规则，哪些是可以满足的，哪些是坚决没有商量余地的。温和而坚定地执行规则。对于孩子的恐惧，尽量表示理解，同时要在孩子说害怕的时候拥抱孩子，给他力量和温暖。

最难改的是壮壮的懒惰。这个孩子的懒惰也是小时候爷爷奶奶的包办代替和爸爸妈妈的溺爱造成的。他根本不知道自己该做什么，能做什么。我曾经遇到过很多这样的懒孩子，干什么都提不起精神来，虽然也想努力，但就是不能战胜自己。因为他们从未有过自我探索的喜悦，也没有自我管理和自我激励的经验。这样的孩子缺少足够的毅力，也没有远见和欲望，他们是被过度的爱束缚住了，他们不知道怎样挣脱这种束缚。必须有人去发现他们的兴趣和欲望，持续不断地努力激发他们内在的动力，才有可能改变这种状态。

听风掠过的诊疗报告

我开始了解壮壮的情况是在一年前，当时他妈妈非常苦恼，对壮壮感到非常失望。她说壮壮总是和同学们合不来，好惹事，结果往往是被同学打一顿，回家哭着让妈妈给他做主。我当时没问过多情况，因为同在一个校园生活，对这个孩子也比较熟。有一次我亲眼看见他追着一群初中生跑，一看见我就说："姨姨，他们几个欺负我。"我问："他们为啥欺负你？"他支支吾吾就跑开了。壮壮的小学与我们学校只隔一条马路，我侄子、外甥都和他在同一所学校上学，年龄比他大两三岁，经常听他们说壮壮老是没事找事，连高年级同学都敢惹，大家都不喜欢跟他玩。我觉得壮壮是个比较顽皮的孩子，就给壮壮妈支招：再惹事让他自己处理，他感到自己没了靠山，再惹事没好下场，他就会老实了。

后来他跟同学的关系并没有改变，新的问题又出现了。

临近春节的时候，壮壮妈几近崩溃，她说壮壮一定是有心理问题，要不为什么那么不听话？他动不动就故意惹妈妈生气，还说"我可知道该怎样气你了"之类的话。我认为壮壮是故意气妈妈的，之所以会故意，是因为他觉得妈妈不爱他，他要报复；还有妈妈老说他不好，他干脆自暴自弃，越发表现不好。我就告诉他妈妈要有耐心，要让他知道不管他怎样表现妈妈都是爱他的，不要打不要说狠话。我让她试试用阅读去引导和改变孩子。她说壮壮不喜欢读书，就喜欢看电视玩电脑。我就让她陪孩子读，睡觉前给他讲故事，输入正能量。

壮壮妈说虽然情况有所好转，但是她还是觉得壮壮有心理问题，因为有一次他突然说家里有鬼，指着妈妈说"你是鬼"，眼神显得很恐惧。我问他是在什么情况下表现出恐惧的，她说刚开始是挨吵之后，后来有时候不知道怎么回事就开始发作。我认为可能是受了什么刺激，问他是不是爱看鬼片，她说可能和小朋友一起看过，不太清楚。我告诉她这可能是一种应激反应，不要吓他，过段时间就好了。她不放心，带孩子跑了几家儿童医院去看心理医生。医生说孩子性格有点偏激，建议当孩子再激动时让他打枕头，平静下来后要对枕头道歉和道谢。

春节过后，壮壮妈又找我，说了医生的建议，说壮壮确实有两次激动时打枕头发泄，但他不肯对枕头道歉和道谢。而且越来越胆小，以前就不敢自己去厕所，现在刮大风时，在屋里会担心风把自家的汽车刮跑，还挥动着胳膊说要打鬼驱邪。

我意识到壮壮的心理可能确实有问题，他从小跟妈妈一起长大，妈妈要求又比较严，他比较压抑，所以男子汉气概是谈不上了，总是渴望妈妈能保护自己。这样看来，他遇到问题就找妈妈的思维方式就可以理解了。也正是因为他常受教训，总是压抑，所以才会在受不了时爆发，想要反抗，他会觉得妈妈不爱自己，想要报复。如果问题得不到解决，他进入青春期，将更为叛逆和脆弱。

在反复询问，了解了壮壮更多更详细的情况后，我觉得壮壮主要存在以下问题：

（1）壮壮的人际交往水平不高，不知道怎样正确处理自己遇到的问题。从壮壮的早期回忆和五项图看，他是很重视和同龄人的关系的，但他不善于处理好和同龄人的关系。主要表现是和同学关系不好，他觉得是同学不好，同学却觉得是他不好。有时候和同学闹矛盾、打架。自己不能处理与同学的问题，希望妈妈出面帮他，而妈妈一说不帮，就觉得没了依靠，开始跟妈妈闹。他因为作业没写或忘记作业，就让妈妈帮忙跟老师解释，说明他不知道怎样和老师交流。在他的早期回忆里，一次是和小伙伴闹了矛盾，一次是回家吃饭后找不到小伙伴了。他的五项图中，小伙伴在屋里楼上，他自己在外面，想找伙伴却没在一起，这表明有隔阂。这一问题的原因在于他从小母性之爱泛滥而父性之爱不足。妈妈和奶奶从小宠着他，爸爸经常不回家，回家一次也难免娇惯。再加上他出现问题后父母的方法不对，不是耐心地教导，而是打骂，似乎是弥补幼时娇惯的过错，其实这种由溺爱突然变成打骂，最让孩子难以接受，他觉得世界不可信，不知道这个世界会怎样对自己。妈妈自身的焦虑感也是造成孩子问题的根源。

（2）有恋母情结。主要表现：9岁了还要跟妈妈一起睡，排斥爸爸，爸爸想跟他一起睡他不让。妈妈的行为一旦让他不满意，他就觉得妈妈不爱自己了，进而失去安全感，他的大吵大闹是向妈妈宣告：你要爱我。他在家里说"鬼话"有一部分原因是想引起妈妈的注意，要看看妈妈对他够不够重视。这个问题原因在于从小父爱缺失，分床太晚（这一点是不是原因我不能确定），妈妈帮他做事太多。

（3）他的阅读（包括影视、电子产品）吸收负能量太多，人生观、价值观缺乏正确引导。主要表现：壮壮从小不喜欢童话故事，觉得那些都是假的，很少读纸质书，喜欢看电视，常看奥特曼之类的暴力片，有时还和同学看鬼片，也看世俗生活剧。他经常关注到故事中那些反面的情节和言论。他画五项图，有彩色笔，却不用，只用铅笔画，他的心中没有色彩，是不是表明在他心中世界是灰色的？这个问题的原因是从小没得到良好的阅读引导，妈妈很少给他买书，只说壮壮不喜欢读书。看电视也是喜欢什么就看什么，妈妈很少帮他选择或陪他一起看，一起讨论。

针对这些问题，我提出以下诊疗建议：

（1）让壮壮爸多参与壮壮的成长，但不要打骂。虽然爸爸不在家，但打电话、视频聊天总是可以的。爸爸要经常在电话里听听孩子讲自己的经历、自己的想法等，多倾听、多赏识，一方面培养父子感情，让他知道爸爸很爱他，一方面适时发现他心里的想法，看看哪些是负能量的，可以想办法引导，渐渐培养他小男子汉的意识。

（2）妈妈要降低自身的焦虑感，不要觉得孩子不可救药了，相信孩子可以改变。壮壮再遇到问题要妈妈出面时，妈妈可以教给他自己解决这个问题的方法，刚开始也可以和他一起想办法，当他自己解决了问题时，要肯定和表扬，让他认识到自己完全可以靠自己解决问题。妈妈不妨示弱一些，遇到问题时让他帮忙想办法，激发他保护妈妈、为妈妈做事的意识。要和孩子分床，让他知道自己已经长大了。

（3）通过阅读输入正能量。父母和孩子一起读郑渊洁、沈石溪、曹文轩等人的作品（可读的书太多了），和孩子讨论书中的内容而不要只是让孩子自己读，讨论中输入正能量。有时间可以和孩子一起看电影并讨论，引起思考，以积极的态度看世界。让他远离带他一起看"鬼片"的伙伴。多带他到自然中去，消除内心的焦虑和不安全感。

静候佳音的诊疗报告

1. 思维过程

读完壮壮的案例，我觉得父母的文化程度相对来说也不低，更何况妈妈还是老师，应该受到更好的教育才是，为什么壮壮的身上会出现这么多的问题呢？凡事有果必有因，细细读来，我在案例中发现了一些问题的根源：（1）壮壮小时候家人都很疼爱他，爷爷奶奶爸爸妈妈围着他转，可以说是被宠坏的"小太阳"，要什么就给什么。（2）爸爸常年在外，妈妈管教他不听，就动手打孩子，导致亲子关系紧张，妈妈很有挫败感。（3）在家里任性、脾气倔，动不动用头撞墙、打自己耳光，有一些自虐倾向。（4）特别胆小、不肯独立睡觉，老是生出一些鬼、怪兽、坏人之类的念头。（5）和爸爸关系紧张，有隔阂，不喜欢和爸爸一起睡觉。（6）遇到问题，不自己解决，过于依赖妈妈。

在学校的表现相对来说要好一些，看来壮壮是一个挺要面子的孩子。壮壮在家和在校截然不同的表现，让我猜测他应该是一个双面性格的孩子。这种性格的形成有以下几个方面的原因：一是外在环境不同，在校是一种集体环境，表现不好会直接影响到别人对自己的看法；而在家里是一种家庭环境，面对的是宠溺自己的家人，表现如何没有什么大不了的。二是心理需求不同，在学校里追求的是老师和同伴的认可，所以要表现得好一点以期得到别人的赞誉，同时也是一种自尊心的满足；而在家里不管怎样总会得到大人的关注和宠溺，表现好坏就不那么在乎。三是规则不同，在学校里会拥有一套完善的相对稳定的规则和一贯执行的老师，而在家里却缺少相对统一的要求。通过壮壮的早期记忆和五项图，发现壮壮是一个很喜欢交朋友的孩子，渴望获得友谊。他后来补画太阳，说明他渴望爱与温暖。他通过一系列任性的方式，是不是想刻意引起家长对他的重视呢？他是一个控制欲很强的孩子。

2. 壮壮的主要问题及原因

（1）任性、胆小、脾气倔，具有双重性格。

壮壮的主要问题出在家庭教育上。从小家人对壮壮特别宠溺，可以说是有求必应，所以壮壮滋生出一种控制欲，凡事由着自己的性子，一旦得不到满足，就会哭闹或采取自虐的方式，拿自己的身体来威胁家人，逼自己家人就范。随着壮壮年龄的增长，这种控制欲就会越来越强，当家人意识到问题的严重性时，却已无力去改变。而在学校，他是一个挺要面子的孩子，渴望得到老师和同伴的认可，会努力克制自己，表现得好一些。我在想，壮壮的胆小是不是缘于他小时候看一些暴力的动画片或恐怖故事听多了？（后来通过听风掠过老师得到了证实。）妈妈更不应该在束手无策的时候，用一些恐吓的形式来吓唬孩子，结果起到了反作用。

（2）"缺乏父爱综合征"。

爸爸常年在外工作，在家中也极少关注孩子，致使壮壮缺乏父爱而产生分离焦虑，出现了胆小、意志力薄弱、缺乏信心和毅力等明显的个性缺陷。而且早期记忆也提到了爸爸好像把他屁股打开了花，可见爸爸平日里对孩子缺乏耐心，父子关系一般。

（3）自控能力差。

"三岁看小，七岁看老"，幼儿园时期，壮壮的表现就不佳，上课坐不住、和同学闹矛盾、字写不好。从小学各科老师对壮壮的评价可以发现，他空有好的愿望，却不愿付出相应的努力，自控能力差，从小没有养成良好的学习、生活习惯。

3. 诊疗方向

（1）试着培养孩子独立、自主的能力。

通过壮壮平时对妈妈过于依赖可以看出，妈妈对孩子的包办太多太多，孩子变得懒惰、一无是处。现在最要紧的是妈妈要试着放手，有意识地来锻炼孩子，让孩子克服自己内心的恐惧，找到安全感。孩子在校表现不错，可见对老师的话比较听得进去，可以请求老师的协助，让壮壮多参加一些集体活动来锻炼，并且让一些优秀的小伙伴来感染带动他。

（2）改善父子关系。

爸爸常年在外工作，在孩子的成长过程中缺席得太多太多。爸爸能够培养孩子勇敢、坚强和独立的性格，而这些却是壮壮所缺乏的。所以爸爸要意识到自己的问题，多抽出时间来陪伴孩子，对孩子要有足够的耐心，试着多给孩子讲故事，陪孩子阅读，多带孩子参加一些刺激的、带有冒险性的户外游戏，如骑骑车、滑滑冰、划划船等等，培养孩子勇敢的同时，也能改善父子关系。

（3）可以利用节假日，多让孩子参加一些儿童训练营。如少年军校、亲子户外体验、城市生存挑战赛、游学之类的活动，锻炼孩子。让孩子在活动体验中知道什么是规则，并学会控制自己的情绪，锻炼相应的能力。

父母更要学会反思，找出自己在家庭教育方面的失误，好好弥补过失。我觉得壮壮的性格改变的同时，他的成绩也会随之提高的，但是这需要一个艰难的等待过程。

修慧老师和静候佳音老师都提到壮壮的控制欲，我以前也跟壮壮妈妈这样说过，不过后来我觉得这种控制欲可能源于他缺乏爱、缺乏安全感的焦虑。(**听风掠过**)

我觉得这种控制欲存在于潜意识中。他从小时候的为所欲为突然进入到怎么都无法让妈妈满意的境遇，心理上有巨大的落差，内心是很慌乱的，自己也不知道妈妈到底是爱他还是不爱他，只要妈妈能像以前一样被他的情绪和行为左右，他就能够获得潜意识中的安慰。(**修慧**)

雪泥鸿爪的诊疗报告

1. 壮壮主要问题及原因

主要问题：任性、自虐、恐惧。

原因：我觉得这三种表现实际上是一个根本原因造成的。母性之爱过多，父性之爱缺失，导致孩子社会适应性艰难。我们看壮壮最初的生长环境，有奶奶和妈妈的宠爱，好像并没有提到爷爷的事件。一家三口是围着他转的，这是他幸福成长的基础。他可以要什么有什么，他左右着家中的三个大人。但是随着上幼儿园、小学问题就开始频发，这实际上是问题的开始。家人没给孩子的社会化作好准备，他也没准备好。

幼儿园时上课坐不住，字写不好。这有可能是孩子细部动作没有发展好，坐不住也有可能出于多动的本性，男孩子嘛，但这被妈妈认为是孩子表现不好。妈妈是焦虑的，妈妈的情绪影响着孩子。而这些其实都是可以接受的。比如妈妈可以在家里和孩子玩游戏似的写字啦，引导孩子专注地玩耍啦，以培养孩子写好字，坐得住。要从正面进行引导。

另外这也影响了孩子的自我认知。在老师和同学面前不像在妈妈奶奶面前一样可以为所欲为，壮壮要不断接纳社会要求，调整自己的行为。壮壮做得不好，妈妈引导得也不够。

妈妈从一无所求到严格要求，壮壮是不适应的。他不适应的表现如下：

（1）任性。玩手机电脑延时，他聪明地采取了多种应对方式，比如发脾气，不管用的话撞墙伤害自己，这个好像妈妈还是很在意的，他成功了。一则证明他没有失掉妈妈一直以来的爱；二则，他还可以玩手机电脑。而妈妈缺乏应对措施，要么焦虑，要么哀叹。

（2）被鼓励的任性。爸爸给他画圈那次的巧妙应对，赢得了爸爸的笑容，这实际给壮壮的感觉是一种鼓励奖赏。

（3）自虐。买电话手表的事件中打自己脸：一是为自己达不到父母的要求自责；二是可引起父母的关注，确认曾经的宠爱；三是可以发泄自己的情绪。

（4）胆小。不敢上厕所，害怕怪兽，请妈妈帮忙调座位，和妈妈一起睡，都是胆小的表现。但又要区分：有的与同龄人的吓唬、大人曾经的吓唬有关；有的则缘于对妈妈过分依赖，与母性之爱没有很好地减弱有关。

上小学，学习不佳，和同学相处不好，进一步弱化了他社会化的努力，更得依赖妈妈。

2. 诊疗方向

（1）家长读读《正面管教》，多从正面引导孩子。既不要粗暴地打骂，也不要无用地哀叹，而要学会用互相尊重的方法相处。

（2）重视父性之爱的参与。妈妈一人饰两角太累了，爸爸要学会有质量地陪伴，陪孩子做一些有竞争性的事情，让孩子用成就赢得爸爸的微笑。

（3）家长陪孩子读书，邀请小伙伴来家玩，教会孩子和别人如何相处。

（4）妈妈坚决和孩子分床睡，让他独自上厕所，培养独立的小男子汉。

（5）培养壮壮的一个独特的优势，让他拥有自信。引导孩子用恰当的方式满足自己的合理要求。

尘一粒的诊疗报告

1. 思维过程

壮壮的案例给我的第一印象就是，这是父母教育孩子还是孩子控制父母！之前我粗略地认为他只是在家庭中表现不好，实际上他在学校的表现也不尽如人意。听风掠过老师说壮壮在学校的情况却截然不同，比如他积极参加各种活动等。然而真的不同吗？老师批评他作业不整洁，他仅仅是点点头罢了，以后的作业还是照旧。还有同学静静的话："他表现不好，管他还不听。"壮壮在学校的表现，已经突显他对学校的抗衡。我觉得他这种行为是一种"反行为"（抱歉，我找不到合适的词来形容这种行为）。只是他的这种行为在家庭中和在学校中表现程度不同。他在家里自虐，通过这种自我伤害的方式控制了父母，而且屡试不爽。壮壮妈也苦恼自己为孩子付出了那么多，可是孩子怎么会这样呢？

本该天不怕地不怕的壮壮，却偏偏怕鬼。他经常嘴里喊一些鬼呀怪兽之类的话，因此不敢独自一人上厕所。甚至在睡觉前要进行驱鬼驱魔的仪式。为什么他这么小就知道鬼、魔等迷信说法？我的猜测是，他6岁之前都是跟奶奶生活在一起，会不会是奶奶讲过有关鬼神的故事给他听？当壮壮不听话的时候，奶奶就用一些魔鬼的话吓唬他。于是壮壮就不怎么听"人话"，倒愿意相信"鬼话"。壮壮怕鬼怕怪兽背后的真实心理又是什么呢？我想应该是他缺少安全感。他让妈妈陪他上厕所、被关在屋子里向警察寻求帮助，这都是在寻找安全感。

2. 壮壮的问题

基于以上的分析，壮壮主要存在的问题是对家庭和对学校的"反行为"，他表面上能意识到自己的错误，但他在内心深处是不认同的，是拒绝的。他不愿意被别人约束，而喜欢控制他人。当他控制不了的时候，就选择离开（比如他在操场上跟几个高年级男生玩，向阿姨告状，阿姨没有站在他的立场上进行询问，他就跑开了）。壮壮的第二个问题就是缺乏安全感。我隐隐约约感到壮壮的"反行为"与缺少安全感应该存在一定的关系，但我又表达不清楚。

3. 个人建议

说实话，关于壮壮的第一个问题我不知道该怎么解决，但这个问题又尤为的严重！应该让他生活在"人类世界"而不是"鬼怪之中"。如果我的猜测是正确的，是奶奶给他讲了关于鬼怪的故事，那也应该用故事来"替代"故事、治疗故事。而且这个讲故事的人还应该是奶奶。他的安全感妈妈给了，可是爸爸呢？由于爸爸工作的原因，再加上粗暴的教育方式，孩子是不愿意跟爸爸接触的。作为爸爸，我觉得首先要做的就是开始陪壮壮上厕所。其次就是在其他人（妈妈、奶奶）的共同参与下进行亲子互动，最好是演有关战胜恐惧的童话剧。《女巫一定得死》这本书有相关的阐述。

无情箭的诊疗报告

1. 我的思路

我感觉壮壮的性格与孩子的家庭环境、父母的教育方式有一定的关系。通过阅读案例中的相关描述，我更加证实了我的猜测。孩子的人性与恐惧不是孩子的错误，而是家长教育过程中出现了问题，不过现在弥补还是很困难的。

2. 存在的问题及原因

（1）父母的管教方式存在问题。

"壮壮妈妈说，壮壮从上幼儿园时就不省心，老师说他上课坐不住、和同学闹矛盾、字写不好，妈妈显得比较焦虑，对他要求很严，犯错时批评不听，就会动手打，亲子关系也开始紧张，她常常因为儿子生气，感觉自己很失败。"从这个描述中，我们可以看出一个严格的、焦虑的妈妈的形象。作为幼儿园的孩子，坐不住、和同学闹矛盾、字写不好，这是很正常的事情。孩子可能在用这个方式探索世界，在用这种方式试着链接社会，学会和人交往的能力。孩子所有的行为都不具有目的性，只是探索的方式。家长可能因为老师的反应，很焦虑，批评孩子。其实，家长完全采用另一种处理方式，以让自己不焦虑，孩子的小毛病也会有所改变。"从 2016 年开始，壮壮妈妈多次找我询问孩子的教育问题"，这儿我有一个疑惑，作为家长，怎么多次询问孩子的教育问题呢？是对自己不信任？是对孩子问题感到恐惧？还是？其实，我认为对于 9 岁的孩子，很多问题本身不是问题，我们追究得多了，就把它们变成了真正的问题。这是一个标签效应，不知道对不对？

"大概壮壮上一年级的时候，因为他犯错，爸爸打了他一顿，他不服，又哭又闹，爸爸生气把他关在屋里（七楼），想让他承认错误，他仍然不肯认错，趴在窗前向外大喊大叫，说爸爸把他关在屋里，要别人帮他打 110。"孩子犯了多大的错，需要把孩子关在房间里？为什么非要逼着孩子认错呢？认错的目的是什么呢？这个描述可以看到一个粗鲁的家长的形象。孩子就是花朵，需要家长细心地呵护，而不是粗鲁地矫正。可能家长认为，需要用粗暴的方式去让孩子记住。

"平时父母规定他每天可以玩一小时手机电脑，规定的时间到了，很多时候不能按照约定的时间关掉，一直让父母再等会儿，父母等不下去了，强行关掉后，他就开始发脾气，有时还会用头撞墙，伤害自己，以此来激怒父母。"孩子与父母之间没有约定，没有民主，有的只是控制和被控制。

（2）孩子胆小是源于没有正确的引导。

文中说的与孩子任性相伴的是孩子的胆小。其实，这在很大程度上是由于父母没有正确引导所致。

"壮壮在家不敢单独去厕所，让妈妈在外等候，并且要在厕所里不停地喊妈妈，妈妈要回应，如不回应，就会马上跑出来。"这个问题很多小孩都会遇到，家长需要找准引发孩子害怕的原始事件，慢慢地引导。

3. 解决措施

这个孩子的问题缘于父母的管教方式，缘于父母对问题的处理方式。因此，解决这个问题，关键在于家长的变化。家长首先改变对于孩子的期望，正确对待孩子的问题，并且正确分析，理性解决。粗暴的方式不但不利于问题的解决，反而会激化问题。

嘉宾周文利的诊疗报告

（1）从早期记忆中的前两个记忆明显看出：这个孩子似乎有一套对付生活的策略，那就是——兵来将挡，水来土掩。环境变了，人物变了，他的应对策略就相应地发生了变化。在家有在家的策略，在学校有在学校的策略。对付家长一套，对付老师一套，基本上得心应手。

第三个早期记忆，他被小朋友欺骗了，这很可能造成两个结果：一是我以后可不能骗人，二是我以后也要骗人。

这两个因素综合起来，很可能形成一种模式：表演性。

（2）从图画上看，这个孩子心理似乎矛盾，既自我中心、自高自大，又自卑，没有真正的自信。

从构图和内容上看，他的智商似乎一般。

图画中的太阳，目光焦虑中透露着一丝无奈，似乎是妈妈的写照。

（3）从他的现实表现看，他有恋母情结，成长过程中爸爸的介入太少，缺乏男性力量的榜样，所以胆小。出于心理的补偿作用，极端胆小的另一面一定是胆大妄为，所以他脾气发作的时候任性胡为。他用胆小与任性两种手段牢牢地控制住了妈妈，这是被溺爱的孩子的典型手段，屡试不爽。

（4）他出生时缺氧，有可能对大脑神经发育造成影响，比如感统方面的问题，或者手的小肌肉发育不良。

那如何让壮壮走出任性和恐惧？

壮壮的问题在于他用任性和恐惧控制妈妈，抓住妈妈，根子还在家庭关系上。在家庭中，妈妈和爸爸的关系应该是第一位的，显然在这个家庭中，因为爸爸工作性质的关系，妈妈与孩子的联结太紧密，在应该让孩子和妈妈分离的时候，没有做到正常分离。所以指导壮壮的爸爸妈妈重新审视、调整家庭关系是非常重要的。妈妈要把一部分精力分给爸爸，爸爸要慢慢介入到家庭生活中来。妈妈要减少和壮壮待在一起的时间，鼓励他独立睡觉、生活。开始的时候，壮壮如果不乐意自己睡，可以拿个类似妈妈的玩偶当作替代品。对壮壮自己睡觉、收拾东西的行为进行阳性强化。

对于壮壮的任性发作和胆小恐惧，不妨当作一种"表演"。心理上不要紧张，在保证安全的情况下进行冷处理。他胆小要求陪伴的时候，同样可以拿玩偶甚至妈妈的物品当作替代品，渐渐地让他离开妈妈。他任性发作的时候，家长要温和而坚定地拒绝，同时告诉他，如果换一种方式，家长可能会和他协商，做一些小的让步。这种方式要求家长有很强的心理耐力，不知道他"和善"的妈妈能不能坚持住。

家长对壮壮的学习期待要适度降低，对于他的活泼好动要理解，妈妈的焦虑也会影响到孩子。壮壮拼命用胆小和任性来抓住妈妈的爱，会不会和他害怕因为表现不好失去妈妈的爱有关呢？

我的诊疗报告

　　壮壮这个孩子，很费思量。凡是诊疗年纪小的孩子，我都觉得不那么有把握，因为他们太小，很多问题都还看不清楚，未来发展的可能性也多，难以预测。壮壮最明显的问题有两个：任性，胆小。这两个问题对于他，都可能是暂时的，长大就好了，但也可能会成为他性格的基本特点。显然这两个缺点与家庭教育有关，但若是中学生，我就敢判断家庭教育失误之外，还有没有他的人格本质（包括遗传因素）在起作用，但对于壮壮这么小的孩子，我就不敢下此结论。可是，把问题全归结于家长的失误，又有可能在某种程度上冤枉了家长。不好办。所以我历来主张，对于四年级以下（含四年级）的学生，诊疗的时候，下结论不要太肯定，诊疗最好侧重"疗"的部分。就是说，问题根源暂时可能搞不太清楚，那就一边治疗一边继续诊断。

　　话虽这么说，既然是诊疗，总要尽可能作一些分析，否则治疗就太缺乏针对性了，真成"不诊而疗"了。

　　壮壮的问题，有老师说是控制欲强，有老师说是双重人格，有老师干脆说他有心理疾病，他妈妈也这样想。我呢，想来想去，感觉这些话说得都有点重，作这类结论，早了点。那么壮壮究竟是怎么回事呢？我的基本看法是，他目前只是一个被惯坏了的孩子。他的任性和胆小，都是惯出来的。

　　壮壮家长（包括爷爷奶奶和父母）的教育风格，是娇惯溺爱和管制两个极端的矛盾体。在生活上娇惯溺爱，学习上管制，婴幼儿时期娇惯溺爱，上学以后强化了管控。娇惯的孩子必然任性。其实孩子未必有"控制家长"的主观自觉性，他只要以自我为中心，仅凭趋利避害的本能就会无师自通地摸索出"让你们都听我的"的办法。壮壮有一句名言："我可知道该怎样气你了。"显然，他这是把自己和妈妈斗法的经验"上升为理论"了。

　　还有一个问题必须回答：壮壮的任性与胆小两个特点之间是什么关系？任性容易导致无能，无能导致胆小，胆小易失败，为发泄失败焦虑会更加任性，所以这两个缺点，任性更重要一些，有主导的性质。壮壮怕鬼可能也与任性有关。任性的孩子管不住，不得已家长只好用鬼来吓唬他，隔辈人特别喜欢这么做，他们无论如何舍不得打孩子，可是有的事情确实无法让孩子任性胡来，无奈之下只好搬出鬼怪来当武器。这种可能性是比较大的。

壮壮目前还只能说是一个被惯坏了的男孩，如果他的这些毛病不能得到及时纠正，发展下去如何？我想有两种可能：一是壮壮形成分裂性的双重人格，在家横行，在学校装好人。这种中学生我见过一些，他们的家长很悲催，学校老师知道了他们在家的表现，会大吃一惊。另一种可能性是，他会随着年龄的增长，逐渐学会把他的任性迁移到学校——"我可知道怎么气老师了"，那么这样一来老师家长可就都倒霉了。老师被一个任性胡来的问题生弄得焦头烂额，肯定会不断找家长，大家都会很痛苦。

怎么做才能避免这种可悲的前景呢？

（1）首先当然是做家长的工作。迄今为止，壮壮的几位家长与壮壮打交道，基本上打的都是败仗。以后必须打赢。要打赢，家长就要协同作战，不可互相拆台，在作重大决定之前，一定要开会商议，取得共识，确定各自的角色定位，依计行事。所谓打赢，并不是要多么强悍，要的不是强悍，而是坚定。不要打孩子，更不要关小黑屋，不要设定一些完不成的任务。像他的爸爸画地为牢的办法，那是典型的先犯"左倾"错误（冒险）后犯"右倾"错误（无原则退让），两个极端。要选一些孩子能够做到的事情，要求他必须去做，全体家长顶住，软硬兼施，务必使孩子就范。这样的仗打赢几次，家长的权威就可能找回来，孩子就不敢一味任性了。注意这是持久战，不要急于求成，也不要动辄灰心。教师可以帮助家长策划实施这些"战役"。经验告诉我们，低龄学生诊疗，指导家庭教育的任务较重，而且效果也较好，不像很多中学生，家长已经完全成了孩子的"手下败将"，指不上了。

（2）家校配合，把壮壮的两面表现拆穿。可以安排一次会见，让家长当着老师的面"告状"，把壮壮在家里面的任性表现揭穿。注意不要全说，胆小的部分，可以先不说或少说，以免孩子过分难堪。家长表示愤怒，向教师求援，教师表示震惊，并适当替壮壮辩护，表示一定帮助壮壮改正缺点。最好让壮壮当场表态，保证以后服从家长的正确领导。这出戏要演好，需要事先精心策划，各自的角色要弄清楚，而且要估计孩子事后会怎样报复家长，准备好对策，教师也要当场正告壮壮，若敢于报复家长，学校会加以惩罚，对家长不尊敬是学生守则不能容许的。教师也要当着壮壮的面批评家长几句，以示公正。总之这场戏主角是班主任，一定要演好。对中学生这么做有点冒险，怕的是学生恼羞成怒，酿成事端，像壮壮这么小的孩子，问题不大，但也要加一份小心。

（3）学校单干，让同学教育壮壮。我想，可以考虑找几个壮壮能够接受的同学，邀请壮壮到他们家里去玩。这要事先征得壮壮家长的同意。壮壮如果看到别人家亲子关系多么和谐，估计会受到震动。再安排这些同学有意识地讲讲自己在生活中如何对待胆小怕鬼的问题，适当地有分寸地嘲讽壮壮几句（善意的嘲讽），估计壮壮也可能受到震动。说不定这种办法能管事。学生教育学生，常常比教师和家长的教育效果好。

以上意见，仅供参考。

王老师的诊疗方案很具体，操作性很强。我已发给壮壮妈，静观疗效。(**听风掠过**)

Part4 疗效反馈

研讨完壮壮的案例后，我把王老师及各位学员的诊疗报告反馈给壮壮妈，并和她进行了沟通，希望她从自己开始改变，遇到问题不急躁，多想办法引导孩子。

几个月里壮壮妈说壮壮比以前好多了，偶尔遇到壮壮任性，她还会手足无措地找我想办法，但总体上壮壮在成长。

下面是壮壮妈妈的反馈：

这几个月来，我试着用各位老师给的建议去引导壮壮，我认为有了很大的变化。现将这些信息反馈给老师们，希望得到更多的方法。

（1）心里不再那么恐惧僵尸、鬼。

在这之前，我已向老师们汇报过只要壮壮提的要求得不到应许时，特别是不听话被打后，他就会胡言乱语，做出装神弄鬼的行为。现在有所好转。我具体的做法是换个屋子睡觉。我们在学校有两间屋子，一间屋子里有很多居家必备用品，电视、电脑等。而另一间里只有两张床和一个柜子，且两间屋子离得较远。我们白天的一切行为都发生在这间样样都有的屋子里，只有晚上要睡觉时才到另外一间屋子里。我依据老师的建议给他买了郑渊洁的童话书，先读书再睡觉。这几本书刚开始十分吸引他，他总是看到十点还不睡，有时我提醒他几次才睡。他的这些变化，我也经常与他语文老师沟通，语文老师在班级里大力表扬他，并让全班同学向他学习。那段时间他的情绪总体上比较好，有时还会发脾气，我就缓一缓后再处理，有时我也会让他老师来开导他。特别感谢语文老师，非常配合。给他讲鬼、僵尸之类的电视镜头都是由人来扮演的，并告诉他眼里发绿光、口里吐烟气的画面都是电脑合成的，他心中的谜团似乎破解了。正如老师所说，改变任何一种行为都会有反复的。这几个月来，电视上古装仙幻剧热播，比如《择天记》《三生三世十里桃花》，壮壮十分喜欢看。记得有天晚上睡觉时，他内心似乎又恐惧了，但他没有表现出之前装神弄鬼的行为，却模仿电视上那些降妖除魔的法师的表演：一会儿双手合十，一会儿两指并拢在空中打转，嘴里说些降妖除魔的咒语，看上去真像是在演戏。几个晚上都是如此，并且告诉我鬼怕光，他的电话手表上有手电筒的功能，把手电筒打开，鬼就不能接近他。我还发现他的数学书的封面后边有"降妖除魔"四个大字，我问他怎么回事儿，他说一个伙伴告诉他这样可以封印鬼和僵尸。对于他的种种制服手段，我不像之前那样训斥他，而是不予理会。后来的一些日子里，有时他晚上睡觉前还会为一些事情被训，有时我也打他，想看看他到底转变没有，会不会被打后又做出令人不可思议的行为举止。我发现他内心还是有恐惧的，不过不再做那些让人难以接受的行为了。

（2）自我虐待行为还会上演，破坏行为有所改善。

有一件事是我记忆深刻的。一天中午吃饭，他一边吃一边看电视，把米、菜撒了一地，我十分生气，就让他自己扫干净，他不扫，我说不扫就关电视，扫完了再看电视。听到这样的话，他才极不情愿地拿来了扫帚与撮箕，手里乱扫，眼睛直盯电视。不但没把米、菜扫进去，反而面积更大了。我气得上前把电视关了。这下惹怒他了，他开始大声质问我："为啥关电视？我不是扫了吗？"我告诉他，因为看电视导致越扫越脏，他不听，非要自己再去开，我不让，就去制止他，谁知他反过来和我对打。这下激怒了我，我拿起鞋子就打他，他边哭边说我说话不算数，说好了扫了可以看电视。我纠正他说是扫完了才可以看，他不听，认为自己说得对。我说：你竟敢打你妈，太大逆不道了。谁知他反驳说："我打我自己总可以了吧！"说着就跑到房间里开始狠狠地撞墙，我急忙把他弄到床上，把一个枕头放在下面对他说只能在枕头上撞。他不但撞，还咬自己。我当时既生气又害怕，但我对自己说不能慌，稳住，只要不出人命，看他如何上演。我拽住他的双手，不让他再咬自己。他看咬不到自己，就又把头向床边的棱上撞，我就把他拽到枕头上，并对他说只能在这儿发泄。就这样闹了很长时间，当时我被气得胸口闷得出不来气，但还是对自己说要撑住。我看他快没劲了就对他说："好了，你已经发泄完了。"原本以为他还会与我犟嘴，或者是说一些伤人的话，谁知他竟这样说："我再弄两下。"他似乎在游戏，我忍住怒火把他向怀里抱，想与他沟通，但他刚开始拒绝我抱他，我就紧紧地把他揽入怀中，他挣扎了一会儿就不再拒绝了。我说："你学的《弟子规》首先就要求孝敬父母，你这种和妈妈对打的行为就是不孝。"他却说："我们学校四年级的×××就这样对他父母，还把他妈给他新买的文具盒也给摔了。"我才知道最终的原因。我说："那你说，×××的行为对吗？""不对。"我接着说："既然不对，就不应该去模仿。你都这么大了，首先要具有判断对错的能力，对的仿效，错的就不能仿效，否则就是错上加错。现在我们先把外面的饭菜收拾一下，然后，妈妈再陪你一起看电视。"谁知，他又哭了，说："刚才演的是《哈利·波特》，我都没看过，这会儿肯定演完了。"我说："今天演完了，以后也许还会重播。""不会重播。""即使不重播，我们还可以想别的方法，可以在电脑、手机上搜。"他答应了。我们到外面一看，他奶奶已经把外面的残局收拾完了，他一看，破涕为笑："耶，可以看手机了。"这让我十分生他奶奶的气，但也没发火，对他说："先看看电视上还有没有，如果没有，再看手机。"幸好，电视上还在演，我就陪他一块看。

  还有一件事。放暑假后，我答应他一天有半个小时的时间玩《王者荣耀》。那天早晨，他起床就有点晚，我对他说：时间不够了，辅导班的时间是8点，现在都7:45了，你还没出发。可他不听，说玩半个小时之后再去。刚开始还对他耐心说早上时间紧，中午回来再玩，可他不听，直说"我就不，我就不"。一气之下我把手机夺了过来。这次他没做出过激的行为，而是说："我不去辅导班了，看电视去。"我没理他，抱起他弟弟下楼了，其实也想缓缓。过了一会儿，我想回去瞅瞅他的表现，到了楼底下看见他奶奶，就问壮壮呢，他奶奶说：在家里吧，你出来了，我和他爷爷也出来了。我上去瞅瞅这孩子是不是又乱搞破坏。我让他奶奶别上去，我自己回去看。回去一看放心了，家里一切安好。壮壮在那看电视，我把电视关了，心想他会不会又要闹，他却十分平静地说："你为啥又关电视？"我说："因为你应该去辅导班了。"他说："你看看几点了？我去了也完不成任务了。"我说："没关系，只要你去了，说明你想完成任务，10页完不成可以8页。""8页也完不成。上次写完，你去接我时又给我检查，都到12点了，现在这时间去只能完成5页。""5页也行，只要你认真写。如果5页完成了，不到时间回来，就可以写6页、7页了。""那好吧，妈，我从辅导班回来，你带我去游泳吧？"我问："不吃饭了？""吃完饭嘛，1点去吧。""1点太早，3点吧。"我们达成协议后，便去辅导班，走在路上他说："妈，老师问你，咋又来晚了，你咋说？"我一听就知道他那点小心思——不想让老师知道他的不好的行为。我说："你给妈妈说，我该咋说？""你就说俺孩儿肚子疼，领他看病了，所以来晚了。"我说："就按你说的吧。"他听后高兴得很呐，内心的窃喜都从面部表情中流露出来了。

（3）学习上依旧存有明显缺陷。

这次考试，语文90分，数学55分，英语68分。这样的成绩我认为相对于他平时对待学习的态度来说是公平的。语文老师喜欢表扬他，鼓励他，但有时抓着他的错时也会狠狠地收拾他。他对语文老师既喜欢又害怕。每次的语文家庭作业都及时写，而数学则不然。这学期没见他写过几次数学家庭作业，原因是数学老师喜欢惩罚他，批评他，另外家庭作业有时过多。他有一次对我说："我要是国家主席，就规定不准布置家庭作业，放学的课余时间都用来写作业了，一次就要写三四张卷子。"还有一次，由于不写数学作业被我打了，他说："我就不写，反正我现在也不怕疼了，（用手指着腿和腰）这儿，这儿，都锻炼成肌肉了。"然后又拍着自己的脸说："我也没脸了。"无论怎么说，他对数学作业都提不起劲，后来，我也不再强逼他了。其实，也想让他考得差一点，想着通过成绩来引导他，让他看清自己。在考试之前，他很有信心地向我保证自己各科都能考90分，成绩出来后他不吹牛了。原来还觉得有点自责，不知听哪位老师说了句，"这次数学出题难，很多孩子都考得不好"，那点自责也消散了。我批评他，他又顶嘴："我们班×××还不如我哩，你总比较比我好的，咋不比较比我差的？再说了，不比过去比将来。"我气得无语。我说："好吧，你知道就好，希望你以后做题认真，回家把各科作业完成好，听老师的话。可不要以为自己聪明，妈妈经常说勤奋加聪明才等于成功。不要有小聪明，要把聪明变成智慧……"还没等我说完，他就不耐烦地说："知道了，知道了。"

（4）借助运动和电影来改变他。

壮壮喜欢打乒乓球，练球整整一年了。他非常热爱，就现在这高温天，到体育馆训练一练就是三小时，直到没人与他打了才走。而且从来没跟我说过累。他告诉我说要当奥运冠军，我便想从这方面引导他学习，可效果并不明显。我总觉得壮壮性格上有缺陷，自尊心过强，但又没有迎难而上的毅力，懒惰思想严重，有时一旦什么事情办不好了就自暴自弃，这是我最担心的。记得有次我给他买了一双红运动鞋，当时担心他不穿，我就说红色代表吉祥，会带来福气。他听了十分高兴地去练球了，谁知不一会儿教练给我打电话说,他与伙伴发生矛盾跑了,让我赶紧过去。到了训练场馆,教练告诉我:他向伙伴炫耀红鞋,有个孩子反驳了他,两人便发生了口角。当时教练以为他们闹着玩呢,谁知壮壮动手打人家。教练批评他,他还与教练顶嘴,说不在这里练了,就跑了。我让教练别着急,说:他可能回家了,我回去等他。刚走到半路,壮壮就给我打电话说他在超市门口,要我接他。我忍住气,接到他时一声不吭。他本等着我问,见我半天也不吭声,忍不住了,就说:"妈,你咋不问我怎么回事?"我说:"那你说吧。"他见我应许他,就来气了,大声说:"教练偏心,不分青红皂白就批评我,我再也不去那练了,我要换地方。"他说完,我也没理他,心想用啥方法解决。我突然想到了电影,更幸运的是当时正热映《摔跤吧,爸爸》。我带他看完后,就依据里面的故事——吉塔不听爸爸的教导,自以为是,结果输掉了比赛——来引导他,比较成功。

这些材料反馈给老师们,也希望获得更多培养孩子的教育技巧与智慧,谢谢老师们。(**听风掠过**)